KB104024

ViaBook Publisher

감사의 말

시간을 내어 나를 만나주고 터무니없는 질문에 성실히 답해준 많은 분의 친절한 도움이 없었더라면 이 책은 불가능했을 것이다. 패트릭 맥거번Patrick McGovern 교수, 폴 스트롬Paul Strohm 교수, 주디스 제시Judith Jesch 교수, 존 C. 다넬John C. Darnell 교수, 벳시 브라이언Betsy Bryan 교수, 롤런드 메이어Roland Mayer 교수(로마인들의 구토에 대한 메모에 감사드리는 바입니다), 랜스 B. 올레드Lance B. Allred 박사, 마사 칼린Martha Carlin 교수, 파라메르즈 다보이왈라 Faramerz Dabhoiwala 교수, 데이비드 랭퍼드David Langford, 샘 길버트Sam Gilbert 박사, 톰 오셰이Tom O'Shea, 이안 어빈Ian Irvine, 엘리나 쿡Elena Cook, 힐러리 스콧Hilary Scott, 데릭 로빈슨Derek Robinson, 스티븐 라이언Stephen Ryan에게 감사한다. 이 책에 있는 모든 사실은 모두 이분들 덕택이다. 모든 오류와 말도 안 되는 소리, 모순, 황당한 결론은 모두 나의 탓이다.

원고를 읽고, 옥스퍼드 쉼표에 대해 유용한 제안을 해주신 부모님 존 골드스미스 John Goldsmith와 제인 시버 Jane Seeber에게도 감사한다.

들어가며
한잔

외계인에게 만취를 설명하는 방법

술에 취한다는 게 정말 어떤 건지 내가 잘 모르고 있다는 생각이 든다. 술의 문화사를 쓰겠다는 작자가 이따위 고백을 한다니 참으로 이상하게 들릴 수도 있겠지만, 솔직히 말해서 무지와 같은 사소한 일로 작가들에게 글을 쓰지 못하게 한다면 세상 서점에 남아 있는 책은 단 한 권도 없을 것이다. 어쨌든, 나도 술이라면 조금은 알고 있다. 무려 14세 철부지 시절부터 술을 마시면 어떤 기분일까를 주제로 광범위한 경험적 연구를 수행해온 덕분이다. 여러 면에서 나는 나 자신을 후기 성 아우구스티누스와 비슷한 존재라고 생각한다. 그는 다음과 같이 자문자답한 적이 있다. "그렇다면 시간이란 무엇인가? 아무도 묻지 않는다면, 나는 그것이 무엇인지 안다. 하지만 혹 누가 그런 질문을 던지고 내가 설명해야 한다면, 나는 모른다." 누가 **시간 대신 술에 취한다는 게** 뭐냐고 물으면 나도 똑같이 대답

할 수 있다. 따라서 나도 어느 정도는 성인 자질이 있는 셈이다.

나도 기본적인 의학 사실 정도는 알고 있다. 진토닉을 한두 잔 마시다 보면 반사작용이 무뎌진다. 열 잔 남짓 마시다 보면 점심에 어떤 음식을 먹었는지 다시 확인할 수 있고 자리에서 일어나기 힘들어지며, 굳이 알아본 적은 없지만 거기서 몇 잔 더 마시면 죽을 수도 있다. 하지만 술에 취한다는 게 어떤 건지 안다는 게 이런 지식을 의미하지는 않는다. (성 아우구스티누스도 같은 입장일 것이다.) 혹 어떤 외계인이 내 집에 찾아와 문을 두드리며 이 특이한 행성에서는 사람들이 대체 무슨 이유로 계속 알코올을 마시느냐고 묻는다면, "아, 그건 우리 반사 신경을 무디게 만들기 위해서예요. 기본적으로 탁구를 너무 잘 치지 못하도록 만들어주거든요"라고 대답하지는 않을 것이다.

이 대목에서 사람들이 늘어놓는 핑계가 있다. 술을 마시면 평소에 하지 못했던 일을 할 수 있다는 변명이다. 이보다 더 엉터리 이야기는 들어본 적이 없다. 나는 멀쩡할 때라면 **절대 원치 않을** 일들을 술에 취해 저지르곤 한다. 예컨대 나는 취하지 않았다면 지루하다고 생각할 만한 이야기를 취하면 몇 시간이고 늘어놓는다. 한번은 캠던타운(런던의 캠던 지구 옮긴이) 아파트 창으로 몸을 내밀고는 십자가를 흔들며 지나가는 사람들에게 회개하라고 외친 적도 있다. 이런 일을 멀쩡할 때 하고 싶지만, 용기가 없어 못 했던 일이라고 할 수는 없다.

어쨌든, 술의 효과가 죄다 알코올 때문은 아니다. 무알코올 맥주를 알코올이 없다고 굳이 밝히지 않고 사람들에게 마시게 해보라. 진짜 쉽다. 그러곤 그들이 그걸 마시는 걸 주시하면서 기록해보라. 사실 사회학자들은 이 연구를 상당히 오랫동안 여러 번에 걸쳐 수행해왔다. 결과는 일관성이 있었고, 의심할 여지가 없이 확실했다. 우선, 술집에서 연구한다는 사회학자를 믿어서는 안 된다. 이들이 자기 말처럼 제대로 연구하고 있는지 호시탐탐 감시해야 한다. 둘째, 여러분의 문화가 술에 취한 사람들이 공격적인 성향을 보이는 문화라면, 여러분도 술을 마시면 공격적인 성향을 보이게 된다. 술에 취한 사람들이 깊은 신앙을 드러내는 문화라면 여러분 역시 그렇게 된다. 이는 술 마시는 자리마다 달라질 수도 있다. 사회학자가 술과 리비도의 관계를 연구하고 있다고 아무렇게나 주워섬기면, 그 자리에서 술 마시는 사람들은 갈수록 호색적인 성향을 띤다. 술과 노래의 관계를 연구하고 있다고 하면, 여기저기서 느닷없이 노래가 터져 나온다.

심지어 사람들은 어떤 술을 마시고 있다고 생각하느냐에 따라 행동 양식도 달라진다. 모든 술은 에탄올이라는 활성 성분이 똑같은데도, 사람들은 마시는 술의 기원과 문화의 연상에 좌지우지된다. 영국인들은 라거를 몇 잔 마시면 전투적인 성향을 띠기 시작한다

(참고로 훌리건의 유래는 영국이다 옮긴이). 하지만 와인을 마신다고 해보자. 무려 프랑스제로, 우아하고 세련되기로 이름난 술이다. 사람들은 와인을 마실 때는 점잖고, 세련되게 처신하며, 심지어 베레모를 꺼내 쓰기도 한다(베레모는 프랑스 문화를 대표하는 아이콘으로, 세련되고 우아한 이미지를 떠올린다. 많은 예술가가 베레모를 애용하므로, 예술가티를 낸다는 의미도 있다 옮긴이). 결론적으로 영국인은 맥주를 마시며 술에 취해 행패를 부리는 무뢰한은 될 수 있지만, 베르무트vermouth(와인으로 만든 칵테일 베이스 옮긴이)나 캄파리campari(이탈리아산 비터 알코올음료. 칵테일의 재료로 흔히 이용된다 옮긴이)를 마시고 자기만 잘났다고 우기거나 물건을 부수지는 못한다.

이런 이야기를 들으면 갑자기 화를 내는 사람들이 있다. 이들은 알코올이야말로 폭력과 같이 자기들이 싫어하는 모든 폐단의 원인이라고 주장한다. 이들에게 알코올을 금지하는 문화 역시 그만큼 폭력적이라고 지적하면, 무척 못마땅해하며 헛기침을 해댄다. 또 내가 보통 사람보다 술이 세지만, (처음으로 나의 평화로웠던 입술이 술과 접촉했던) 8세 이후로 그 누구에게도 폭력을 행사한 적이 없다고 이야기하면, 이들은 "뭐, 그렇다고 치자. 하지만 다른 사람은 어떨까?"라고 말한다. 늘 이런 식이다. 늘 다른 사람을 찾는다. 빌어먹을, (타인은 지옥이다.) 다른 사람이라니 정말 지겹다. 하지만 이들이 말하는 다른 사람 누구라도, 근사한 저녁 파티에서 술을 내내 마신 후 자기 오른쪽에 앉아 있는 사람이 마음에 들지 않는다고 갑자기 칼을 꺼내 찌르지는 않는다.

그리고, 가능성이 없는 이야기일 수 있지만, 여러분이 갑자기 다른 시간과 장소로 순간 이동을 한다 친다면, 예를 들어 고대 이집트로 가서 술을 마시며, 사자 머리를 한 여신 하토르Hathor(삶의 기쁨과 풍요로움을 상징하는 이집트의 신 옮긴이)의 환상을 보기 위해 술을 마시는 것이 아니라고 한다면, 고대 이집트인들은 깜짝 놀랄 것이다. 그때는 **모두** 그러한 목적을 위해 술을 마셨기 때문이다. 신석기시대의 샤먼shaman이라면 여러분이 술을 마시고 이미 돌아가신 조상들과 이야기를 나누지 않는다고 의아해할 것이다. 에티오피아의 수리족이라면 술을 마신 다음에 왜 일을 하지 않느냐고 다그칠 수 있다. 수리족은 술을 마시고 난 후에야 일을 시작하기 때문이다. '술이 없는 곳에, 일도 없다'라는 속담도 있지 않은가(물론 이런 속담은 없다. 'Where there is no beer, there is no work.'라는 표현은 미국 혁명의 도화선이 된 표어 "대표 없는 곳에 과세 없다Where there is no representation, there is no taxation."의 패러디다 옮긴이). 말이 나온 김에 짚고 넘어가자면, 이렇게 마시는 술을 전문 용어로 이행적移行的 음주transitional drinking라고 부른다. 술이 하루의 한 시점에서 다른 시점으로 넘어가는 이행을 표시하기 때문이다. 예컨대 영국 사람들이 술을 마시는 이유는 일을 마쳤기 때문이다. 이에 반해 수리족은 일을 시작하기 때문에 술을 마신다. 이런 게 바로 이행적 음주다('transitional drinking'이라는 말은 보통 나이에 따른 음주 패턴의 변화를 가리킨다. 예를 들어 청소년기에서 성인이 되며 변화하는 음주량을 측정해서 청소년기의 음주가 이후 성인기의 음주에 얼마나 영향을 미치는가 등을 연구할 때 사용하는 용어다. 그래서 보통은 '과도기적 음주'라고 옮기지만, 여기서 저자가 말하는 내용과는 다르므로 '이행적 음주'라고 옮겼다 옮긴이).

다른 방식으로 이야기해보자. 영국 총리를 역임했던 마거릿 대처가 사망했을 때, 우리는 그녀가 살아생전 애용하던 와인잔을 무덤에 같이 묻지도 않았고, 값비싼 술을 콸콸 붓지도 않았다. 그게 당연하다고들 생각한다. 안 그랬다면 오히려 별난 행동으로 여겨졌을 것이다. 하지만 우리는 실제로 당연한 짓보다는 희한하고 별난 짓을 하는 인간들이다. 인류 역사 대부분 동안 정치 지도자들은 죽은 다음 즐거운 잔치를 벌이는 데 필요한 온갖 물건과 함께 매장되었기 때문이다. 이는 미다스 왕King Midas(만지는 모든 것이 금으로 변했다는 신화를 통해 탐욕의 상징이 된, 기원전 8세기 소아시아 프리기아의 왕 옮긴이)부터 프로토 왕조 이집트Proto-dynastic Egypt(기원전 3500년에서 기원전 3100년 사이의 이집트로, 이집트 역사에서 고왕국 이전, 이집트가 하나의 통일된 국가로 발전하기 이전의 시대 옮긴이), 고대 중국의 샤먼, 그리고 당연히 바이킹에까지 이어졌다. 오래전에 숨 쉬기를 그만둔 사람들도 이따금씩은 목을 축여줘야 한다. 케냐의 티리키 부족은 조상이 혹시 좋아할까 싶어 조상 무덤에 맥주를 들이붓는다.

음주는 거의 세계 보편적인 현상이다. 거의 모든 문화마다 고유한 술이 있다. 술을 그다지 좋아하지 않았던 유일한 대륙이라고 할 수 있는 북아메리카와 오스트레일리아는 술에 환장한 사람들에게 정복당했다. 하지만 시간과 장소에 따라 술을 마시고 취한다는 건 그 의미가 다를 수 있다. 축하 행사일 수도 있고, 의식儀式일 수도 있고, 사람을 패기 위한 핑곗거리일 수도 있고, 결단을 내리거나 계약을 비준하는 방법일 수도 있다. 무수히 많은 실천이 술과 관련이 있다. 고대 페르시아인은 중요한 정치적 선택을 해야 할 때, 그 문제를 놓고 한 번은 취한 상태로, 한 번은 취하지 않은 상태로, 두 번 토론을 벌였다고 한다. 두 번 모두 같은 결론에 도달했을 때야 비로소 그들은 그 결론을 행동에 옮겼다고 한다.

이 책은 이런 이야기들을 담고 있다. 술 그 자체에 관한 이야기보다는 술을 마시고 취하는 것, 그리고 그에 따른 위험과 신들에 관해 다룰 것이다. 수메르의 맥주 여신 닌카시Ninkasi부터 멕시코의 400마리 취한 토끼까지 이것저것 넓게 이야기해보려 한다.

시작하기 전에 몇 가지만 짚고 가기로 하자. 우선 이 책은 소사小史, 다시 말해 **짧은** 역사다. 술의 전사全史를 논하려면 인류의 전사가 필요할 테고, 따라서 책이 얼마나 두꺼워질지 짐작할 수도 없을 지경이다. 그래서 나는 역사의 몇몇 지점만 선택해 사람들이 어떻게 술에 취했는지 살펴보려 한다. 서부개척시대의 살룬에서, 중세 영국의 에일하우스alehouse에서, 그리스의 심포지엄symposium에서, 술을 마시고 취하는 행위는 실제로 어떤 의미였을까? 고대 이집트 소녀는 친구들과 한잔 걸치고 싶을 때 어떤 행동을 했을까? 물론, 그때그때 달랐겠지만 대충이라도 짐작해볼 수는 있다.

역사책을 보면 이런저런 사람이 취했다는 이야기는 쉽게 찾아볼 수 있다. 하지만 정작 그 세부적인 내용은 설명하지 않는다. 어디서 마셨을까? 누구와 마셨을까? 언제 마셨을까? 사실 술 마시는 데는 언제나 규칙이 있다. 사람들이 명시하지 않을 뿐이다. 예를 들어 지금 영국에는, 장소에 관련된 법은 없지만, 모든 사람이 묵시적으로 알고 있다시피 특별한 이유를 제외하고는 정오 이전에 술을 마셔선 안 된다는, 시간과 관련된 규범이 있다. 물론 어떤 이유에선지 공항이나 크리켓 시합은 시간 규칙을 따르지 않는 예외다.

하지만 이러한 규칙을 무시하고 아무 때나 취하는 사람도 있다. 예를 들어 칵테일파티의 무정부주의자다(칵테일파티는 예절도 사회적 기대치도 있는 음주 모임이지만, 아나키스트anarchist는 모든 규칙을 무시하는 사람들이므로, 칵테일파티에서 대취하는 사람을 가리킨다 옮긴이). (나는 그런 무정부주의자가 주로 여성이라고 생각한다.) 나는 바로 그런 술의 여신들을 관찰하고 싶다. 그녀를 체포하여 머그샷(범죄자용 사진 옮긴이)을 찍어놓고 싶다. 그게 가능할지는 모르겠지만, 최소한, 앞서 언급한 호기심 많은 외계인이 내게 만취가 뭐냐고 물으면, 뭔가 보여줄 거리라도 있지 않을까?

차례

제1부

선사

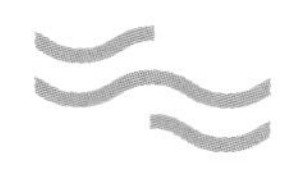

첫째 잔
태초에 원숭이와 술이 있었다

우리는 늘 기억해야 한다.
자연의 법칙은 대체로 옳고
모든 곳에서 술을 찾아볼 수 있는 것은
나름의 이유가 있기 때문이라는 것을.
식물과 나무에도 알코올이 있으므로,
자연의 설계에 따르면
인간에게도
상당한 수준의 알코올이 있어야 한다.

– A. P. 허버트A. P. Herbert(1956)

우리는 인간이기 전부터 이미 술꾼이었다. 알코올은 자연적으로 만들어졌고, 지금까지도 그렇게 만들어지고 있다. 45억 년 전쯤에 생명체가 처음 등장했을 때, 이 단세포 미생물은 원시 수프 안에서 부족이라고는 전혀 모르는 상태로 이리저리 떠다니며 단당류를 먹고 에탄올과 이산화탄소를 배설했다. 결국 이들이 배설한 것이 맥주였던 셈이다.

다행스럽게도 생명체는 진화를 거듭하여, 우리에겐 나무와 과일이 생겼다. 그런데 과일을 썩도록 내버려두면 자연적으로 발효가 되고, 발효는 당과 알코올을 낳는다. 초파리fruit fly는 이런 과일을 귀신같이 찾아내 게걸스럽게 먹어치운다. 이 녀석들이 사람처럼 취하는지 알아낼 방법은 없다. 안타깝게도 이 녀석들은 말을 못 하고, 노래도 못 하고, 자동차도 몰지 않기 때문이다. 그저 우리가 알고 있는 바라고는, 암컷 초파리들에게 접근했다가 잔인하게 거절당한 수컷들이 알코올 섭취량을 진탕 늘린다는 사실뿐이다.

동물들에게는 섭섭한 일이겠지만 자연 상태에서 알코올은 파티를 벌일 정도로 충분히 만들어지지 않는다. 물론 충분할 때도 있다. 파나마 앞바다에 있는 한 섬에서는 고함원숭이라는 녀석들이 아스트로카리움 야자나무에서 떨어지는 (알코올 함량 4.5퍼센트(4.5퍼센트는 4.5도다 옮긴이)의) 야자로 행복한 축제를 즐긴다. 이 과일을 먹은 원숭이들은 활력을 주체 못하고 시끄럽게 굴다가, 이내 졸려서 비틀거리다가, 나무에서 떨어져 다치기도 한다. 녀석들이 섭취하는 알코올의 양을 체중에 비례해 인간의 양으로 환산하면 30분 만에 무려 와인 두 병을 마시는 꼴이다. 하지만 이렇게 운 좋은 녀석들은 많지 않다. 대부분 동물은 아무리 돌아다녀봐야 충분한 술을 찾을 수 없다. 친절한 과학자에게 잡혀 실험실에서 물리도록 술을 먹게 되는 경우가 아닌 다음에야 말이다.

술에 취한 동물들은 꽤 재미있다. 네 다리를 가진 우리 사촌들의 두뇌와 행동에 알코올이 미치는 영향을 연구하는 과학자들이라면, 실험 때마다 웃음을 참느라 어쩔 줄 모르리라 추측하게 된다. 쥐에게 술을, 무한정한 양의 알코올을 제공한다면 어떤 일이 일어날까? 쥐들의 거주 구역에 무료 술집을 하나 열어준다면 어떤 일이 생길까?

사실 쥐들은 제법 분별력 있는 태도를 보여주었다. 물론 처음 며칠은 그렇지 않다. 녀석들은 처음에는 미친 듯 술에 달려든다. 하지만 그 이후 대부분은 하루에 두 잔 정도로 만족하는 패턴을 보인다. 한 잔은 사료를 먹기 전에, 한 잔은 잠자기 전에 마신다. (과학자들은 전자를 칵테일 아워cocktail hour (저녁dinner 직전, 또는 오후 4~6시경 칵테일을 마시는 시간 옮긴이), 후자는 나이트캡nightcap(잠들기 전에 마시는 술 한 잔 옮긴이)이라 부른다.) 그리고 사나흘마다 파티를 여는데 이때는 알코올 소비량이 확 치솟는다. 이런 이야기는 정말 목가적이어서, 듣다 보면 차라리 쥐로 태어났으면 좋았겠다는 생각이 들 정도다. 하지만 두 가지를 기억해야 한다. 첫째, 모든 쥐가 이런 행복한 실험실 체험을 할 수 있는 것은 아니다. 둘째, 쥐들이 술을 마시고 만취하는 일에는 어두운 이면이 있다. 보통은 한 마리의 수컷이 쥐 개체군 전체를 지배한다. 이를 왕 쥐라고 부르자. 이 왕 쥐는 술을 입에도 대지 않는다. 거꾸로 알코올 섭취가 가장 높은 개체군은 사회적 신분이 가장 낮은 수컷이다. 이들은 씁쓸한 마음을 달래기 위해 술을 마신다. 걱정을 잊기 위해 술을 마시는 것이다. 다시 말해, 이들은 자기가 실패자라는 사실을 잊기 위해 술에 취하는 것으로 보인다.

동물의 알코올 섭취를 연구하며 부딪치는 가장 커다란 문제가 바로 이 점이다. 그 가련한 동물이 인간이 주는 술이라면 마다하지 않고 꿀꺽꿀꺽 받아먹는 것을 보면, 옴짝달싹할 수 없이 좁은 환경에 갇힌 상태에서 견디기 힘든 자극을 받으며 근근이 살아가는 삶이 얼마나 스트레스가 심하면 저럴까 싶다. 공정성을 기하기 위해 정반대 상황을 가정해보자. 보르네오에서 오랑우탄 무리에게 잡혀, 그들의 숲속 근거지에 끌려갔다고 하자. 그리고 녀석들이 드라이 마티니를 마시라고 권한다면, 나라도 기꺼이 그 술을 마실 것이다. 최소한 높은 나무 위에 서 있는 게 두려워서라도 말이다.

그러니 과학자들도 동물들에게 위협을 가하지 않으면서 술을 권하는 영리한 방법을 찾아내야 한다. 특히 코끼리에게 술을 권할 때라면 더욱 그렇다. 어떤 경우라도 술에 취한 코끼리를 놀라게 해서는 안 된다. 녀석들은 술에 취하면 폭력적으로 돌변하기 때문이다. 1985년 인도에서 있었던 일이다. 한 코끼리 무리가 양조장을 뚫고 들어갔다. 결과는 좋지 않았다. 150마리에 달하는 코끼리가 모조리 취해 싸움을 벌이기 시작하는 바람에 한바탕 광란이 일었다. 이들은 콘크리트 건물 일곱 채를 찢어놓았고, 사람 다섯 명을 짓밟아 죽였다. 솔직히 말하자면 술에 취한 코끼리는 한 마리도 감당하기 힘들다. 150마리라면 제대로 문제다.

야생동물 보호 공원에서라면 좀 더 안전하게 실험할 수 있다. 픽업트럭 뒤쪽에 몇 통의 맥주를 싣고, 코끼리 무리 근처까지 차를 몰고 간 다음, 뚜껑을 열어 한잔 마실 수 있는 상태로 만든다. 보통은 서로 맥주 통을 차지하려고 경쟁을 벌이다가, 몸집이 큰 수컷 코끼리가 대부분을 먹게 된다. 그 이후 이 녀석들은 이리저리 비틀거리며 다니다가 결국은 잠에 빠져든다. 제법 재미있는 구경거리다. 하지만 이마저 위험할 수 있다. 한 과학자는 무리를 지배하는 수컷 코끼리가 술에 거나하게 취하도록 방치했다가, 이내 술에 취한 코끼리와 코뿔소 사이에 벌어진 싸움을 말려야 했다. 코끼리는 보통 코뿔소를 공격하지 않는다. 하지만 맥주가 코끼리를 호전적으로 만들었던 모양이다.

개미를 대상으로 하는 실험은 훨씬 안전하다. 예전에는 개미에게 암호 같은 게 있다는 이론이 있었다. 군집 생활을 하는 개미들은 다른 군락 출신의 낯선 개미를 자기 군락에 들이지 않기 때문이다. 이에 따라 개미가 다른 개미의 정체를 파악하고 있는 게 아니냐는 의문이 제기되었다. 이 암호 이론은 기발한 이야기를 즐기던 빅토리아 시대 생물학자들 사이에서 특히 인기가 있었다. 하지만 제1대 에이브버리 남작 존 러벅 경Sir John Lubbock, 1st Baron Avebury은 1870년대 몇 가지 실험을 통해 이 이론을 철저히 반박했다.

> 자신의 보금자리를 가진 개미는 어떤 신호나 암호를 통해 같은 장소에 서식하는 서로를 인식한다는 이론이 있다. 이 이론을 검증해보기 위해 나는 개미 몇 마리를 인사불성 상태로 만들어보았다. 처음에는 클로로폼을 사용했는데, 이 마취제를 흡수한 개미들은 모두 죽어버렸다. 검증은 실패로 돌아갔다. 나는 이 녀석

들에게 마취제 대신 술을 사용해보기로 했다. 생각보다는 쉽지 않았다. 개미 중 어느 녀석도 술을 마시고 개미 이하의 개미로 전락하려들지 않았다(빅토리아 시대는 '점잖음'이 강조되었던 때로, 사람들은 주사에 대해 엄격한 태도를 보이며 이를 수치스러운 일, 인간 이하의 일로 여겼다 옮긴이). 하지만 이 모든 어려움을 뚫고, 마침내 나는 몇 마리 개미를 몇 초간 위스키에 집어넣는 데 성공했다. 50마리의 표본을 추출했다. 그중 25마리는 하나의 군락에서, 나머지 25마리는 다른 군락에서 가져왔다. 모두를 곤드레만드레 취하게 만든 다음, 일일이 색을 칠하곤, 다른 군락에서 온 놈들이 먹이를 먹고 있는 장소와 가까운 곳에 놓아보았다. 녀석들이 길을 잃지 않도록 테이블에는 홈을 낸 다음, 거기에 물을 넣고 일종의 해자를 만들어서 개미들이 건너기 힘들게 만들어두었다. 먹이를 먹고 있던 개미들은 금방 술 취한 개미들을 알아보았다. 이 녀석들은 자기 동료들이 이렇게 수치스러운 상태가 된 것을 보고 정말 놀란 듯했다. 우리가 주정뱅이를 놓고 그러하듯 어찌할 바를 몰라 했다. 결론부터 말하자면, 이들은 이내 모두를 실어 나르기 시작했다. 낯선 개미들은 물 가장자리까지 지고 가서 물에 떨어뜨렸다. 반면 술 취한 친구 개미들은 둥지까지 안전하게 실어 날랐다. 둥지에 이르자 술의 영향으로 하나둘씩 모두가 잠에 빠졌다. 이로써 개미는 어떤 신호나 암호 없이도 친구들을 알아본다는 사실이 명백히 입증되었다.

멍청하면서도 기발한 실험으로 보일 수 있다. 하지만 여기서 인간의 주사와 동물의 주사의 연속성, 다시 말해 털이 없는 놈들도 털이 있는 놈들과 다를 바 없다는 생각은 실제로 빅토리아 시대 생물학에 영향을 끼쳐서 진화론이라는 거대한 진전을 낳았다. 찰스 다윈은 술에 취한 원숭이가 웃기다고 생각했다. 사실 그렇기도 하다. 하지만 그는 거기에서 그치지 않고, 이 사실이 중요하다고 생각했다. 그는 개코원숭이를 붙잡는 방법에 넋을 잃었다.

> 동북아프리카 원주민들은 야생 개코원숭이를 잡을 때 도수가 높은 맥주가 담긴 통을 이용한다. 맥주를 마신 개코원숭이들은 취한다. (독일의 한 동물학자가) 이렇게 술독에 빠진 개코원숭이 몇 마리를 포획했다. 그러곤 이들의 행동과 기묘한 표정에 대해 우스꽝스럽게 묘사했다. 다음 날 아침에 보니 이들은 뚱하고 울적해 보였다. 지끈거리는 머리를 양손으로 붙잡고, 정말 측은한 표정을 짓고 있었다. 맥주나 와인을 줘보았더니 혐오스러운 표정을 지으며 외면했던 반면, 레몬주스는 달게 마셨다. 미국이 원산지인 거미원숭이는 브랜디를 마시고 진탕 취한 다음 평생 다시는 브랜디에 손도 대지 않음으로써, 자신이 많은 인간보다 현명하다는 사실을 온몸으로 보여주었다. 이 사소한 이야기들은 인간과 원숭이의 맛 신경이 상당히 유사하다는 사실을 입증한다.

다윈은 인간과 원숭이가 숙취에 똑같은 반응을 보이는 것을 보고, 둘 사이에 친척 관계가 있지 않을까 생각했다. 이것이 유일한 증거는 아니었지만, 어쨌든 다윈에게 이 반응은 주교들도 영장류임을 입증하는 출발점이 되었다(영어로는 'bishops were primates'인데, primate는 '영장류'라는 의미 외에 '대주교'라는 의미도 있다. 종교를 대변하는 인물들은 대체로 다윈의 진화론에 반대했다는 사실을 작가가 풍자한 부분이다 옮긴이).

이는 또 우리가 털 많은 원숭이에서 유래되었다는, 훨씬 더 새로운 이론보다 앞선 것이기도 하다.

술 취한 원숭이 가설

인간은 원래 술을 마시도록 만들어졌다. 우리는 이 일에는 정말 능숙하다. 어떤 포유류보다도 뛰어나다. 단, 말레이시아 나무두더지는 예외다. 말레이시아 나무두더지와는 절대로 술 내기를 해서는 안 된다. 혹시 내기를 약속했다면, 체급을 참작해달라는 수작은 귓등으로도 들은 척하지 말아야 한다. 이 녀석들은 인간으로 치면 와인 아홉 잔쯤은 눈 하나 깜박거리지 않고 마시는 놈들이다. 애초에 발효된 야자 수액 속에서 생존할 수 있도록 진화했기 때문이다. 수백만 년에 걸쳐서 진화는 말레이시아 나무두더지를 최고의 술꾼으로 자연선택했다. 그러니 포유류의 최종 우승자는 바로 말레이시아 나무두더지다.

하지만 우리도 그다지 꿀리지 않는다. 우리 역시 술을 마시도록 진화해왔다. 천만년 전쯤 우리 선조들은 나무에서 내려왔다. 이유는 확실치 않지만, 너무 익어서 숲 바닥에 떨어진 향기로운 과일을 좇아 내려왔을 수도 있다. 이러한 과일에는 당분과 알코올이 듬뿍 담겨 있었다. 이에 따라 우리는 멀리서도 알코올 냄새를 맡을 수 있는 후각이 발달했다. 알코올은 우리를 당분으로 인도하는 안내자였다.

과학자들은 이를 아페리티프 효과aperitif effect라고 부른다. 한마디로 말하자면 알코올의 맛, 알코올의 냄새가 식욕을 증가시키는 현상이다. 조금 깊게 생각해보자면 기묘한 일이다. 알코올은 그 자체로 많은 칼로리를 포함하고 있다. 왜 알코올로 칼로리를 섭취했는데도 더 많은 칼로리를 섭취하고 싶어지는 걸까?

소량의 술이 소화기관을 자극하기 때문이라고 말하는 사람도 있지만, 사실이 아니다. 소화기관이 아닌 정맥을 통해 알코올을 주입해도 같은 효과를 얻을 수 있기 때문이다. 마찬가지로 다이어트를 하던 사람이 술에 취하면 자제력을 잃고 갑자기 많이 먹는다는 말도 사실이 아니다. 알코올은 두뇌의 특정 뉴런을 자극해 실제로 무지무지한 배고픔을 일으키기 때문이다.●

여러분이 실제로, 진짜, 정말 배가 고플 때도 같은 뉴런이 자극을 받는다. 따라서 천만년 전 인류가 했던 행동도 이해가 간다. 아마도 그는 어느 정도는 나무 위에서 살던 시절을 그리워하며 숲 바닥을 느긋하게 돌아다니다가 기분 좋은 냄새를 맡았을 것이다. 지나치게 농익은 과일 냄새다. 그 향을 따라가니 커다란 멜론 같은

● 구체적으로 말하자면 시상하부의 AgRP 뉴런이다. 이게 뭔지 내가 알 리는 없다.

것들이 눈에 띈다. 한자리에서 먹어치우기에는 양이 많지만, 어쨌든 다 해치우고 볼 일이다. 섭취한 칼로리는 싹 다 지방 형태로 저장했다가 나중에 연소시키면 그만이다. 그러면서 인간에게는 되먹임 시스템feedback system이 장착된다. 한번 과일을 깨물 때마다 알코올이 생성된다. 이 알코올은 두뇌로 가서 계속 배고프다는 신호를 보낸다. 따라서 더 많이 먹게 되고, 많이 먹다 보니 더 더 많이 먹게 된다. 그 결과 이제 이들의 50만 세대 후손인 여러분은 술집에서 만취해 비틀거리며 집으로 돌아오면서, 누가 케밥을 준다면 살인이라도 불사하겠다고 생각한다.

다시 천만년 전으로 돌아가보자. 알코올은 우리에게 음식이 있는 장소를 알려주었다. 알코올은 우리의 식욕을 북돋아주었다. 하지만 이 알코올은 어떻게든 처리가 필요하다. 그렇지 않았다가는 우리가 다른 동물 녀석의 밥으로 전락할 수도 있으니까. 술에 취하지 않은 맨정신으로도 선사시대의 포식 동물과 싸워 이기긴 쉽지 않다. 하물며 술에 취해 몸을 가누지도 못하면서 검치호랑이sabre-toothed tiger에게 한 방 먹이겠다고 달려들기라도 한다면 그야말로 악몽이라 할 수 있다.

어쨌든 이제 맛을 알게 된 우리는 진화적으로 알코올에 대한 대응기제coping mechanism(어떤 어려운 상황이나 스트레스에 대처하는 방법이나 전략을 가리키는 용어. 대처 메커니즘이라고도 한다 옮긴이)를 개발해야 했다. 그래서 천만년 전쯤, 인간이 말레이시아 나무두더지만큼 알코올 처리를 능숙하게 하도록 해주는 유전자 돌연변이가 나타났다. 이러한 변화는 인간이 생산하기 시작한 특정 효소와 관련이 있다.♦ 어느 날 불현듯 인간, 혹은 인간의 선조는 원숭이 모두가 술로 덤벼도 가볍게 녀석들을 이길 수 있게 되었다. 현대인의 간에 있는 효소의 10퍼센트 정도는 알코올을 에너지로 바꾸는 기능을 하기 때문이다.

그러고 난 다음에도 인간에게는 가장 중요한 최종 진화가 남아 있었다. 술 마시는 방법의 진화다. 인간은 함께 술을 마신다. 우리는 알코올을 주변 사람들에게 권한다. 술에 취한 우리는 세상을 흐릿하게 보면서 마음이 말랑말랑해진 상태로 주변 사람들에게 네가 내 가장 친한 친구라는 둥, 당신을 사랑한다는 둥, 실없는 이야기를 늘어놓는다. 술 취한 원숭이 가설에서 가장 흥미로운 부분은 이 모든 것이 진화적으로 프로그램되어 있다는 이야기다. 우리가 술에 취하는 걸 즐기는 이유는 이 모든 칼로리 섭취에 대한 보상 심리 때문이다. 우리가 술을 나누어 마시는 이유는 원숭이라면 자기 가족과 무리를 먹이는 게 당연하기 때문이다. 술을 함께 마시는 이유는 그래야 포식자들에게서 보호받을 수 있기 때문이다. 술에 취한 사람이 하나라면 좋은 먹잇감이지만, 취한 사람이 스무 명이라면 아무리 배고픈 검치호랑이라 해도 재고해볼 것이다.

함께 마시는 이유를 설명하는 마지막 부분은 술 취한 원숭이

♦ 구체적으로 말하자면, 에탄올 활성 클래스 IV 알코올 탈수소효소ADH4다. 이게 무엇인지는 물론 까맣게 모른다.

가설 중 가장 추측이 심하긴 하지만, 꽤 그럴듯하다. 우리 인간들은 최고의 술꾼이며, 술 취한 원숭이 가설은 그 이유를 설명해준다. 하지만 모든 생물학자가 여기에 동의하지는 않는다. 심지어 진화는 사기이며, 자비로운 신이 우리를 창조했다고 믿는 사람들도 있다. 창조론자들과 진화론자들은 서로 옥신각신한다는 비문명적인 공통점이 있다. 하지만 출발점이 서로 다른 두 진영은 결국 같은 목적지에서 만난다. 미국 건국의 아버지 중 하나였던 벤저민 프랭클린Benjamin Franklin이 와인의 존재야말로 '신이 우리를 사랑하며 우리가 행복해하는 것을 보기 좋아하시는 근거'라고 했던 말은 유명하다. 하지만 그가 같은 편지에서 인간의 해부학적 구조에 대해 진지한 언급을 했다는 사실은 별로 알려진 바 없다.

> **팔꿈치**만 보더라도 신의 섭리에 감사할 수밖에 없습니다. 다리가 길고 목마저 긴 동물이 땅에 흐르는 물을 먹으려면, 무릎을 꿇지 않을 수 없습니다. 하지만, 애초에 술을 마시도록 설계된 인간은 잔을 입에까지 딱 들어 올릴 수 있도록 만들어졌죠. 팔꿈치가 손에 더 가까이 있었다면, 그 부분이 너무 짧아 술잔을 입에까지 들어 올리기가 힘겨웠을 겁니다. 거꾸로 팔꿈치가 어깨 쪽에 더 가까웠다면, 술잔 든 부분이 너무 길다 보니 술잔이 입에 안착하기는커녕 머리 위까지 넘어가버렸겠죠… 하지만 팔꿈치가 지금의 위치에 있다 보니 그 덕에 우리는 술잔을 직접 입에 대고 편안하게 술을 마실 수 있습니다. 자, 그러니, 이제 잔을 들고 이 자비로운 지혜에 경배를 바칩시다. 경배의 뜻으로 한잔합시다!

프랭클린은 노아의 홍수가 술이 아닌 물을 마신 인간을 벌주기 위한 것이었다고 주장하기도 했다. 인간을 물에 익사시켜 다시는 물을 마시지 못하게 만들려 했다는 것이다. 진화 혹은 창조, 어떤 관점에서 보든 우리 인간은 술을 마시도록 만들어졌다.

둘째 잔
술이 인류의 문명을 발전시키다

해부학적으로 (우리) 현대인들은 150만 년 정도 지구상에서 살아왔는데, 그중 12만 5,000년 정도는 인간에게 재난의 시대였다. 제대로 된 술이 없었기 때문이다. 물론 확실한 이야기는 아니다. 선사시대 인간들은 기록을 남기지 않았으니 정확한 건 알 도리가 없다. 사냥하고 채집하고, 동굴에 벽화를 그리느라 워낙 바쁘다 보니 기록할 시간 따윈 없었던 모양이다.

로셀의 비너스Venus of Laussel라고 불리는 여성은 우리가 처음 감지한 희망의 빛이었다. 대략 2만 5,000년 전, 누군가가 로셀 동굴에 가슴이 크고 배가 볼록한 여성을 조각해놓았는데, 이 여성은 입에 술이 담긴 뿔잔을 대고 **있는 것처럼 보였다**. 모든 사람이 그 물건이 술을 마시는 데 사용하는 뿔잔이라고 동의한 것은 아니다. 입에 대고 있는 건 악기이며, 그 가련한 소녀가 대체 어떤 쪽으로 악기를 불어야 할지 몰라 당황하고 있는 모습이라고 생각하는 사람들도 있다. 그 물건이 생리와 관련 있다고 생각하는 고고학자도 있다. 물론 그 물건이 술을 마시기 위한 뿔잔이라고 하더라도, 그 안에는 술이 아닌 물이 들어 있었을 수도 있다. 하지만 이건 별로 신빙

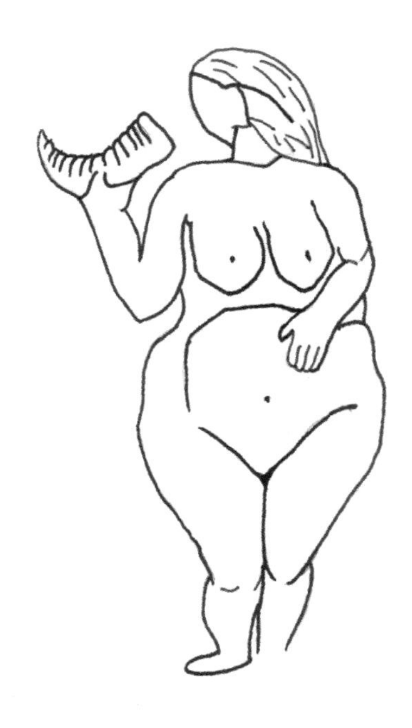

로셀의 비너스,
석회암에 부조, 프랑스,
대략 2만 5,000년 전

성 없는 얘기다. 물을 마시는 별로 중요하지도 않은 일을 굳이 돌에 새겨 영원히 남기겠다는 의지를 보여주는 사람은 많지 않기 때문이다. 안타깝지만 알 수 없는 노릇이다.

당시 알코올을 제조했는지, 혹은 그저 발견이라도 했는지 그것도 알 수 없다. 처음에 술은 대부분 만들어지기보다는 발견되었다. 술의 발견과 관련해 벌에 얽힌 재미있는 이야기가 있다. 먼저 벌 둥지가 나무 구멍에 있다고 상상해보라. 폭풍이 불어, 나무가 쓰러지며, 둥지가 빗물에 잠긴다. 그런데 우연히도 꿀과 빗물이 1 대 2의 비율로 섞이고 이내 발효가 시작된다. 며칠 후 목마른 원시인이 우연히 그곳을 지나다가 정말 경이로운 물건을 발견한다. 자연 벌꿀 술이다. 목마른 인간은 아마도 마셔보려 할 것이다. 인간은 원래부터 꿀을 매우 좋아하니 말이다. 그런데 이 음료는 그저 꿀맛을 내는 데 그치지 않고 사람을 취하게까지 만든다.

하나의 이론에 불과하지만 그럴듯하다. 좀 더 구체적으로 말하자면, 술을 만들기 위해서는 그저 과일을 수확하고 어느 정도 밀봉된 곳에 저장하기만 하면 된다. 그러면 아래쪽 주스에서 거품이 일어나기 시작하고 이내 아주 원시적인 와인이 생긴다. 이러한 와인을 위해서는 아마도 도기류가 필요할 것이다. 이보다 더 중요한 것이 있다. 어느 정도는 한 장소에 머물러 있어야 한다. 하지만 모든 증거에 따르면 우리 조상들은 대체로 늘 이동하고 있었다.

자, 그렇다면 인간은 대체 왜 정착했을까? 전통적으로는 식량을 재배하기 위해 정착했다고 설명한다. 그다음에는 술을 만들기 시작했을 것이다. 그러곤, 커다란 사원을 짓고 문명화되기 시작했을 것이다. 뭐 겉으로 볼 때는 제법 그럴듯하다. 하지만 완전히 틀릴 수도 있는 이야기다.

인간이 세운 가장 오래된 건물은 튀르키예에 위치한 괴베클리 테페Göbekli Tepe(튀르키예 남동부에 위치한 신석기시대 유적지 옮긴이)다. 이 건물은 건물이라고 부르기도 민망한데, 제대로 된 지붕이나 벽이 없기 때문이다. 게다가 사람들이 거기 살았다는 증거도 없다. 인근에도 거주의 특징을 보이는 흔적은 없다. 하지만 충분히 이해할 수 있는 일이다. 괴베클리 테페는 기원전 1만 년 전쯤에 지어졌기 때문이다. 이때라면 인간이 정착하여 농사를 짓기도 전이다. 따라서 사냥꾼-채집꾼hunter-gatherer(인간은 정착하기 전까지는 사냥과 채집을 하며 살아갔다 옮긴이)들이 일종의 사원으로 세우지 않았나 추측된다. 크기도 매우 커서 이 건물을 짓는 데 사용되었던 돌조각을 합치면 무게가 무려 16톤이나 나간다. 그렇다면 소수의 사람이 아닌, 여러 부족이 모여 이 건물을 세웠을 것이다.

그런데, 이들은 이토록 큰 건물을 왜 세웠을까?

괴베클리 테페에서는 커다란 돌로 만든 통을 몇 개 찾아볼 수 있다. 그중 가장 큰 것에는 151리터가 넘는 물을 담을 수 있다. 이 통에는 수산염이라는 화학물질의 흔적이 남아 있다. 보리와 물이 섞일 때 만들어지는 물질이다. 보리와 물이 섞이면 정말 자연스럽게 맥주가 발효된다. 따라서 괴베클리 테페는 일종의 만남의 장소였을 것이고, 여기서 여러 부족이 모여 함께 맥주를 마셨을 것으로 추정된다. 한잔 걸치기엔 정말 쾌적한 장소다. 산꼭대기에 있어 전망도 좋다.

물론 다른 설명도 있다. 다른 설명이야 늘 있기 마련이니까. 일부 사람들은 이 맥주가 건물을 짓는 대가였다고 주장한다. 맥주 같은 건 전혀 없었다고 하는 사람도 있다. 이들에 따르면 거기 있던 사람들은 단지 커다란 통에 물과 보리를 섞는 일을 즐겼다. 이들은 물을 먹어 걸쭉해진 보리를 좋아했고, 거품이 일어 구석기시대 말기epipaleolithic(사실 이 유적지는 기원전 9600년에서 기원전 9500년 사이에 건설된 것으로 추정되며, 따라서 신석기시대 초기 문화로 간주한다 옮긴이)의 맛난 맥주로 바뀌기 전에 이 걸쭉한 물질을 통에서 걷어냈다는 것이다.

하지만 맥주는 있었던 것으로 보인다. 심지어 사원이 지어지고 농경이 시작되기 이전에 이미 맥주가 있었던 것으로 보인다. 이는 가볍게 넘어갈 수 없는 문제다. 왜냐하면 인류 역사를 설명하는 하나의 위대한 이론의 토대가 되기 때문이다. 그 이론은 다음과 같다. 인류가 농경을 시작한 이유는 식량이 필요해서가 아니었다. 식량이야 이미 주변에서 얼마든 구할 수 있었다. 우리가 농경을 시작한 이유는 오직 한 가지다. 술을 원했기 때문이다.

코웃음 칠지 모르지만, 생각보다는 훨씬 더 그럴듯한 이론이다. 이 이론을 뒷받침하는 이유가 여섯 가지나 된다. 우선 첫 번째, 맥주는 빵보다 만들기 쉽다. 맥주를 만드는 데 뜨거운 오븐 따위는 필요 없다. 두 번째, 맥주는 비타민 B를 포함하고 있다. 인간이 건강하고 튼튼하게 살기 위해서 없어선 안 될 성분이다. 사냥꾼들은 다른 동물을 먹어 비타민 B를 섭취한다. 빵만 먹고, 맥주는 먹을 수 없었던 곡물 농부grain farmers는 비실비실하는 약골이 되어, 크고 건강한 사냥꾼들에게 살해되었다. 하지만 보리와 밀은 발효되면서 비타민 B를 낳았다.

세 번째, 누가 뭐래도 맥주는 빵보다 나은 음식이다. 이스트가 소화 작업을 도와주므로 영양분도 풍부하다. 네 번째, 맥주는 저장해놓고 두고두고 마실 수 있다. 다섯 번째, 맥주 속의 알코올은 맥주를 만드는 데 사용되었던 물을 정화한다. 다시 말해 물속 위험한 미생물을 모두 죽인다. 정착은 정착지 주변 어딘가에 응가를 해야 한다는 커다란 골칫거리를 낳았다. 그 소량의 응가가 물에 스며들고, 그러곤 곧바로 입까지 들어갈 수 있다. 유목민일 때는 생각조차 하지 않았던 문제다.

여섯 번째이자 가장 중요한 주장은, 행동을 크게 바꾸기 위해서는 문화적 동인이 필요하다는 것이다. (괴베클리 테페가 암시하듯) 맥주는 그것을 마시기 위해서라면 아무리 먼 길이라도 마다하지 않을 만한 가치가 있고, (괴베클리 테페가 암시하듯) 맥주가 종교를 위한 술이었다면 아무리 사냥에 진심인 사람이라도 정착해서 보리를 재배하고 그것으로 술을 빚으라고 설득하는 것이 가능했을 수 있다.

따라서 기원전 9000년경 우리는 정기적으로 취하기 위해 농경을 시작했다. 이는 두 가지 결과를 낳았다. 첫째, 술에 관한 적절하면서도 의심할 여지 없는 고고학적 증거가 남기 시작했다. 특히 와인은 훌륭한 증거가 되는데, 타르타르산이라는 흔적을 남기기 때문이다. 기원전 7000년까지 거슬러 올라가는 증거가 중국에서 발견된 적이 있다. 이란에서는 이보다 조금 이후 술의 증거가 발견되었고, 그 이후로는 지중해 방향으로 서쪽으로 퍼져 나간다. 물론, 반대 방향으로의 발전도 있었을 것이다. 하지만 이러한 발전은 커다란 고고학적 침묵 속 작은 속삭임에 지나지 않는다.

훨씬 덜 중요한 두 번째 결과는 바로 문명의 발전이다.

제2부

고대

셋째 잔
수메르에 강림한 맥주의 여신

도시는 농부들이 지나치게 열심히 일한 결과물이다. 사실 역사 역시 농부들이 지나치게 열심히 일한 결과물이다. 당신이 식량 생산과 관련이 없는 일을 하고 있다면, (그리고 당신이 살아 있다면,) 어디선가 자신에게 필요한 몫보다 더 많은 식량을 생산하고 있는 농부가 있다는 뜻이다. 이런 농부가 있으면 이내 전문직이 생겨나는데, 궁극적으로 농부에게 식량에 대한 대가로 옷이나 주택, 보호, 회계 서비스와 같은 것들을 제공해야 하기 때문이다. 어떤 식량도 생산되지 않는 장소에 사람이 살고 있다는 것은 거기에 잉여 농산물이 있다는 확실한 지표가 된다. 그러한 장소를 도시라 하고, 도시에 사는 사람들을 시민이라고 한다.

라틴어로 시민은 **시비스**civis인데, 여기에서 우리는 '**문명의**civil'라는 낱말과 '**문명**civilization'이라는 낱말을 얻었다.

우리가 보답으로 농부에게 무언가를 주면, 그것을 무역이라고 부른다. 무역은 분쟁을 낳는다. 이 분쟁을 해결하는 사람들이 있는데, 그들을 정부라고 부른다. 정부는 왕좌, 군대, 진상 조사 등 중요한 문제에 써야 할 돈이 필요하다. 이러한 돈이 세금이다. 누가 세금을 내고 내지 않았는지 기억하기란 무척 어렵기 때문에, 세금은 일일이 적어두어야 할 필요가 있다. 그래서 문자가 등장했고, 문자의 등장과 더불어 선사시대는 종말을 고하고, 역사가 시작된다.

이 모든 일은 지금의 이라크 지역에서 기원전 4000년 말엽에 상당히 갑작스레 일어났다. 한때 이 지역은 메소포타미아로 불렸고, 수메리아Sumeria라고도 불렸는데, 이들이 사용했던 언어가 수메르어였기 때문이다. 어쨌든, 이들이 문명을 발명했고 그 후로 문명은 계속 내리막길을 걷고 있다.

문자를 가진 사람들은 맥주에 관해서 참으로 많은 글을 써댔다. 사실 원시 문서는 상당한 부분이 차용증서였다. 당시에는 동전이라는 수단이 없었다. 사람들은 보리, 금 혹은 맥주로 빚을 갚아야 했다. 기원전 3200년경, 사람들은 원뿔 모양 맥주잔beer jug(당시 잔jug의 크기는 다양했지만, 가장 일반적인 크기는 1리터 정도였다 옮긴이) 그림을 그리기 시작했다. 이 그림은 금방 정형화되어 점토에 쉽게 조각할 수 있는 형태가 되었다. 화장실에 붙어 있는 남성/여성 기호가 실제 인간과는 하나도 닮지 않게 된 것처럼, 맥주의 상징 역시 점토판에 그어진 몇 개의 선으로 자리 잡았다. 이 상징은 맥주를 의미하는 것으로 사용되기도 하고, 맥주를 가리키는 낱말의 발음을 나타내기도 했다. 그 소리는 **카시**kash였고, 그 소리가 글자가 되었다(여기서 더 나아가 kash의 발음이 캐시cash와 같으니, 맥주가 현금으로 사용되었다는 의미로 받아들여서는 안 된다. 그저 그 당시 그 장소의 발음이 그랬다는 정도다. 하지만 이렇게 맥주라는 '개념'을 가리키던 상징이 기본적인 문자 체계 단위로 자리 잡은 것은 흥미로운 일이다. 수메르 문자에서 'KAŠ'라는 상징은 맥주를 의미하기도 하고 'ka'라는 소리를 의미하기도 한다. 맥주 하면 연상되는 소리는 시간과 장소를 초월하는 모양이다 옮긴이).

이는 메소포타미아 사람들이 문자를 차용증서 쓰는 데만 사용하지 않았다는 의미다. 실제로 이들은 자신들이 중요하다고 생각했던 모든 것에 관해 글을 썼다. 물론 그중에서도 가장 중요한 것은 신과 맥주였다. 따라서 이들은 맥주의 여신 닌카시Ninkasi(nin은 '여왕'이고 kasi는 '맥주를 만드는 자'라는 의미다 옮긴이)에 관해서 썼다. 그녀는 쉬지 않고 끊임없이 맥주를 만든다. 닌카시를 기리는 송가 중에는 그녀가 맥주 반죽을 떠서 큰 화덕에서 말리고, 항아리에 담은 다음, 맥아즙과 꿀, 와인 등을 첨가하는 내용이 담긴 노래도 있다. 수메르 사람들이 **정확히** 어떻게 맥주를 만들었는지는 분명치 않지만, 앞으로 우리가 살펴보게 될 것처럼 상당히 전문화된 항아리들을 이용했다는 것은 확실하다.

맥주를 마시지 않는 사람은 없다. 왕은 왕좌에 앉아 맥주를 마신다. 사제들은 사원에서 맥주를 마신다. 역사상 최초의 시인으로 알려진 사람은 엔헤두안나Enheduanna라는 여성이다. 그녀는 사르곤 대왕Sargon the Great(기원전 약 2334년부터 기원전 2279년 사이에 재위했던 메소포타미아의 지배자 옮긴이)의 딸로, 아버지에 의해 우르Ur라는 도시의 최고 여사제로 임명되었다. 그녀는 '당신이 알고 있는 것에 관해 쓰라'라는 규범에 따라 우르 지역 여러 신전을 찬양하는 시들을 썼다. 그 시들은 이렇게 노래했다.

> 거룩한 도시 이리 쿠그Iri-kug 쪽으로 난 당신의(신전의 옮긴이) 문에서는, 바깥에 내놓은 신성한 아누(안)An(수메르 신화에서 하늘과 관련된 최상위 신 옮긴이)의 아름다운 그릇에 와인이 따라진다. 당신에게 들어오는 모든 것은 비할 바 없이 뛰어나고, 떠나는 모든 것은 영속한다… 무시무시한 파사드(신전의 입구 옮긴이), 빛나는 집, 우리 주 닝이르수 Lord Ninĝirsu(전쟁과 농업의 신. 특히 라가시 지방의 수호신 옮긴이)가 커다란 경외와 두려움으로 가득 채운 판단의 장소! 모든 아누나 신들Anuna gods(메소포타미아 지역의 여러 주요 신을 일컫는 말 옮긴이)이 당신이 여는 위대한 술 연회에 참석한다.

혹은

> 아누가 빈 평야에 세운 도시 이신Isin! 그 정면은 강력하고, 내부는 예술적으로 지어졌으며, 그 신성한 능력은 아누가 결정한 신성한 힘이다. 엔릴Enlil(아누의 아들. 바람과 공기의 신 옮긴이)이 사랑하는 성지聖地, 아누와 엔릴이 운명을 결정하는 장소, 위대한 신들이 식사하는 장소, 경외와 공포로 가득 찬 장소, 모든 아누나 신들이 당신이 여는 위대한 술 연회에 참석한다.

솔직히 말해서, 그녀의 시는 다 비슷비슷하다 보니 다소 단조롭게 느껴질 수도 있다. 아버지가 황제만 아니었다면 그녀의 시가 출간이나 되었을까 의심스러울 정도다. 세상이 아무리 변해도 근본적으로 바뀌지 않는 것도 있는 법이다.

요점은 맥주가 중요하고 성스러운 음료로 여겨졌다는 사실이다. 문명이 맥주 덕분에 가능했다는 신화도 있다. 이야기인즉슨 이렇다. 지혜의 신 엔키Enki가 이난나(인안나)Inana라는 섹스의 여신과 마주 앉았다. 당시 인간은 아무런 지식도 능력도 없었다.

> 그래서 엔키와 이난나는 함께 아브주abzu●에서 맥주를 마시고 달콤한 와인의 맛을 즐겼다. 청동으로 만든 아가aga(대형 그릇 옮긴이) 잔이 넘쳐흐르다 보니 둘은 우라시Uraš(지구의 신 옮긴이)의 청동 잔으로 술 내기를 시작했다.

결론만 이야기하자면, 이난나가 내기에서 이겼다. 엔키가 술에 취해 정신을 잃자, 그녀는 그의 모든 지식을 훔쳐 이 세상의 인류에게 왔다. 깨어난 엔키는 자신의 모든 지식이 사라졌다는 것을 깨닫고, 화를 냈지만, 이미 늦었다.

● 신화 속 거대한 지하 바다(아브주는 바다라기보다는 지구 아래에 흐르고 있는 민물로, 다산多産, 창조, 지혜와 관련 있는 장소다 옮긴이)

수메르 신화 중 가장 유명한 『길가메시 서사시The Epic of Gilgamesh』는 숲에 사는 원시인 엔키두Enkidu의 이야기로 시작된다. 『정글북』의 모글리처럼 메소포타미아 동물들 사이에서 살고 있던 엔키두 앞에 이난나의 제사장이 나타나서 그를 인간으로 만들려고 한다. 그를 인간으로 만드는 방법이란 다름 아닌 그와 섹스하는 것이다. 섹스를 끝낸 그녀는 엔키두에게 술을 한 잔 준다. (일반적인 순서와는 반대다.) 엔키두는 이 와인이 마음에 들어 일곱 잔을 계속 들이켰다. 그러곤 다시 동물 친구들에게 돌아가려 했다. 하지만 동물들은 이제는 그를 친구로 받아들이지 않았다. 엔키두는 하릴없이 우루크Uruk(고대 메소포타미아의 도시 국가였으며, 기원전 4000년경부터 기원전 1200년경까지 세계 최대 도시로 번성했다 옮긴이)로 가서 길가메시 왕과 싸우며 친구가 된다. 그리고 그는 죽는다. 이 이야기 어딘가에는 나름의 교훈이 있을 터인데, 어디인지, 무엇인지 파헤칠 재간이 나에게는 없다(최초의 원형적原型的 인간의 죽음이라 할 수 있는 엔키두의 죽음에 대한 철학적인 고찰이 이 서사시의 핵심이다. 저자가 이 서사시가 주는 교훈을 이해하지 못할 리가 없지만, 술 이야기에 취해 그런 교훈은 잘 보이지 않는다고 익살을 떠는 것이다 옮긴이).

이 이야기에서 눈여겨봐야 할 것이 있다면 당시에도 맥주는 어디든 있었다는 사실이다. 그리고 맥주야말로 인간을 인간다운 인간으로, 문명인으로 만드는 요소였다. 수메르 속담에는 '맥주와 친하지 않은 사람처럼 두려워한다'라는 말이 있다. 맥주가 얼마나 보편적이었는지를 더 잘 보여주는 속담으로 '맥주를 모르는 것은 정상이 아니다'라는 말도 있었다.

자, 그렇다면 일반적인 수메르 사람들은 어떻게 술을 마시며 놀았을까? 우리가 기원전 2000년경에 이라크 남부 우르라는 도시에 도착한 여행자라고 생각해보자.♠ 우리는 고대 메소포타미아의 신전 지구라트Ziggurat나 그 밖의 관광지에는 관심이 없다. 오로지 술을 마시고 싶다. 자, 무엇을 해야 할까? 우리는 그저 여행객이지 통치자나 사제가 아니므로, 왕궁이나 신전은 1차 장소로는 적합하지 않다. 우리에게 필요한 건 선술집이다. 다행스럽게도, 그런 장소는 존재하고 있었다. 다만 찾는 게 문제였다.

선술집은 대체로 도시 중앙 광장 부근에 있었다. 하지만 우리가 방문하고 있는 도시는 세계에서 가장 커다란 도시이고, (잉글랜드 동남부 켄트주의 주도 메이드스톤의 규모 절반도 넘는) 무려 6만 5,000명이나 되는 거주민이 사는 도시였으므로, 술집이 적지 않았을 것이다. 선술집을 알아볼 수 있는 가장 쉬운 방법은 문간에 창녀가 어슬렁거리고 있는 집을 찾는 것이다. 그런데 창녀는 어떻게 알아보느냐고? 글쎄, 이들은 옷을 여러 겹으로 겹쳐 입거나 다양한 스타일을 하고 있기보다는 그저 옷 하나만을 걸치고 있고, 목에는 진주목걸이를 차고 있는 경우가 많았다. 우르의 창녀가 부유해서가 아니다. 다만, 그 시절에는 사람은 그리 많지 않았고, 조개는 풍부했기 때문이다.

♠ 당시에는 물론 이라크라고 불리지 않았다. 그때는… 음… 우르라고 불렸다. 게다가 그때가 기원전 2000년이라는 것을 아는 사람도 전혀 없었다.

자, 이제 진흙 벽돌로 만든, 지붕이 평평한 낮은 건물들이 죽 늘어선 거리를 지나간다. 오! 찾았다! 우리는 문으로 다가간다. 내부로 들어서자 처음엔 그저 어두컴컴하기만 하다. 이내 톡 쏘는 냄새와 더불어 수많은 파리가 우릴 반긴다. 당시에는 맥주를 그 자리에서 만들었기 때문이다. 그때에도 와인이 있었는지는 모르겠지만, 그랬다면 그 와인은 시골 지역에서 가져와야 했을 것이다. 하지만 맥주는 맥주를 파는 바로 그 장소에서 현장 제조되고 있었으니, 맥주를 만드는 데 필요한 몰트(맥아)와 보리, 그 밖에 모든 물건의 냄새가 났을 것이다.

눈이 어둠에 익숙해지자, 맥주를 만드는 도구가 보인다. 일련의 통(vat와 trough는 모두 커다란 용기로, 액체를 저장하거나 운반하는 데 사용된다. 굳이 구분하자면 trough는 일반적으로 길고 좁은 형태로, 액체를 운반하거나 흘려보내는 데 사용된다. 반면 vat는 일반적으로 둥글거나 타원의 형태로, 액체를 저장하거나 혼합하는 데 사용된다. 둘 다 일단 '통'으로 옮겼다 옮긴이)과 냄비와 팬인데, 모두 나름의 이름이 있다. 각쿨 통gakkul vat(맥주의 1차 발효에 사용되었던 통. 여기서 물과 보리를 섞어 발효시킨 다음 람사레 통으로 옮긴다 옮긴이)과 람사레 통lamsare vat(맥주를 발효하고 저장하는 데 사용되었던 통 옮긴이), 밀짚 통straw trough(발효된 맥주를 빠르게 식히고, 맥주를 차게 보관하는 데 사용되었던 통 옮긴이), 그리고 우굴발 항아리ugurbal jar(맥주를 저장하고, 맥주를 담아 파는 데 사용되었다 옮긴이)가 있다. (이들은 모두 양조 과정에 사용되었지만, 각각 정확히 어떤 역할을 하는지 고고학자들은 잘 모르고 있다(사실은 주석을 달았듯이 대체로 역할들이 밝혀졌다 옮긴이).) 우리가 찾아간 장소가 고급 술집이라면, 이 장비들은 겉모양이 아름답게 장식된 토기일 수도 있다. 하지만, 토기가 아닌 걸 보니 여기는 고급 술집이 아닌가 보다.

여기엔 어떤 사람들이 있을까? 선술집 밖 창녀들에 대한 수메르 문헌은 수없이 많지만, 선술집 안 창녀에 대한 언급은 단 하나밖에 없다. 그런데 이 글을 보면 창녀가 창을 통해 술집 안으로 몰래 들어왔다고 한다. 따라서 선술집이 매춘이 번성하던 장소는 아니었던 모양이다. 하지만 적어도 한 명의 여성은 술집 안에 있었다. 바로 술집 주인이다.

선술집은 여성의 소유물이었다. 이는 메소포타미아 준-전설적인 왕들의 목록인 수메르 왕 목록Sumerian Kings List에도 암시되어 있다. 이 목록에 여왕은 한 명뿐인데, 100년간 키시Kish를 다스렸던 선술집 주인 쿠바바Kuababa다. (이 목록이 준-전설적이라고 이미 말한 바 있다(100년이라는 통치 기간을 믿을 수 없다는 말이다 옮긴이).) 선술집 주인이 여성이라는 사실은 충분히 이해가 간다. 당시 맥주 양조란 집에서 하는 허드렛일이었고, 따라서 여성들이 해야 하는 피곤한 일이었다. 선술집 주인이 여성이었다는 사실은 함무라비 법전에서도 확인할 수 있다. 실제로 이 법전은 우리가 지금 이야기하는 시대보다 300년 후에 만들어졌지만, 눈감아주길 바란다. 함무라비 법전은 세 차례에 걸쳐 선술집을 언급한다.

> 108조. 만일 선술집 주인(여성 명사)이 술값으로 곡물corn(corn이 '옥수수'로 번역된 것은 북아메리카 원주민이 옥수수를 발견하면서부터다. 그리고 그 장소도 미국과 유럽으로 한정된다. 메소포타미아의 주 곡물은 보리였으므로 보리를 가리킬 가능성이

크다 옮긴이)을 중량대로 받지 않고 돈을 받거나, 술값이 곡물 가치보다 적을 경우, 그녀는 유죄를 선고받고 물에 던져질 것이다. (익사시킨다는 말이다.)

109조. 반역을 꾀하는 자들이 선술집 주인(여성 명사)의 집에서 만나고, 그러한 반역자들이 체포되어 법정에 세워지지 않는다면, 선술집 주인은 죽음에 처해진다.

110조. '신의 자매sister of god'가 선술집을 열거나, 선술집에 들어가 술을 마신다면, 이 여성은 화형에 처해진다.

자, 그러면 이 문제적 인간들 셋을 차례로 살펴보자. 우선 반역을 꾀하는 자들부터. 선술집은 일단 의심스러운 장소다. 어두컴컴한 골목에 자리 잡은 작은 술집은 사람들이 만나 음모를 꾸미고, 불법적인 거래를 하고, 정부에 대한 불만을 토로하기 알맞은 장소다. 당장 우리가 있는 술집 주변을 잠깐만 훑어봐도, 이 같은 묘사에 잘 어울리는 사람들을 볼 수 있을 것이다.

두 번째는, '신의 자매'다. 물론 여사제를 가리키는 말이다. 선술집은 얌전한 소녀들에게 어울리는 장소는 아니다. 그렇다고 해서 선술집에서 여성을 전혀 찾아볼 수 없었다는 말은 아니다. 다만, 여러분의 딸이 시간을 보내기엔 어울리지 않는 장소라는 말이다. 다음과 같은 수메르 속담도 있다.

왕궁은 황무지를 피할 수 없다. 바지선은 짚을 피할 수 없다. 자유인은 강제 노동을 피할 수 없다. 왕의 딸도 선술집을 피할 수 없다.

이 속담의 **의미**는 명확하지 않다(아무리 근사한 왕궁도 결국은 폐허가 되기 마련이고, 강을 따라가는 배라면 모두 짚이라는 장애물을 만날 수밖에 없고, 자유인도 상황에 따라 어쩔 수 없이 강제 노동을 할 수 있으며, 아무리 공주라고 하더라도 세상의 어두운 측면을 모두 피할 수는 없다는 의미로, 인간 경험의 보편성을 강조하는 속담이다 옮긴이). 하지만 '모든 일은 언제나 결국 잘못된 곳에서 끝난다'라는 맥락인 것 같다. 따라서 공주님이 지금 우리와 같은 술집에 있다면, 가능한 한 거리를 두어야 한다. 골치 아픈 일에 휘말려들어서는 안 되니까.

다른 손님들과도 마찬가지다. 손님들도 각양각색이니까. 자, 이제 맥주를 주문해보자. 여기서 함무라비 법전 108조를 기억해야 한다. 술집 여주인은 술의 양을 속일 수 있다. 만일 그렇다면 그녀를 고발하여 물맛을 제대로 보게 해야 한다.

수메르인들은 여러 종류의 맥주를 마셨다. 보리 맥주, 엠머밀 맥주, 갈색 맥주, 흑맥주, 밝은 맥주, 붉은 맥주, 달콤한 맥주, 꿀과 다양한 향신료가 첨가된 맥주, 와인과 필터드 비어filtered beer(양조 과정에서 남은 침전물을 제거한 맥주로, 우리가 보통 마시는 라거가 필터드 비어다 옮긴이)를 혼합한 독한 맥주 등이 있었다. 마지막 두 종류는 매우 비쌌을 것이고, 오늘날 만들고 있는 맥주가 그때와 같은 종류일 수도 있다. 또 고대 우르는 수제 맥주라면 환장하는 사람에게는 정말 좋은 장소였을 수 있다. 당시의 모든 술집은 지금의 마이크로 브루어리라고 부를 만했다. 대형 양조장이라곤 전혀 없었다. 이는, 당신이 원한다면 술집 주인과 이 집 맥주의 몰트 향과 맛에 관해서, 혹은 마세레이션maceration(재료를 맥주에 담가놓아 재료의 향과 맛을 녹이는 과정 옮긴이) 같은 어려운 주제를 놓고서도 매우 진지하고 끊임없는 대화를 나눌 수 있었다는 것을 의미한다. 심지어 당신은 그 집 엠머밀 맥주가 '파프시어Papsir 운하의 물처럼 쉬익 하며 활기차고 생기발랄한 소리를 내야 한다'라고 요구할 수도 있다.♠

이제 돈을 낼 차례다. 현지인들이라면 보리로 정산하여 술값을 낼 것이다. 이곳은 물물 교환 사회이기 때문이다. 주택과 같이 규모가 큰 거래라면 은을 사용했겠지만, 맥주는 그렇게까지는 비싸지 않다. 은으로 맥줏값을 내려 했다가는 은을 소량으로 떼어내기 위해 현미경까지 동원해야 했을 것이다. 여행객인 우리는 맥주 가격을 흥정하며, 교환할 수 있는 물건을 제시해야 한다. 여행 중에 얻은 향신료도 가능하다. 무엇이든 가능하다. 새끼 돼지도 가능하다. 여기에 대해서는 조금 후에 다시 이야기하기로 하자.

자, 이제 우리는 테이블에 앉았다. 맥주가 두 개의 빨대와 함께

♠ 나로서는 운하가 왜 쉬익 하는 소리fizz를 내는지 알 수 없다(영어로 'fizz like the water of the Papsir canal'이라는 표현은 유래를 알 수 없는 것으로, 맥주 거품이 매우 활기차고 생기발랄한 것을 의미한다. Papsir라는 소리는 fizz라는 소리를 연상시킨다. 오늘날의 펩시pepsi도 마찬가지다. 따라서, 저자가 이유를 모른다는 말도 당연히 믿어선 안 된다 옮긴이).

아맘자르 잔amam jar에 담겨 나온다. 맥주는 반드시 빨대를 통해 빨아 마셔야 한다. 수메르 맥주는 우리가 알고 있는 현대의 맑고 깨끗한 호박색 맥주와는 다르다. 수메르 맥주는 표면에 다양한 고체 성분이 떠다니는 거품 보리죽 같다. 따라서 빨대를 이용해야만 표면 아래 달콤한 액체를 빨아 마실 수 있다. 우리는 많은 그림을 통해서 수메르인들이 이렇게 맥주를 마셨다는 사실을 알고 있다. 아프리카 중부 일부 지역에서는 아직도 이와 같은 방식으로 야자주를 마신다.

맥주와 빨대가 왔다. 이제는 무엇을 할 것인가? 뭐, 일반적으로는 누가 더 술이 센지 내기하며 마신다. 신들이 이렇게 경쟁하며 술을 마신다는 이야기를 여러 번 들어보았으니, 인간도 마찬가지였을 것이다. 사람들은 술을 마시면 취하기 마련이다. 그래서 이와 관련된 속담도 있다. '맥주를 마실 때는 누군가를 평가하려들어서는 안 된다.' 하나 더 들자면 '기만적인 사람처럼 잘난 척해서는 사람들이 당신을 믿지 않을 것이다.' 무언가가 비난의 대상이 되는 이유는 많은 사람이 그 일을 하고 있기 때문이다. 그리고 한 사회가 무엇을 죄악으로 여기고 있는지는 그 사회가 소중히 여기는 미덕을 들여다보면 짐작할 수 있다. 따라서 우리는 술을 마실 때 누가 더 센지 내기하면서, 잘난 척하고, 서로를 속이고, 평가하려든다.

맥주는 모두가 모여 행복하게 마실 수 있다. 우리는 옆 테이블에서 반역을 꾀하는 사람들과도 친구가 될 수 있다. 농담을 할 수도 있다. 수메르 사람들은 농담을 좋아했다. 이들은 농담 목록까지

수메르 사람들이 빨대를 이용해서 침전물을 피하며
맥주를 마시고 있다. 기원전 2600년 우르를 지배했던
푸아비 여왕Queen Puabi의 원통형 인장에 새겨진 그림

만들었는데, 그중 몇몇은 지금 보아도 제법 웃긴다. "뼈다귀를 갉아 먹던 개가 자기 똥구멍에게 말했다. '이걸 먹으니 네가 좀 아플 거다!'" 또 "태초부터 지금까지 단 한 번도 일어나지 않은 일이 있다. 젊은 여자가 남편 품에서 방귀를 뀌지 않는 일이다."

제법 웃긴다.

때로 남아 있는 글의 맥락을 보면 명백히 농담인데, 그 의미를 도무지 알 수 없는 문장도 있다. 예를 들어, "개 한 마리가 선술집에 들어가 말했다. '아무것도 안 보여. 눈을 좀 떠야겠어.'" 이 말이 왜 웃기는지는 무려 4,000년이라는 안개 속에서 사라져버렸다(글쎄, 눈을 감으면 아무것도 보이지 않으니 당연히 눈을 떠야 한다. 이 표현이 재미있는 것은 이 어이없는 상황 때문이다 옮긴이). 어쨌든 이 이야기는 **동물이 술집에 들어가는 농담**animalwalks-into-a-bar joke의 가장 초기 버전이다. 세상에는 변하지 않는 것들도 있다.

우리는 술을 마신다. 우리는 취한다. 우리는 농담한다. 이제 선술집 문간에 서성거리던 창녀라는 주제로 돌아가야 할 시점이다. 매춘이 훌륭한 풍습이라거나 뭐 그런 이유에서가 아니다. 다만 매춘이 수메르 음주문화에서 빼놓을 수 없는 한 부분이었기 때문이다. 화대 흥정 과정에 대해서는 알려진 바가 거의 없다. 하지만 앞서 말한 섹스의 여신 이난나를 기리는 찬가를 보면 그녀 스스로가 가격을 설명하고 있다.

> 내가 벽을 등에 대고 서면 1셰켈shekel(셰켈은 시대와 장소에 따라 그 가치가 아주 달랐으므로 얼마라고 일률적으로 말하긴 힘들지만, 대체로 숙련된 기술자의 3~4일 노동의 가치 정도였다고 한다 옮긴이)이고, 몸을 앞으로 숙이면 1과 2분의 1셰켈이다.

이 글만 보고 가격을 정확하게 짐작하긴 힘들다. 어쨌든 이난나는 여신이었으므로, 돈을 많이 받았을 것이다. 하지만 매춘부에게 많은 돈을 주었다고 해서 그 대가로 근사한 오리털 침대 따위를 기대해서는 안 된다. 섹스는 야외에서만 해야 했기 때문이다. 여신이 아닌 인간에게 적용될 수 있는 현실적인 가격 지침으로는, 한 번의 섹스의 대가가 새끼 돼지 한 마리였다는 단 하나의 법률 문서 기록이 남아 있다. 새끼 돼지 한 마리가 맥주 한 잔의 가치로서는 넘쳐흐른다는 사실을 누구나 알고 있었으므로, 매춘부들은 이른 저녁에도 고객의 의도를 파악할 수 있었다. 고객이 돼지를 안고 온다면, 그냥 술만을 위해 온 것은 아니라고 짐작할 수 있었다.

이제 밤이 깊어 가고 있다. 모든 사람이 거나하게 취했다. 이제 술 노래를 부르며 마쳐야 할 시간이다. 맥주는 사람들을 행복하게 만들고, 맥주는 사람들을 친하게 만들고, 맥주는 사람들을 모두 함께 노래 부르게 한다. 지금까지도 가사가 남아 있는 술 노래가 하나 있다. 이 노래에는 앞서 말한 맥주 제조에 사용되었던 그 모든 알 수 없는 용도의 통과 팬은 물론, 맥주와 섹스의 여신인 닌카시와 이난나에 대한 언급도 있다. 라임을 맞추느라고 낱말을 몇 개 손보았지만, 많이 고치지는 않았다. 다음은 진짜 수메르 시대 술 노래다. 자, 이제까지 언급한 우리, 다시 말해 여행자, 반역자, 선술집 여주인, 진주목걸이를 한 창녀, 새끼 돼지 모두가 어깨를 걸고 다음과 같은 노래를 힘차게 부른다고 상상해보라.♠

♠ 음악학적으로 시대착오적이긴 하지만, 이 노래가 왠지 「포스트맨 팻Postman Pat」 주제곡과 잘 어울리는 것 같다(「포스트맨 팻」은 영국을 대표하는 애니메이션이다. 이 주제곡은 익숙한 멜로디와 경쾌한 리듬으로 사랑받고 있다. 저자는 수메르 시대 술 노래가 리듬감이 풍부하고 경쾌한 멜로디, 빠른 박자 등 때문에 「포스트맨 팻」과 비슷한 부분이 많다고 느끼는 모양이다 옮긴이).

각쿨 통!
각쿨 통!
각쿨 통
람사레 통!
각쿨 통,
언제나 우리를 항상
행복하게 하네!

람사레 통,
우리는 그것도 좋아.
하지만 우굴발 항아리야말로
최고 중에서도 최고지!

샤그그부 잔šaggub jar에 맥주가 가득 찼네.
아맘자르 잔에 옮겨 이리로 가져와야지.
통과 양동이, 솥과 팬이
모두 주방용기 정리 스탠드에 깔끔하게 늘어서 있네.

신의 마음이 당신과 함께하기를,
각쿨 통이 우리의 마음이자 안내자이니.
당신도 좋고, 나도 좋고
그래서 우리가 함께 이토록 즐겁게 노래 부르니!

술집 바닥에 맥주를 흘리면
영원히 닌카시와 함께 행복하리니.
우리는 평화롭게 살며 잘 살 거야
우리는 맥주와 와인의 소리를 사랑하니까.

모든 통은 맥주로 가득 차고
모든 남자와 맥주 제조공들과 맥주 운반자들이 여기 함께한다.
나는 맥주의 호수 위에서 돌며
기분이 좋아, 기분이 좋아.

황홀한 분위기에서 맥주를 마신다.
이제 막 만든 맥주를 마시니 좋아.
몸 위쪽도 좋고, 아래쪽도 좋아.
마음으로는 왕의 옷이라도 입은 것 같아.

이난나의 마음은 다시 행복해져.
이난나의 마음은 다시 행복해져.
오, 닌카시!

자, 이제 노래도 끝났으니 조용한 거리를 뚫고 비틀거리며 집으로 돌아가야 할 시간이다. 무슨 짓을 했든지, 새끼 돼지의 비용과 관계된 일을 했는지 안 했는지와 상관없이, 적어도 고대 이집트인들보다는 훨씬 덜 망가지며 놀았다, 속으로 위안 삼으며 집으로 돌아가자.

넷째 잔
만취한 이집트인들의 축제

술에 취해 집에 와서 침대에 누우시면
제가 당신 발을 씻어드릴게요.
- 이집트 사랑의 시, 신왕국시대New Kingdom 후기(기원전 16세기~기원전 11세기 옮긴이)

고대 이집트인들은 정말 재미있는 사람들이었다. 이들은 왕궁보다는 무덤 치장에 훨씬 많은 돈을 썼다. 이들은 신이 혼자서 자위를 즐기다가 실수로 뭔가가 입에 들어가며 세상이 창조되었다고 생각했다. 게다가 이들은 맥주가 인간을 구해주었다고도 생각했다.

그 신화는 대충 다음과 같다. 인류는 (앞 문단에서 자위를 즐겼다고 언급한 바 있는) 최고신 라Ra를 비난하는 말을 했다. 무슨 이유에서인지 이집트 신화에서 인류는 이런 일을 자주 저질렀고, 당연히 그 결과는 항상 좋지 않았다. 라는 분노하여 인간을 몰살시키기로 마음먹었다. 그는 하토르Hathor(고대 이집트의 사랑의 신이자 죽은 자들의 수호신 옮긴이)에게 이 임무를 맡겨 세상으로 보냈다. 사자의 머리와 더불어 시추shih tzu(시추는 천방지축 엉뚱 발랄한 성격으로 유명한 개다. 특히 어릴 때 이러한 특징이 잘 드러난다. 사자와 시추라는 대비가 재미있다 옮긴이)의 기질을 가지고 있던 하토르는 흔쾌히 이 임무를 맡았다. 그녀는 여기저기를 닥치는 대로 때려 부수며 다녔다(영어로는 slaughtered인데, 이 낱말은 '대량 학살하다, 도살하다'라는 의미에 더해 형용사로는 '술 취한'이라는 의미도 갖는다. 갈지자로 왔다 갔다 하며 파괴하는 모습이 연상되는 낱말이다 옮긴이). 이 끔찍한 학살이 도가 지나치다고 생각한 라는 마음을 바꿔 인류를 살려두기로 했다. 하지만 하토르는 그럴 생각이 요만큼도 없었다. 그녀는 흥분할 만큼 흥분했고, 어떤 일을 시작했으면 마땅히 끝을 보아야 하는 게 아니냐고 생각했다.

라는 난감했다(영어로는 in a pickle인데, 이 표현도 부정관사 a를 생략하면 in pickle로 '술에 절다, 만취하다'라는 표현이 된다. 많은 표현이 술과 관련된다 옮긴이). 그는 재빨리 7,000통keg(고대 이집트에서는 keg를 단위로 사용하지 않았다. 따라서 정확히 얼마큼의 양인지는 알 수 없다 옮긴이)의 맥주를 만들고 붉게 물들였다. 그러곤 들판에 그 맥주를 부었다. 맥주를 본 하토르는 그 맥주를 인간의 피라고 생각하여, 미친 듯이 들이마시기 시작했다. 이내 그녀는 졸음에 빠져 인간을 몰살시키는 임무 따윈 까맣게 잊고 본격적으로 잠을 자기 시작했다. 이렇게 맥주가 인류를 구원해주었다.

그 후 어떤 이유에서인지는 잘 모르지만, 라는 암소를 만들었다.

이 일로 인해 이집트에서는 만취 축제Festival of Drunkenness가 열린다. 이는 잠시 후에 다루기로 하고, 그 전에 먼저 이집트 역사의 몇

몇 특징들을 짚어보고 가려 한다. 우선 첫 번째, 이집트 역사는 매우, 매우, 매우, 오래 지속되었다. 이집트는 기원전 3000년에 (혹은 그 직전에) 통일되었고, 문명의 두 주춧돌이라 할 수 있는 상형문자와 피라미드를 만들었다. 그러면서 이집트는 지구상에서 가장 부유하며 가장 강력한 국가로 등장한다. 일시적인 문제도 없진 않았지만, 이집트는 그 이후 2,000년도 넘게 그 지위를 유지한다. 기원전 1000년경이 되자 이 나라는 쇠퇴기에 접어들었는데, 이 쇠퇴기는 이후 몇천 년 동안 지속되었다. 쇠퇴하는 데도 역시 오랜 세월이 필요했다.

클레오파트라는 우리에겐 정말 까마득한 옛날 사람처럼 느껴지지만, 사실 그녀가 죽은 지 불과 2,000년밖에 지나지 않았다. 기자 대피라미드The Great Pyramid at Giza는 그녀가 태어나기 2,500년 전에 지어졌다. 그러니 사실 우리와 클레오파트라 사이의 시간보다 클레오파트라와 피라미드 사이의 시간적 거리가 더 멀다.

이렇게 아득할 정도로 멀리 떨어져 있는 시대이다 보니 고대 이집트인들이 어떻게 술을 마시고 취했는지 일반화하기란 다소 어려울 수 있다. 사실 최초 몇천 년까지는 기록도 거의 남아 있지 않다. 이들이 술을 마셨다는 사실은 알고 있다. 대피라미드를 만들었던 노동자들은 임금의 일부를 맥주로 받았다. 기원전 3150년경에 죽은 스콜피온 1세는 300병의 수입 와인과 함께 묻혔다고 했으니, 이들에겐 이미 와인이 있었다는 사실을 알 수 있다. 물론 부자들만 마셨을 수도 있다.

하지만 스콜피온 1세가 **어떻게** 와인을 마셨는지는 모른다. 혼자 마셨을까? 친구들과 함께 마셨을까? 한 번에 콸콸 들이부었을까? 조금씩 홀짝거리며 마셨을까? 피라미드를 만들던 노동자들은 욕이 절로 나올 정도로 목이 말랐을 것이다. 사하라 사막에서 육체 노동을 해야 한다고 생각해보라. 누구라도 아마 그럴 것이다.

따라서 이제부터 소개할 내용은 어느 정도 기록이 남아 있는 신왕국시대 후기, 연도로는 기원전 1200년 정도의 시기를 배경으로 한다.

이집트 역사의 두 번째 특징을 말해보기로 하자. 고대 이집트에 관해 우리에게 알려진 지식 대부분은 부유한 사람들의 무덤에서 나왔다. 물론 시 같은 글도 도움을 주었지만, 그 글도 사실은 신전에 새겨진 비문이었고, 신전은 돈 많은 사람만 출입할 수 있었다. 따라서 우리는 나일강 유역의 프롤레타리아 계급에 대해서는 아는 바가 거의 없다. 그저 그들이 젊어서 죽었으며, 옷을 많이 입지 않았다는 정도만 알고 있다. 이는 세 번째 요점과 연결된다.

어린아이들이 고대 이집트를 배울 때, 교사들은 이들의 섹스 문화에 대해서는 절대 가르치지 않는다. 이 즐겁고 좋은 것을 말이다. 그리스·로마 신화는 조금만 내용을 고치면 아이들을 잠재울 때 들려줄 재미있는 이야기가 될 수 있다. 하지만 이시스Isis(고대 이집트의 풍요의 여신 옮긴이)가 자신의 오빠(오빠이자 남편이었던 오시리스Osiris를 가리킨다. 그는 온몸이 산산조각 찢겨 죽었다 옮긴이)를 부활시킨 이야기는 아이들을 위한 동화로서는 정말 적합하지 않다(저자는 이 과정에 섹스가 있었다고 암시하고 있는데, 원래 이시스와 오시리스는 남매이자 부부였으니 둘 사이의 섹스는 당연한 일이고, 오히려 부활 과정에서는 헌신과 사랑이 부각된다 옮긴이). 『호루스와 세트의 대결The Contendings of Horus and Seth』이라는 신성한 텍스트(체스터 비티 파피루스 첫 16페이지에서 발견된 이집트 20왕조의 신화적인 이야기로, 오시리스의 뒤를 이을 왕좌를 놓고 벌어지는 호루스와 세트 사이의 전투를 다루고 있다 옮긴이)의 내용은 닳고 닳은 음란물 제작자마저 눈물을 흘리게 하며, 잃어버린 순수함을 그리워하게 만들 정도로 충격적이다. 따라서 다음에 이어질 내용은 이집트 사람들의 기준으로 보면 대단히 순화된 것이다. 그들이 본다면 아마 너무 지루하다고 생각할 것이다.

이집트인들에게 음주는 곧 섹스였다. 달리 말하자면, 섹스는 곧 음주였다. 이 둘은 또 음악과 떼려야 뗄 수 없는 관계였다. 이집트인들은 다음과 같은 사랑의 시를 썼다.

> 그녀에게 춤을 추게 하고, 노래를 부르게 하라,
> 그녀에게 와인과 독한 맥주를 주어라,
> 그녀를 취하게 하여 오늘 밤 가질 것이니,
> 그녀는 이렇게 말하리라, "그대여, 꼭 안아주세요.
> 아침이 밝을 때 한 번 더 해요."

때로는 여성들이 남성을 취하게 만들기도 했다. 이집트 여성들은 술이 셌다. 이들은 만취라는 문제에서 엄청나게 현대적인 성 평등을 이미 성취하고 있었다. 한 새해맞이 파티 그림을 보면 여성들은 남성들과는 다른 테이블에 앉아 있지만, 마시고 있는 와인 양은 같아 보인다. 이들이 나누는 대화가 캡션으로 처리되어 있으니 들어보기로 하자. 집사가 말한다. "영혼을 위해 취할 때까지 드세요. 축제를 즐겨야죠. 옆 사람들 말을 귀담아들으시고, 거기에 앉아만 계시지 마세요."

나이 든 어느 여성이 말한다. "와인을 18병 가져다주게. 늘 취해 있고 싶어. 속이 지푸라기처럼 바싹 말랐어."

집사는 바로 옆 여인에게 말한다. "쭉 드세요! 깔짝대지 마시고. 제가 옆에 있어드릴게요." (완곡한 표현이 아니라, 진짜다. 적어도 이번만은.)

세 번째 여성이 큰 소리로 말한다. "쭉 마셔. 짜증 나게 하지 말고. 빨리 잔을 넘겨."

그들이 마시려는 양은 어마어마하다. 하지만 이 외에도 두 가지에 주목해야 한다. 이들은 단 하나의 명백한 목적을 위해 술을 마시고 있다. 그 목적은 물론 만취다. 평화 유지나 사교적인 목적 따윈 없다. 그저 다리가 풀릴 때까지 마시는 게 목적이다. 집사가 주인 곁에 남아 있겠다고 다짐하는 것도 바로 그 때문이다. 이집트인들의 술 모임에서는, 상류층 여성들의 술 모임에서도 예외 없이, 비틀거리다가 나일강에 빠지거나 자기 토사물 속에서 헤엄치다 질식하지 않도록 누군가가 지켜보고 있어야 했다.

이집트인들은 참 많이도 토했다. 연회를 그린 또 한 점의 그림을 보면 한 여성이 자기 머리를 두들겨주며 와인잔을 내밀고 있는 하녀를 향해 행복한 표정을 지으며 토하고 있다. 이 자세는 술을 마

네퍼호텝Neferhotep 무덤에 새겨진 그림.
기원전 1300년경. 왼쪽 여성은 하녀이며, 와인잔을 들고 있다.
오른쪽 여성은 취해 있다

실 때마다 일상적으로 볼 수 있던, 예법에 맞는 행동이었다. 이집트인들이 매일 술을 마셨는지, 혹은 (이들이 **행복한 나날들**이라고 불렀던) 축제에만 마셨는지는 확실치 않다. 어쨌든, 이들에게는 축제가 참으로 많았다.

이러한 광경은 무덤에도 그려져 있다. 이집트인들은 폭음을 자랑스러워했기 때문이다. 목까지 술이 찰랑거려 더 마실 수 없을 때까지 마시는 것은 전혀 창피한 일이 아니었다. 이들은 이 목까지 술이 가득 찬 느낌을 영원히 기억하고 싶어 했다. 사람들은 이 기억을 꽤 특별하게 생각했다. 어느 사제는 아래와 같은 글까지 남겼다.

> 나는 이 무덤에 잠들어 있는 사람들을 기념하던 그 행복한 나날happy day(다시 말하지만 축제와, 축제에 마시는 술의 은유다 옮긴이)을 결코 잊지 않았다. 편하게 앉아 몰약myrrh을 바르고(고대에는 myrrh가 종교적으로 사용되었고, 정화와 축성의 상징이었지만, 동시에 쾌락과 성의 상징이기도 했다 옮긴이) 와인과 맥주에 취해 '늪을 여행하던 일'은 더더욱 잊지 않았다.

'늪을 여행하기'는 섹스를 가리키는 고대 이집트인들의 일반적인 표현이었다. 섹스는 남성이든 여성이든 상관없이 취했을 때 모두가 즐겨 하는 행동이었기 때문이다(traveling the marshes가 고대에 섹스를 가리키는 표현이 된 이유는, 고대 메소포타미아 신화에서는 앞서 말한 섹스의 여신 이난나가 주로 늪에서 살았기 때문이고, 그리스에서는 늪이 생명체가 처음 등장한 원시 상태의 혼돈chaos을 상징했기 때문이다 옮긴이). 크라티안크Chratiankh라고 불리는 한 귀부인이 있었는데, 이 여성은 무덤에 새겨진 허영으로 가득 찬 비문 덕분에 우리에게 잘 알려져 있다.

> 나는 만취의 연인, 좋은 날good day을 사랑했고, 매일 밤 몰약으로 축성받고, 연꽃 향내를 풍기며 늪을 거닐기를 고대하던 이였다.

그러곤 아름다운 자신이 남편과 늪을 산책하는 동안 하녀들이 음악을 연주했다는 말을 덧붙인다. 그다음에는 이 하녀들과도 나름대로의 방식으로 즐겼다는 암시가 이어진다. 고대 이집트는 항상 이런 식이었다.

이 모든 음주문화는 만취 축제에서 절정을 이룬다. 여러분은 이제 어느 정도는 이집트 문화에 익숙해졌으니, 다음 이야기를 들어도 그렇게까지는 놀라지 않으리라 생각한다.

만취 축제는 해마다(혹은 1년에 두 번) 열리는 축제로, 하토르 신을 기리고 인류가 맥주의 기적으로 구원받은 일을 축하하는 축제였다.♦ 이 축제는 나일강이 범람하는 날과 거의 겹쳤다. 나일강의 범람은 이집트에 풍요를 가져다주었는데, 남쪽 끝으로 유배 갔던 하토르가 돌아오는 날이기 때문이었다. 하토르 신전은 귀족과 왕족

♦ 이집트 신들은 그 정체성이 기묘하게도 유동적이다. 이들은 아무렇지도 않게 다른 신이 된다. 하토르는 무트Mut(고대 이집트의 여성성, 어머니를 상징하는 신. '어머니'의 어근 Mwt가 여기에서 유래했다고 믿는 사람이 많다 옮긴이)의 성격을 가진 하토르, 다시 말해 무트-하토르였다가, 하토르-아이Ai(고대 이집트의 달의 신이자 지혜의 신. 이 이름은 오시리스의 이름이기도 하고, 그 밖에 여러 신을 가리키는 이름이기도 하다 옮긴이)였다가, 하토르의 측면을 가진 무트였다가, 세크메트Sekhmet(고대 이집트의 전쟁의 여신. 앞서 말했듯이 분노한 라가 인간을 절멸시키려는 목적으로 만든 신을 세크메트라고 하기도 한다 옮긴이)였다가, 바스테트Bastet(고대 이집트의 고양이 형상을 한 행운의 여신. 라가 분노를 참을 줄 모르고 폭주하던 세크메트를 바스테트로 바꾸었다는 신화가 있다 옮긴이)일 때도 있다. 이들의 모습 역시 그만큼 자주 바뀌어, 하토르는 화가 나면 사자의 머리를 하기도 했고, 때로는 암소의 머리, 인간의 머리를 하기도 했다. 하토르만 해도 이만큼 변화가 많은데, 다른 신들까지 합하면 얼마나 복잡하겠는가?

을 포함한 부유한 이집트인으로 붐볐다. 정말 볼만한 광경이었을 것이다.

축제는 어스름한 저녁에 시작되었다. 하토르 숭배자들은 나일강 동쪽 둑에 모여 서쪽 끝으로 지는 해를 지켜보았다. 모두가 자신이 가진 가장 좋은 옷을 입고 있었다. 여성들은 엄청나게 커다란 목걸이를 떠올리게 하는 와 깃wah-collars(고대 이집트 신분의 상징이라고 할 수 있는 넓은 목걸이 옮긴이)을 하고 있다. 눈 주변에 화장을 하고 머리에는 화환을 쓰고 있다. 모두가 달콤한 냄새가 나는 오일을 바르고 여기저기 꽃이 흩뿌려져 있어 마치 천국 같은 냄새가 가득했을 것이다.

모두가 기대로 가득했다. 사람들 뒤로는 주인이 돌아오길 기다리는 신전이 있었다. 한 편의 시에 따르면 신전은 "마치 (신의) 거처 밖에 앉아 있는 / 술 취한 여성처럼 / 꼬아서 장식한 머리가 아름다운 가슴까지 내려왔다('머리가 가슴까지 내려왔다'라는 표현은 이 신전이 술과 풍요의 장소였다는 것을 의미한다 옮긴이). / 그녀는 리넨과 시트를 두르고 있었다(linen과 sheet는 순수와 정화의 상징으로, 사제들의 복장을 의미한다 옮긴이)."

사람들은 나일강에서부터 자신들의 방향으로 떠내려오는 축제의 배를 기다리고 있었다. 하토르가 돌아오고 있었다. 여성들은 배가 눈앞에 나타나서 부두에 와 멈출 때까지 계속 핸드 드럼hand-drum을 두드려댔다. 한 사제가 빨갛게 물들인 맥주로 가득 찬 맥주통을 들고 승선해서 하토르에게 바쳤다.

이 행동이 무슨 의미인지는 분명치 않다. 아마도 누군가가 하토르처럼 차려입었을 수도 있다. 혹은 하토르의 조각상이나 다른 것이 있었을 수도 있다. 어쨌든 요점은 하토르가 술을 마시는 순간(혹은 그를 상징하는 조각상에 맥주를 붓는 순간), 사람들 사이에서 커다란 환호성이 울려 퍼졌다는 것이다.

사람들이 북을 두드리는 가운데 하토르는 배에서 내린다. 그녀는 사제들과 댄서들에게 둘러싸여 있다. 댄서들은 전통적인 술 춤을 춘다. 오른팔을 올리고 팔꿈치를 90도 구부려 추는 춤이다. 그녀는 남쪽에서 돌아왔고, 그래서인지 무용수들은 동물 복장을 하고 있는 **것 같다**. 비비원숭이나 원숭이 복장으로 하토르가 자연의 여신임을 보여주려 하는 것 같다. 심지어 누비아Nubia 부족(고대 이집트 남쪽, 지금의 아프리카 수단에 있었던 부족으로 고대 이집트와 경제적·문화적 교류가 있었다. 고대 이집트인이 노예로 삼기도 해서 최초의 흑인 노예로 알려진 부족이기도 하다 옮긴이)처럼 옷을 입은 사람도 있다.

무리가 갈라지고, 하토르는 그 사이로 행렬을 이끌고 앞마당 정문을 통해 신전으로 들어간다. 군중은 둘로 갈라졌지만, 여전히 군집을 이루어 북적이고 있다. 모두가 구경에 진심이다 보니, 정문 옆 거대한 조각 위로 기어오르기도 하고, 정문 꼭대기에 앉아 구경하기도 한다. 이것만 보아도 알 수 있듯이 이 축제는 엄숙하고 근엄한 행사는 아니었다. 오히려 난장판에 가까웠다. 이름만 봐도 만취 축제 아닌가.

이제 축제의 두 번째 무대가 신전 앞마당에서 펼쳐진다. 공 치기 놀이striking of balls였다. 고대 이집트에서 이것만은 섹스와 관계없는 놀이였다. 도기로 만든 공은 하토르 여신에 대항하는 적들의 눈을 상징했다. 따라서 이 공은 나쁜 것이었고, 고위 사제(혹은 파라오가 참석했다면, 파라오)가 이 공을 커다란 막대기로 치곤 했다. 정확히 어떻게 쳤는지는 확실치 않다. 강타했을 수도 있고, 그냥 상징적으로 대충 두들겼을 수도 있다. 하지만 공은 둘레가 겨우 2.5센티미터 정도였고, 막대기는 몇 피트 정도였으니, 이를 초기 골프 같은 것으로 생각해도 좋을 듯하다(사실 골프보다는 탁구와 비슷했다고 한다. 막대기뿐만 아니라 손을 이용해서 공을 상대 코트에 넣고, 상대방이 받지 못하면 이기는 게임이었다고 한다 옮긴이).

공을 친 파라오가 집으로 돌아가고 나면, 이제 진짜 본격적으로 재미있는 일들이 기다리고 있다. 어마어마한 양의 와인과 맥주가 주어진다. 안주가 될 만한 음식이라곤 거의 없다. 앞서 말한 대로, 이 음주 행위의 목적은 신성한 만취, 단 하나이기 때문이다. 신성한 만취를 위해서는 온전히 제대로 취해야 한다.

마당과 둥근 기둥으로 받쳐진 신전은 화로로 불 밝히고, 와인 통이 몇 번을 돌아간다. 종교적 열정에 가득 찬 사람들은 그 술을 쉬지 않고 꿀떡꿀떡 들이켠다. 그러곤 너 나 할 것 없이 고주망태가 된다. 한 사제가 연단 위에 올라 하토르 찬가를 낭송한다. 혹시 자신이 지금 여기 있는 이유를 잊은 사람이 있을까 몰라, 그는 고맙게도 그 이유를 상기시켜준다.

그렇다. 우리 이 연회에서 마시고, 먹자!
즐기고, 즐기고, 또 즐기자!
바스테트♦가 우리 발치까지 다가오도록!
그녀를 기리는 만취 축제에서 그녀를 위해 취해보자.

하지만 그는 또 모인 무리가 해야 하는 다른 일도 상기시킨다.

그를 마시게 하고, 먹게 하고, 섹스하자shag.

마지막 표현은 보통은 성관계를 갖는다는 의미로 번역된다. 하지만 다음에 일어나는 일들을 있는 그대로 묘사하자면 내숭이나 점잖은 표현 따윈 아예 포기해야 한다. 모든 사람이 섹스했다. 현대인들의 감성으로는 놀라울 수 있지만, 이집트인들은 현대인도 아니고, 그렇게 분별력이 있는 사람들도 아니었다. 이들은 그저 섹스를 사랑하고 숭배하는 문화를 즐겼을 뿐이다. 사람들은 모두 (온몸에) 향유를 바르고, 하늘에 총총한 달과 별 아래서, 모두가 정말 즐거워했다. 게다가 사제들이 그런 명령을 내리기도 했다. 그래서, 그렇다. 그들은 섹스했다. 제단이 있는 신전에서. 사실 신전은 늪을 여행하는 건물Hall of Travelling the Marshes이라고 불렀다.

♦ 물론 여기서 바스테트는 기본적으로는 하토르를 의미한다. 앞선 각주를 보라.

기묘한 이야기로 들릴 수도 있고, 여러분은 "그러다 임신하는 사람이라도 있으면 어쩌려고 그러지?"라고 생각할 수도 있다. 물론 실제로도 그런 사람이 있었다. 만취 축제라는 혼란 속에서, 완전히 낯선 사람의 아이를 가진다는 것은 아무런 문제도 되지 않았다. 오히려 그러한 아이들은 존경의 대상이 되어, 다 자라면 사제가 되기도 했고, 자신의 출생의 비밀을 자랑하기도 했다. 켄헤르케페셰프Kenherkhepeshef라는 그리 발음하기 어렵지 않은 이름을 가졌던 사람이 자기 기념비를 세운 적이 있는데 (이집트 사람들은 이런 일도 했다) 그 내용은 다음과 같다.

> 나는 데이르 엘 바하리Deir el-Bahari(고대 이집트 여왕 하트셉수트Hatshepsut가 세운 신전 옮긴이)의 메니세트Meniset(지금 카이로 부근에 있던 멤피스란 도시와 같은 도시 옮긴이) 쪽으로 난 문의 앞마당에서 수태되었다. 나는 위대한 죽은 이들의 영혼 곁에서 사제들이 제공하는 빵을 먹었다. 나는 퀸스의 계곡Valley of the Queens(고대 이집트에서 여왕들의 묘지로 사용되었던 지역 옮긴이)을 산책했다. 나는 앞마당에서 밤을 보냈다. 나는 물을 마셨고, 그러자 빛나는 존재의 모습이 메네트Menet의 앞마당에 나타났다.

켄헤르케페셰프는 어머니가 가장 아꼈던 아들로 유산을 가장 많이 물려받았다. 이를 보면 어머니는 아버지가 누군지도 모르는 그의 출신을 개의치 않았던 것 같다. 그녀는 심지어 그를 가진 계기가 되었던 행사를 즐거운 기억으로 간직하고 있었다.

이 진탕 마시기 축제에서 진짜 실질적인 문제는 어떻게 토사물이 난무하는 가운데서 섹스를 즐기느냐였다. 왜인지는 모르겠지만, 어쨌든 구토는 종교적 의무라 여겨졌으므로, 사람들은 정말 많이 토했을 것이다.♠ 같은 통로로 들어온 것들을 다시 배출하지 않으며 그저 모든 술을 받아들이기만 하는 위장을 가진 사람들을 위해서는 맥주에 구토를 유발하는 허브를 섞기도 했다. 초저녁 분위기는 정말 천국처럼 향기로웠는데, 구토하고 싶어도 구토하지 못해 그런 구역질 나는 허브의 냄새를 맡아야만 하다니 참으로 안타까운 일이다.

결국 모든 사람은 고주망태가 되어 먹은 것을 다 게워 내고 낯선 사람과 섹스하고 난 다음, 마지막으로 모두가 같은 행동을 했다. 다시 말해 모두가 잠이 들었다. 만취의 건물에서 보내는 밤의 마지막은 무의식과 코 고는 소리로 가득했다. 그리고 바로 이때 마법과 같은 일이 일어났다.

술에 취하지 않은 사람들이 있었다. 앞서 말했던 집사와 같은 사람들은 몸을 가누지 못하는 사람을 도와주려 기다리고 있었다.

♠ 오스트레일리아 사람들은 술에 취해 (화장실 변기에) 토하는 것을 가리켜 '크고 하얀 전화로 신에게 말을 건다'라는 희한한 표현을 쓴다. 이 표현이 의미심장하다고 생각하지만, 아니면 말고.

자, 이제 침묵 속에서 이들은 마지막 과제에 착수한다. 신전 옆 작은 예배당에는 커다란 하토르 석상이 있었다. 이들은 문을 열고, 어떻게 어떻게 (역사가 이야기해주지 않는 방법을 통해) 석상을 만취의 건물로 옮겨놓는다. 이들은 이 석상을 공간 한가운데 놓고, 최초의 새벽빛이 둥근 돌기둥 사이를 뚫고 들어오는 순간, 북을 치기 시작한다. 북과 탬버린과 시스트럼sistrum(고대 이집트에서 발생한 손으로 흔드는 타악기 옮긴이)으로 소음을 내서, **사람들이 아직 취해 있는 상태에서** 그들을 깨우려는 목적이다.

이런 비슷한 일을 겪어본 사람이라면 누구나 술에 취해 깊은 잠에 빠졌다가 그 잠이 강제로 난폭하게 중단되었을 때 경험했던, 방향감각이 상실된 혼란스러운 느낌을 알 것이다. 지금 내가 어디에 있는지도 모르겠고, 내가 누구인지, 뭐 하는 사람인지도 모른다. 바로 그때 동쪽에서 오는 빛을 받은 거대한 여신이 당신 앞에 떡하니 자리를 잡고 있다.

이것이야말로 축제가 가장 원했던 순간이다. 신비로운 깨우침의 순간이다. 사람들은 몽롱한 상태에서, 주중 오후 제정신으로는 경험할 수 없었던 방식으로 여신을 영접한다.

사람들이 술에 취할 때, 사람들은 여신을 본다.
술의 힘을 빌려. 그러니 마셔라. 그러니 먹어라. 마셔라, 먹고, 노래 부르라,
그리고 취하라.

이 순간, 이 완벽한 교감의 순간, 그 여신에게 바라는 모든 것이 이루어진다고 한다. 내 생각으로는 많은 사람이 자기가 무엇을 원했는지 몽땅 잊겠지만 말이다.

이런 이야기는 어느 정도는 기이하게 들릴 수도 있다. 서구 세계에는 이런 종교적 만취 전통이 없기 때문이다. 하지만 이러한 실천은 인류 역사에 걸쳐 전 세계적으로 발견되는 관행이다. 멕시코에서 태평양 군도, 고대 중국에 이르기까지 신은 술병 밑바닥에 존재한다는 술에 취한 신비주의가 있었거나, 지금도 있다. 나라면, 술을 몇 잔 마셨는데, 갑자기 조상의 정령을 본다면 놀라서 말문이 막힐 것 같다. (그러면 조상들은 우울한 표정을 짓고 체념하며 떠나가버릴 것 같다.) 아마도 현대의 술꾼들에게는 이 종교적 만취가 술 취한 상태 중에서 이해하기 가장 힘든 부분일 수도 있다.

그러니 이 대목에서 미국의 위대한 심리학자이자, 철학자이자, 소설가 헨리 제임스의 형이기도 했던 윌리엄 제임스William James의 말을 온전히 인용해보는 것도 좋을 듯하다. 그는 종교적 신비주의를 분석하면서, 우리와 같은 세속적인 바보들은 이미 잊었지만, 혹시 도움을 받으면 기억할 수도 있는, 만취가 담당하는 위대한 역할을 제법 깔끔하게 분석했다.

> 알코올이 인간에게 영향을 끼치는 것은 의심의 여지 없이, 멀쩡할 때는 냉정한 사실과 가차 없는 비판에 짓눌릴 대로 짓눌려 있

는 인간 본성의 신비로운 능력을 자극하기 때문이다. 술에 취하지 않아 멀쩡한 상태는 줄이고 차별하며 '아니오'라고 말하지만, 만취 상태는 확장하고 통합하며 '네'라고 말한다. 만취는 실제로 인간의 긍정Yes 기능을 크게 자극한다. 술은 술의 숭배자를 차가운 주변부에서 빛나는 중심으로 향하게 한다. 술은 잠깐만이라도 술꾼을 진리와 하나가 되게 해준다. 사람들이 술을 좇는 것을 단순히 기벽으로만 간주해서는 안 된다. 가난하고 글을 모르는 이에게 술은 교향곡을 연주하는 음악회나 문학을 대신한다. 인생의 심오한 비극과 수수께끼 중 하나는, 우리가 단박에 훌륭하다고 인지하는 무언가가 훅 풍기는 향기며 섬광 같은 반짝임은, 우리가 점점 술에 중독되며 형편없는 인간으로 전락하는 전체 과정 중 덧없이 짧은 초기 단계에만 주어진다는 점이다. 취한 의식은 신비한 의식의 작은 한 부분이므로, 취한 의식에 대한 우리의 전반적인 의견은 더 큰 전체에 대한 의견 속에 위치하도록 해야 한다.

아니면 이집트인들의 말처럼 하거나.

당신의 영혼을 위해! 마시자, 완벽히 취하자.

다섯째 잔
디오니소스의 후예들과 심포지엄

> 나는 와인에 지혜가 있다고 믿는다,
> 멍청한 사람들이나 물을 마시며 만찬을 든다.
> – 아테네의 암피스Amphis of Athens(고대 그리스 희극 작가 옮긴이), 기원전 4세기로 추정

그리스인들은 맥주를 마시지 않았다. 와인을 마셨다. 이 와인도 물을 2 대 1 혹은 3 대 1의 비율로 섞어 마셨다. 그래서 와인과 물의 도수는 거의 비슷했다. 그리스인들이 재미있는 건 바로 이런 점이다. 이들은 모든 것을 **복잡하게 만들었다**. 이들은 이러한 특징으로 인해 자신들이 가장 좋아하는 취미 활동을 마음껏 즐길 수 있었다. 이들에게 가장 중요한 취미는 다른 무엇보다도, 가령 철학, 남색, 음주, 조각이 아니라 외국인들을 얕잡아 보는 일이었다.

페르시아인들은 맥주를 마셨다. 그래서 이들은 야만인barbarian

(barbarian은 원래 '그리스어를 못하는 사람'이라는 의미였다. 처음으로 야만인의 정의가 등장하여 문명/야만의 이분법이 성립되었던 시대였다 옮긴이)이었다. 트라키아인들은 물을 타지 않은 와인을 마셨다. 따라서 이들도 야만인이었다. 그리스인이야말로 제대로 술을 마시는 사람들이었다. 그리스인들의 기준에 따르자면.

이렇게 그리스인들이 그리스인이 아닌 사람들을 대놓고 조롱하는 성향을 생각해보면, 이들이 섬기는 와인의 신 디오니소스가 대체로 외국인으로 설정되어 있는 것은 다소 놀라운 일이다. 디오니소스는 뉘사 산Mount Nysa에서 태어났는데, 이는 에티오피아나 아라비아, 때로는 인도에 있는 지역이다. 그는 이국적인 동물들과, 춤추는 인간들과 켄타우로스centaur와 그 밖의 다른 신화적인 생물 무리를 이끌고 동쪽에서 그리스까지 건너왔다.

(사실, 그리스 와인의 신과 이집트 맥주의 여신 모두가 인간, 동물, 정령으로 구성된 춤추는 무리를 끌고 이국적인 남쪽에서 왔다는 공통점은 매우 흥미로울 수 있지만, 이는 그저 우연에 가까운 일일 것이다.)

그럼에도 불구하고, 디오니소스는 그리스 신이었다. 그의 이름은 이미 기원전 1200년부터 등장한다. 『일리아드』에도 그의 이름이 언급되는 것을 보면 아마 그 책이 발간되던 기원전 5세기 그리스에서 이미 700년 정도는 신으로 자리 잡고 있었던 것 같다(『일리아드』의 배경이 기원전 1200년 정도이기 때문이다 옮긴이). 기원전 5세기는 아테네가 고전주의로 전환되고, 우리가 고대 그리스 하면 생각나는 일들 대부분이 실제로 일어나던 때였다.

디오니소스 신화는 대체로 두 가지 범주로 나뉜다.

① 그를 알아보지 못하는 사람들, 심지어 그가 신이라는 사실을 알아차리지 못하는 사람들에 관한 이야기가 있다. 이러한 사람들은 신분의 고위 여하를 막론하고 다양하지만, 이들의 운명은 대체로 비슷하다. 디오니소스가 이들을 동물로 만들어버리기 때문이다. 이 이야기의 교훈은 어느 정도는 분명하다. 와인을 마실 때는 무언가 강력하고, 무언가 신성한 것을 마시고 있다는 사실을 잊어서는 안 된다. 와인은 일반적인 음료가 아니다. 신성한 것이다. 게다가 알코올은 조심하지 않으면 사람들 속에 숨어 잠자고 있는 야수를 끄집어낼 수 있다.

디오니소스는 언제나 동물과 더불어 등장한다. 그는 사자와 호랑이가 끄는 전차를 타고 다니고, 반은 인간이고 반은 말인 켄타우로스나, 반은 인간이고 반은 염소인 사티로스satyr와 함께 어울려 다닌다. 그에겐 인간 친구도 하나 있는데, 이름은 실레노스Silenus다. 하지만 실레노스는 말의 귀와 꼬리를 가졌다고 묘사될 때도 있으니, 그에게 진짜 인간이라고 할 만한 친구들은 마이나드Maenad들뿐이다.

마이나드는 디오니소스를 숭배하는 여성들이다. 이들은 거의 아무것도 걸치지 않고 매우 매우 취한 상태에서 산으로 올라가며 숭배 의식을 시작한다. 그들은 춤을 추고 머리를 내려뜨리고 동물을 조각조각 찢어발긴다. 아르카디아 처녀 파티Arcadian hen party(총각 파티와 반대 의미의 처녀 파티. 아르카디아는 목가적인 그리스의 한 지역으로, 흔히 이상향으로 언급된다.

야생적이고 잔인한 마이나드 의식과 시골의 활기차고 즐거운 처녀 파티를 대조하고 있다 옮긴이)의 무시무시한 버전이라고 생각할 수 있다.

마이나드가 실제로 존재했는지, 아니면 아마존처럼 그저 그리스 남성들의 성적 판타지에 불과했는지는 누구도 모른다. 신화만 떼어 놓고 보면 그리스 여성들은 아주 잘 살아가는 듯 보이지만, 사실 그들은 집 밖 출입도 제약을 받았고, 학대 대상이기도 했다. 물론 여기저기에 이따금 여사제도 있었을 것이다. 기원전 2세기의 한 비문에는 이런 글이 있다.

> 도시의 바카이Bacchae(마이나드)들은 "잘 가시오, 신성한 여사제여"라고 말한다. 훌륭한 여성은 이런 인사를 받을 만한 자격이 있다. 그녀는 도시 전체의 행렬 맨 앞에 서서 사람들을 산으로 인도하고, 모든 신물神物과 도구를 실어 날랐던 자다.

하지만, 이게 전부다. 그녀가 주도했던 의식도 대단치 않은 행사였을 수 있다. 마이나드라는 존재는 그다지 믿음이 가지 않는다. 순전히 현실적으로만 생각해보자면 이들이 어떻게 그 많은 술을 산 위까지 실어 나를 수 있었던 말인가?

하지만 이들 마이나드는 디오니소스 신화의 두 번째 측면에서는 대단히 중요한 역할을 한다.

② 디오니소스는 술을 입에도 대지 않는 사람들을 좋아하지 않았다. 와인의 신에게는 놀라운 일도 아니다. 하지만 디오니소스가

명성을 얻은 것은 이런 사람들을 싫어하는 데서 그치지 않고 잔혹하게 죽여버렸기 때문이다. 가장 유명한 예로 에우리피데스Euripides가 쓴 (『바카이』라는 옮긴이) 연극이 있다. 이 희곡에서 왕은 여성들이 술에 취해 디오니소스를 찬미하는 축제를 금지하려 한다. 화가 머리끝까지 난 디오니소스는 마이나드들에게 왕이 사자라고 믿게 만들어, (왕의 어머니의 주도하에) 그의 사지를 찢어 죽인다. 전원을 떠돌아다니는 오르페우스Orpheus 이야기도 있다. 아내를 잃은 그는 속 시원하게 마음껏 울고 싶었다. 불행히도 그는 만취하여 흥에 겨운 마이나드 무리를 만난다. 그녀들은 오르페우스에게 합류를 제안한다. 그는 예절을 갖추어 거절하지만, 이들은 감히 자기들의 제안을 거절했다며 오르페우스의 사지를 찢어놓는다.

이런 이야기는 수도 없이 많고, 모조리 같은 방식으로 끝난다. 이야기의 교훈은 아주 분명하다. 음주는 위험하다. 음주는 사람을 야생 동물로 바꾸어놓을 수 있다는 것을 알아야 하지만, 여전히 술은 마셔야 한다. 파티 초대를 거절해서는 절대로 안 된다. 무엇을 하든 간에 만취를 금지하려 해서는 안 된다.

따라서 그리스 신화는 만취에 대해서 한편으로는 재미있어하지만, 다른 한편으로는 제법 경계하는 태도를 보인다. 수메르인들은 만취를 순수하고 즐거운 공동선으로 보았다. 이집트인들은 일종의 익스트림 스포츠라고 생각했다. 하지만 그리스인들은 한걸음 물러나 지혜의 상징이라는 수염을 만지작거리며 술에 대해 깊이 생각했다. 이들은 이론을 개발하고 전략을 사용했다. 고약한 스파르타 사람들은 아이들 앞에서 노예들에게 술을 먹이고 억지로 취하게 만들어, 아이들이 애초부터 술을 멀리하도록 만들었다. 가학성이라는 측면에서 스파르타인들보다 좀 모자랐던 아테네 사람들은, 어떻게 취하는지, 취했을 때는 어떻게 행동해야 하는지를 놓고 철학적인 숙고를 했다.

그중 꼭 집어 플라톤을 이야기해보자면, 그는 술에 취하는 것을 헬스클럽에 가는 것에 비유한 적이 있다. 처음에는 정말 어색하고, 고통스럽기만 하다. 하지만 결국 자꾸 연습하다 보면 완벽해진다. 술을 많이 마시고도 말짱할 수 있다면, 정말 이상적인 인간이다. 사람들과 함께 술을 마시면서도 온전한 정신을 유지하는 사람은 자신이 이상적인 인간임을 세상에 선포하는 셈이다. 아무리 술에 취하더라도 자제력이라는 위대한 미덕을 잃지 않기 때문이다.

플라톤에 따르면 자제력이란 용기와 같다. 사람은 위험에 처할 때만 용기를 보여줄 수 있다. 사람은 취했을 때만 자제력을 보여줄 수 있다. 용기는 후천적으로 학습될 수 있다. 어린 시절부터 계속 전투를 겪은 사람들은 용기를 배울 수 있다. 저녁마다 술에 취했던 사람이라면 더 높은 수준의 자제력을 학습할 수 있다.

> 인간의 인격을 시험하고 훈련하기에 축제에서 와인을 마시는 것보다 더 적합한 것이 있을까? 물론 와인을 적절히 이용해야겠지만 말이다. 이보다 더 싸고 무해한 것이 있을까?

기본적으로 플라톤은 술에 만취했을 때도 믿을 수 있는 친구라면 다른 어떤 상태에서도 믿을 수 있다고 생각했다. 게다가 음주 테스트는 부정적인 측면도 별로 없다. 어떤 사람과 사업상 거래해야 하는데, 그가 정직하지 않은 사람이라면, 돈을 잃을 수 있다. 하지만 그 사람과 먼저 술을 마시다 보면 그의 진정한 성격을 파악할 수 있고, 그렇다면 어떤 위험이건 감수하지 않아도 된다.

이 모든 이야기는 술을 입에도 대지 않는 사람은 믿을 수 없다는 논리적 귀결로 이어진다.

따라서 그리스에서 만취는 기묘하면서도 미묘한 문제였다. 술은 마셔야 한다. 당연히 술에 취해야 한다. 하지만 그런 상태에서도 자신의 행동거지를 단속할 수 있어야 한다. 술에 취한 상태에서도 미덕을 보여주며, 와인이라는 폭풍이 이는 파도에서도 침착하게 항해를 계속할 수 있어야 한다. 이 모든 것을 위한 장소가 바로 심포지엄이었다.

심포지엄

고전주의 시대 아테네의 한 귀부인이 술에 취하고 싶다면 어떻게 해야 할까? 불가능하다. 여성은 심포지엄에 참석할 수 없기 때문이다. 정확히 말하자면, 여성이라고 참석할 수 없는 것은 아니지만, 귀부인은 불가능하다. 심포지엄은 '안드론andron'이라 불리는 집의 개인실private room에서 개최되는데, 안드론을 문자 그대로 풀이하자면, '남자들의 방'이란 의미다. 그런 곳에 있는 여성이란 노예뿐이다. 아마 플루트 연주자도 있었을 것이고, 댄서도, 창녀도 있었을 것이다. 때로는 한 사람이 이 모든 기능을 다 했을 수도 있다. 그러나 이 여성은 술을 많이 마시지는 않았다. 그녀의 기능이 무엇이든, 기본적으로는 유흥의 주체가 아니라 대상이었기 때문이다.

따라서 심포지엄이랍시고 모인 사람들은 모두 남성이고, 이들은 누군가의 개인 주택에 모였다. 술집에선 모이지 않았다. 일반적인 심포지엄에는 열 명 정도의 남성이 참석했다. 규모가 아주 큰 경우에는 서른 명이 함께하기도 했지만, 이는 드문 일이었다. 다 모였으면, 우선 함께 저녁을 먹는다. 수수한 음식인데 아주 빠르고 아주 조용히 먹어야 한다. 음식은 중요하지 않았다. 음식이 나오는 이유는 오직 와인에 적셔 먹기 위해서였다. 아테네인들은 무엇이 중요한지 제대로 판단하고 있었다.

저녁 식사를 마치면 안드론으로 들어갔다. 주택 한가운데 위치한 둥근 방으로, 돌로 만든 바닥이 중심부 쪽으로 약간 기울어져 있어, 음주가 끝나면 노예들이 쉽게 청소할 수 있었다. 벽에는 벽화가 그려져 있는데, 보통은 음주를 주제로 해서, 한두 명의 마이나드가 등장하거나 술을 마시지 않는 사악한 자의 사지가 찢기고 있는 그림이었다.

방을 빙 둘러 원형 모양으로 소파가 배치되어 있고, 그 위에는 쿠션이 올라가 있다. 소파 하나당 보통 두 명이 누웠으므로, 아마도 소파는 총 여섯 개에서 열두 개 정도가 있었을 것이다. 남성들은 한쪽 팔 아래 베개를 끼고 소파에 드러누웠다. 하지만 젊은이들은 드러누워 마실 수 없었다. 이들은 허리를 꼿꼿이 세우고 앉아 술을 마셔야 했다. 드러누워 술을 마실 수 있는 성인으로 인정받는 시기는 장소마다 달랐다. 마케도니아에서는 야생 돼지를 죽이고 난 후에야 비로소 드러누울 수 있었다.

심포지엄의 주재자, 다시 말해 그날 저녁 음주의 리더를 선택하는 작업이 필요할 수도 있다. 보통은 호스트의 역할이다. 하지만 어떤 특별한 이유로 호스트가 리더 역할을 하지 못할 때는 제비를 뽑거나 주사위를 굴렸다. 심포지엄의 주재자가 가장 먼저 해야 하는 일은 와인 선택이었다. 보통은 개인 와이너리에서 제조한 와인이었다. 당시 아테네의 상류층 남성 시민이라면 누구나 자신의 와이너리가 있었다. 실제로 아테네 계급 제도는 이 포도밭 규모를 기준으로 만들어졌다. 가장 낮은 계급은 7에이커(1에이커는 약 4,046제곱미터, 평수로는 1,224평 정도다 옮긴이) 이하의 소유자였고, 가장 높은 계급은 25에이커보다도 넓은 포도밭을 가지고 있었다(아테네의 계급은 크게 귀족과 자유 시민이라는 두 그룹으로 나뉘었다. 포도밭이 있는 사람들은 귀족에 속했다 옮긴이).

심포지엄이 열리는 날이 여름이라면, 와인은 냉각을 위해 우물에 넣거나 땅에 묻어두었다. 주재자가 정말 정말 상류층이라면, 수입한 눈과 짚으로 와인을 덮어두기도 했다. 진짜 진짜 상류층 주재자라면 수입 와인을 마시기도 했다. 그중에서도 레스보스Lesbos(튀르키예와 그리스 사이에 있는 섬 옮긴이)에서 생산된 와인이 최고 취급을 받았다.

자, 이제 와인을 크라테르krater(물과 술을 섞는 단지 옮긴이)라는 커다란 통에 담아 두 명의 노예가 들고 왔다. 통을 내려놓은 노예들을 히드리아hydria라는 이름을 가진 물동이로 보내 물을 가져오게 한 다음, 그 물을 크라테르에 붓는다. 물과 와인이 대략 3 대 1의 비율이었다. 이제 이 혼합물을 술병jug에 넣은 다음, 이 술병을 이용해 두 개의 손잡이가 달린 얕은 술잔에 술을 가득 채운다. 마침내 사람들이 벌컥벌컥 들이켤 수 있다.

하지만 그렇다고 당장 마셔선 안 된다. 먼저 신에게 바치는 헌주獻酎가 있어야 한다. 헌주란 완벽하고 훌륭한 와인을 바닥에 부으며 신에게 감사하는 행위다. 아테네에서는 세 번의 헌주와 함께 심포지엄을 시작했다. 첫 번째는 모든 신에게, 두 번째는 전사한 영웅, 특히 호스트의 조상 중에 그런 분께, 마지막으로 신의 왕 제우스에게 바치는 헌주였다. 헌주를 할 때마다 심포지엄의 주재자는 기도를 낭송했다. 꽃과 향수가 주변에 가득했다. 세 번의 헌주가 끝날 때쯤이면 모든 사람이 목이 말랐을 것이다.

아테네 사람들과 지금 우리가 술을 마시는 방식에 가장 커다란 차이가 있다면 이들은 대단히 계획적으로 술을 마셨다는 것이다. 누구나 서구 세계의 현대식 파티에서 의도와 상관없이 술에 취한 경험이 있을 것이다. 아마도 한 번으로 그치지 않을 것이다. 하지만 심포지엄에서는 자신의 의도와 상관없이 술에 취하는 사람은 단 한 명도 없었다. 심포지엄에서는 신중하게, 체계적으로, 다른 사람이 보는 앞에서 술을 마셨다. 사람마다 술잔을 받았다. 모든 사람은 자신의 잔에 든 와인을 다 마시고 나서야 다시 채울 수 있었다. 술이 남은 잔에 술을 채우는 것은 무례하고 남자답지 못한 행위였다. 그리고 술은 아무 때나 마시는 게 아니었고, 심포지엄의 주재자가 마시자고 말해야 비로소 그때 마셨다.

심포지엄 주재자의 목적은 모든 참석자의 폭음이 아니었다. 그는 심포지엄이 천천히 편안하게 진행될지, 방탕하고 흥청망청한 술판으로 돌변할지를 책임지고 결정하는 사람이었다. 참석자가 아니라 주재자에게 이 모든 것이 달려 있었다.

바로 이러한 이유로 역사상 가장 유명한 심포지엄은 온전한 심포지엄이라고 할 수 없다. 플라톤의 『심포지엄』은 호스트가 전날 밤에 마신 술의 숙취에 대해 불평하며 시작한다.

> 헌주를 마치고, 신에 대한 찬가를 부르고, 일상적인 격식을 차린 다음, 술을 마시기 시작하려는 찰나에 파우사니아스Pausanias(2세기 후반 그리스의 여행가, 저술가 옮긴이)가 말했다. 자, 벗들이여, 우리에게 가장 해가 가지 않으면서 술을 마시는 방법은 무엇일까? 나는 어제 주연으로 심하게 내상을 입어 회복할 시간이 필요하다네.

그러곤 대단히 특별한 결론이 이어진다.

그날 음주는 호스트의 명령에 따르지 않고, 모든 사람이 자신이 원하는 만큼 마시자고 합의가 이루어졌다.

이는 당시 아테네 사람들에게는 대단히 놀라운 일이었을 것이다. 플라톤이 그 정황을 자세히 설명했던 것도 바로 그런 이유다. 음주가 '자발적'이라니, 정말 야만적인 일이다. 심지어 이들은 여성 플루트 연주자도 없이 술을 마시기로 했다.

자, 이제 술도 좀 먹었으니 대화가 시작될 수 있다. 하지만 우리가 예상하는 방식은 아니다. 심포지엄 참석자들이 얼마나 술을 마셔야 할지 스스로 선택할 수 없었던 것처럼, 이들은 무엇을 이야기해야 할지, 더 나아가 아예 말을 할 수 있을지 없을지까지도 스스로 선택할 수 없었다. 심포지엄 주재자가 주제를 말하면, 그 이후에 참석자들이 차례로 그 주제에 대한 의견을 개진해야 했다. 플라톤의 『심포지엄』의 주제는 사랑이다. 크세노폰Xenophon(그리스의 철학자, 역사가 옮긴이)도 비슷한 이야기를 쓴 적이 있는데, 거기서의 주제는 '당신이 가장 자부심을 느끼는 것은 무엇인가?'였다. 양쪽 모두에서 참석자들은 길고도 상세한 대답을 해야 했다.

물론 주제가 '지저분한 농담하기'와 같이 저속한 심포지엄도 있었을 것이다. 하지만, 그렇더라도 형식은 바뀌지 않았을 것이다. 우리가 음주 모임이라고 하면 떠오르는 자유로운 대화의 흐름 같은 건 아예 존재하지 않았고, 침묵만 지킬 수 있는 기회도 주어지지 않았다. 크세노폰의 이야기를 보면 한 참석자가 아무런 말도 하지 않아, 소크라테스가 대단히 분개하는 대목이 있다. 물론 술 마시는 시간이 길어지며 이러한 격식은 다소 이완되었을 것이다. 그렇더라도 현대인인 우리 눈에는 마치 엄격히 지켜야만 하는 규칙이 있는 게임처럼 여전히 기묘하게 격식을 차린 행사처럼 보일 것이다.

게임 이야기가 나와서 말인데, 아테네인들이 심포지엄에서 실제로 즐겼던 게임도 있었다. 코타보스kottabos라는 이름의 게임이었다. 술잔에 남은 와인 마지막 몇 방울을 튕겨 무언가를 맞추는 게임이다. 때로는 동銅으로 만든 특별한 목표물을 가져와 모든 사람이 거기에 와인을 튕기기도 했다. 때로는 물병에 잔을 넣어 동동 띄우고, 거기에 물을 채워 가라앉게 만드는 게임도 했다. 때로는 사람이 목표물일 때도 있었다. 이야기를 들으면 상당히 난장판이었을 것 같다. 이 놀이가 마뜩잖았던 나머지, 젊은이들이 좀 더 건설적인 일을 해야 한다고 핀잔을 주는 노인들도 있었다.

하지만 심포지엄 주재자가 코타보스 놀이를 원하면 사람들은 하릴없이 그 놀이를 해야만 했다. 이러한 독재적인 통제가 얼마나 오랫동안 지속되었는지는 알 수 없다. 사실 와인은 리더를 좋아하지 않는다. 술은 민주주의를 조장하는 법이다. 당시에도 알코올이 규율에 대해 승리를 거두는 필연적인 순간이 언젠가는 있었을 것이다. 와인 한 크라테르를 비우면, 하나를 더 가져오라고 명령하는 식으로 심포지엄은 진행되었는데, 그러다 보면 결국은 혼란스러운 상황이 올 수밖에 없었을 것이다. 에우불로스Euboulos라는 이름의 한 극작가는 다음과 같이 묘사했다.

> 제정신이 있는 사람들을 위해서라면 나는 세 크라테르만 준비한다. (가장 먼저 마시는) 하나는 건강을 위해서, 두 번째는 사랑과 쾌락을 위해서, 마지막은 잠을 위해서다. 세 크라테르가 비고 나면 제정신인 사람들은 집으로 돌아간다.
> 네 번째 크라테르부터는 내가 어쩔 수 없는 것이다. 네 번째는 악행을 위한 것이고, 다섯 번째는 소리를 지르기 위한 것이고, 여섯 번째는 무례와 모욕을 위한 것이고, 일곱 번째는 싸움을 위한 것이고, 여덟 번째는 가구를 부수기 위한 것이고, 아홉 번째는 우울증에 빠지기 위한 것이고, 열 번째는 광기와 의식 상실을 위한 것이다.

광기라니, 너무 심한 말처럼 들릴 수 있다. 하지만 그리스인들은 실제로 술을 아주 많이 마시다 보면 사람이 미친다고 생각했다. 그리고, 그렇게 믿다 보면, 그런 일은 일어나기 마련이다. 타우로메니움의 티마이오스Timaeus of Tauromenium라는 역사가는 다음과 같은 이야기를 들려준다. 우리에게는 대단히 낯선 이야기이지만, 당시 그리스인에게는 충분히 그럴듯한 이야기였다.

> 아크라가스Acragas에는 (일종의 배를 의미하는) 트리레메Trireme라는 이름의 집이 있었다. 이 집이 그런 이름을 가지게 된 연유는 다음과 같다. 일단의 젊은이들이 이 집에서 술을 마시고는 모두 취했다. 이들은 와인 때문에 흥분을 넘어 거의 미쳐 있어서, 자신들이 트라이림(3단 노를 가진 군용선 옮긴이)을 타고 항해하는 중이며, 강한 폭풍

으로 배가 흔들리고 있다고 생각했다. 판단력을 완전히 잃은 채, 폭풍 속에서 배를 가볍게 하라는 선장의 명령을 들었다고 생각한 이들은 가구, 소파, 의자, 침대 모두를 창문 밖으로 내던지기 시작했다. 사람들이 집 주변에 몰려들어 창문 밖으로 던져진 물건들을 약탈하기 시작했지만, 젊은이들의 광란은 그치지 않았다. 다음 날, 치안 판사들이 집에 도착해보니, 젊은이들은 여전히 자리에 누운 채, 뱃멀미 때문에 괴롭다고 말했다. 치안 판사들이 심문하자, 이들은 폭풍으로 커다란 위험에 빠졌고, 배의 무게를 줄이려고 여분의 화물을 전부 바다에 버려야 했다고 대답했다. 치안 판사들은 이 젊은이들의 혼란에 놀라워했다. 그들 중 가장 나이가 들어 보이는 한 명은 이렇게 말했다. "오, 트리톤Triton(바다의 신 옮긴이)이여, 나 자신도 너무 무서워서 벤치 아래로 몸을 던진 적이 있다. 그러곤 눈에 띄지 않으려고 가능한 한 몸을 낮추고 거기에 숨어 있었다." 치안 판사들은 젊은이들의 어리석음을 용서하고, 앞으로는 와인을 지나치게 많이 마시지 말라고 책망하고 경고하며 그들을 풀어주었다. 젊은이들은 감사를 표하며, "저희가 이 무시무시한 폭풍을 피해 항구에 도착하면, 정말 제때 우리에게 나타나주신 여러분을 우리의 구원자로 기념하는 동상을, 바다의 다른 신들의 동상과 함께 눈에 띄는 곳에 세우겠습니다"라고 말했다. 그리고 이 일로 인해 그 집은 트리레메라고 불리게 되었다.

모든 심포지엄이 이렇게 끝나지는 않았다. 하지만 술이 사람을 미치게 만든다고 생각하는 사람에게 술은 바로 그런 결과를 낳았다. 술이 사람을 환각에 빠뜨린다고 생각하는 사람들에게 또 술은 바로 그런 결과를 낳았다.

심포지엄은 여러 다른 방식으로 끝날 수 있었다. 사람들은 조용히 집으로 돌아갈 수도 있었고, 소파에서 취하면 그 자리에서 잠들 수도 있었다. 때로는 코모스komos로 끝나기도 했는데, 이는 사람들이 길거리를 가로질러 이리저리 뛰어다니며 소리와 함성을 질러서 의도적으로 이웃 사람 모두를 깨우는 행위를 일컫는 말이다. 크세노폰은 기분이 좋아진 사람들을 각각 마차에 태워 집으로 출발시키며 심포지엄을 마쳤다. 플라톤은 소크라테스를 제외한 모든 사람이 여기저기 뻗어 있는 상태에서 심포지엄을 끝냈다. 그때까지도 소크라테스는 전혀 술에 취하지 않았다.

놀랍게도 모든 역사가와 철학자가 이 사실에 동의하고 있다. 소크라테스는 엄청난 양의 술을 마시고도 조금도 취하지 않았다고 한다. 아마도 그는 워낙에 조화로운 영혼ordered soul(플라톤이 『국가』에서 중요하다고 강조한 주제로, 용기, 지혜, 절제, 정의라는 주요 미덕을 두루 갖춘 사람을 가리킨다 옮긴이)이다 보니, 아무리 술에 취하더라도 합리성을 잃지 않았기 때문이리라. 혹은 일반인과는 다른 비정상적으로 효율적인 간을 가지고 있었을 수도 있다. 어쨌든 간에, 소크라테스는 술은 마시지만 취하지는 않는다는 특이한 이유로 찬양받는 많은 사람 중에서도 기록에 최초로 등장한 사람인 것 같다.

생각해보면, 술을 마시고도 취하지 않는 건 자랑으로 삼기엔 어쩐지 모양이 빠지고, 그다지 기뻐할 만한 일도 아닌 것 같다. 예를 들어 아무리 LSD를 상용해도 환각에 빠지지 않는다는 게 자랑할 만한 일일까? 그런 말을 듣는 여러분은 어리둥절해하며, 아니 환각에 빠지지도 않는데 굳이 LSD를 왜 복용하느냐고 공손하게 물을 수 있다.

하지만 술은 다르다. 역사를 보면 자신은 아무리 술을 마셔도 끄떡없다고 자랑하고, 그런 이유로 존경받고 뻐기는 사람들이 있다. 우리는 그런 사람들을 술이 세다고 말한다(have strong head는 머리가 좋다는 의미도 있다. 하지만 이 말은 고집이 세고 독단적이라는 부정적인 의미도 갖는다. 따라서 술을 많이 마시는 사람들은 자기 의견만 내세우며 고집을 부린다는 의미도 있다 옮긴이). 우리는 그들을 존중하고, 존경하고, 그들의 의견을 귀담아듣는다(그럴 리 없다 옮긴이). 그리고 그 누구도 감히 묻지 않는다. "그러면 왜 굳이 술을 마셔요?"

여섯째 잔
술을 경계한 중국인들

술 마시는 꿈을 꾸는 사람은 아침이 밝으면 슬프다.
- 장자, 기원전 4세기로 추정

중국에서 술을 처음 만든 사람은 의적儀狄(최초로 술을 제조했다는 전설상의 인물이다 옮긴이)으로, 기원전 2070년 무렵이다. 그는 자신의 발명품을 우禹 임금(요순 시대를 이어 하나라를 세웠으며 황하의 홍수를 다스렸다고 한다 옮긴이)에게 바쳤다. 우임금은 이를 마시고 기뻐했다. 하지만 지혜로운 왕이었던 그는 이 술이 끔찍한 재앙과 재난을 가져올 수도 있다는 사실을 파악했다. 따라서 우임금은 술을 금하고, 혹시 몰라 의적을 아예 추방해버렸다.

안타까운 일이지만, 이 이야기는 전혀 사실이 아니다. 초기 중국의 역사는 근거라고는 거의 없는 그럴듯한 신화를 묶어놓은 허구에 지나지 않는다. 중국 문자는 기원전 1200년 정도가 되어서야 비로소 발명된다. 따라서 그 이전에 일어난 일들에 대해서는 고고학에 의지할 수밖에 없다. 희한한 일이지만, 최초로 알려진 술, 우리가 절대적으로 확신할 수 있는 최초의 알코올은 중국 하남성에 있는 가호賈湖에서 발견되었고, 연대는 기원전 7000년 정도로 측정되었다.

우임금은 실제로 존재하지 않았고, 의적도 마찬가지로 여겨진다. 하지만 이들이 언급 대상이 되는 이유는 이 전설을 통해 고대 중국인들의 술에 대한 태도를 파악할 수 있기 때문이다. 그 태도는, 다시 한번 말하자면, "이건 정말 멋진데, 제법 위험하기도 하니, 아마 금지해야 할 것 같군"이었다.

우임금이 세운 하나라의 마지막 왕은 기원전 1728년에 태어나 기원전 1675년에 사망했다고 추정되는 걸桀이라는 이름의 재미있는 친구였다. 그는 술을 지나치게 좋아했기에 나쁜 왕으로 낙인찍혔다. 걸왕에게는 특이한 버릇이 있었는데, 술을 마실 때마다 다른 사람을 마치 말처럼 타고 마시는 것이었다. 인간 모두에겐 나름대로 기이한 습관이 있기 마련이지만, 걸왕의 습관은 심한 문제가 되었다. 걸왕은 쉬지 않고 술을 마셨기 때문이다. 그의 말 노릇을 하는 사람은 견디기 힘들었다. 한 예로, 어느 날 걸왕은 승상을 말로 삼아 즐겁게 술을 마시다가 승상이 탈진해 쓰러지자 그를 처형해 버렸다.

걸왕에겐 말희末喜라는 이름의 애첩이 있었는데, 그녀 또한 술이라면 사족을 못 썼다. 말희는 술로 채운 연못이라는 환상적인 아이디어를 떠올리곤 실천에 옮겼다. 명령에 따라 연못이 완성되자 말희와 걸왕은 배를 타고 이리저리 노를 저어 다녔다. 실오라기 하나 걸치지 않은 여성들과 남성들이 음탕하게 놀고 마시며 주변을 헤엄쳤다. 하지만 이내 따분해진 말희는 3,000명의 남자들에게 연못의 술을 동나도록 마시라고 명령했다. 마침내 이들이 모두 연못에 빠져 죽자 그녀는 배꼽을 잡으며 웃어댔다.

그러다 일련의 자연재해가 닥쳤고, 탕湯이라는 자가 등장해 사악한 왕을 무찌르고 상나라를 세웠다. 상나라는 전설에 가까운 하나라에 비해서는 훨씬 실제에 가까운 나라다. 이 나라는 기원전 1046년까지 계속되었기 때문이다. 하지만 여전히 믿을 만한 문서상 근거는 충분치 않다. 상나라의 마지막 왕은 주紂왕이다. 그 역시 술을 지나치게 가까이하는 나쁜 왕이었다. 그는 (사악한 아내의 영향을 받아) 연못을 파서 술로 채우고 놀았다(주왕의 아내는 그 유명한 달기妲己였다 옮긴이). 워낙에 방탕한 음주를 즐기다 보니 결국은 한 훌륭한 친구가 들고일어나 그를 타도했다.

주왕은 실존 인물일 수 있다. 하지만 술로 가득 채운 호수는 아마 허구였을 것이다. 다만 이 이야기를 통해 중국인들은 술이 나라 전체를 망하게 할 수도 있으며, 왕국의 질서를 어지럽히는 해악이라는 교훈을 전달하려 했다. 중국인들은 왕국의 질서를 유지하는 데 매우, 매우 관심이 많다.

술 연못 이야기에는 일말의 진실이 있을 수 있다. 고고학자들이 발굴하는 의식용 청동 술잔은 상나라 말엽부터 그 수가 급격히 줄어든다. 이를 통해 우리는 이 시대 이후의 사람들은 훨씬 술을 덜 마셨다고 짐작할 수 있다. 이 술잔은 죽은 조상을 섬기고 접촉하는 행사에서 사용되었다. 구체적인 내용은 약간 모호하다. 일단 제사상에 술과 음식을 올리고, 바닥에 헌주를 붓고, 그다음에 참석한 사람들이 일종의 황홀한 종교적 상태가 될 때까지 술을 마셔서 조상들의 정령들과 의사소통하지 않았을까 싶다. 조상의 정령도 술을 마셨다. "정령들이 모두 취했다"라는 말이 제사를 끝내는 말이었다. 그걸로 의식은 끝나고, 이제 마음껏 먹을 수 있었다.

「만취에 관한 포고문」이라는 기원전 1000년의 초기 기록이 지금까지도 남아 있다. 이 흥미로운 문서에 따르면 디신은 주정뱅이였고, 상나라가 몰락한 이유도 그 나라 사람 모두가 술을 마셨기 때문이라고 한다.

> 하늘이 천벌을 내려, 우리 백성들이 대단히 혼란스러워하며 덕을 잃을 때, 그 원인을 추적해보면 예외 없이 백성들이 정신없이 술에 빠져들었기 때문이다. 그렇다. 크고 작은 나라들이 (이 천벌로) 망하는 것은 언제나 술이라는 죄악이 원인이었다.

이 「포고문」은 제사 때를 제외하고는 언제 어디에서도 술을 금하며, 다음과 같이 끝난다.

술을 마시는 사람들이 있다는 이야기를 들으면, 반드시 그들을 체포해 여기 관청에 보내야 한다. 관청에서는 그들을 사형에 처할 것이다.

이러한 협박은 통하지 않았던 것 같다. 술을 금하는 고대 중국의 칙령은 끔찍하게 많다. 이를 돌려 생각하면 이 모든 칙령이 효력이라고는 없었다고 확신할 수 있다. 앞서 말했듯이 어떤 것이 금지되는 이유는 사람들이 그 일을 그치지 않고 계속하기 때문이다. 따라서 금지가 많았다는 것은 그만큼 음주도 많았다는 말이다. 하지만 여기서 눈여겨보아야 할 것은 사회 질서 및 정치적 안정성과, 질서 따윈 무시하는 술이 대척점에 있었다는 점이다.

중국은 이 문제를 공자의 도움으로 해결하려 했다. 공자(기원전 551~기원전 479)는 전국시대 직전에 사망했다. 전국시대는 말 그대로 혼란과 유혈이 낭자했고, 모든 사람이 세상을 진정시키는 방법을 찾으려 했던 중국 역사의 한 시대였다. 공자는 세상을 진정시키는 방법으로 의식과 제례를 내세웠다. 그의 기본적인 생각은 온종일 윗사람에게 절하다 보면 거기에 익숙해져 그 사람이 윗사람임을 정말 자연스럽게 받아들이게 된다는 것이었다. 사회생활의 나머지 부분에서도 마찬가지다. 여러분이 엄격히 집행되는 격식과 예절을 충분히 준수한다면 다른 사람들도 이에 따를 것이다. 사람들은 외부 세계의 모든 의식을 (현대 용어를 사용하자면) 내화하게internalize 되고, 그 결과 평화와 번영이 올 것이다. 공자는 기우뚱해 불안정한 바닥에는 절대 앉지도 않으려 했다. 그에게는 정말 중요한 문제였다.

따라서 공자가 술을 마음껏 마시면서도 소크라테스처럼 **절대 취하지 않았던** 것도 별로 놀랍지 않다.

> (공자는) 격식에 맞지 않게 자른 고기는 먹지 않았고, 고기에 어울리는 소스가 나오지 않아도 먹지 않았다. 아무리 고기가 많더라도 밥반찬 이상의 양은 먹지 않았다. 그 스스로 한계를 정하지 않은 것이라곤 술밖에 없었다. 하지만 아무리 술을 마셔도 정신을 놓지 않았다. 그는 시장에서 산 술이나 육포는 먹지 않았다. 먹을 때는 반드시 생강을 같이 먹었고, 절대 과식은 하지 않았다.

하지만 보통 사람에겐 제한이 있었다. 부모가 있는 사람들은 자기 부모가 마시기 전까지는 술을 마시지 못했다. 질서와 자제력이 무엇보다 중요했다. 공자가 대표했던 좀 더 일반적인 운동(유교를 가리킨다 옮긴이)에서 술의 절제는 아주 중요한 문제였다. 대략 같은 시대의 책이었던 『월기越記』(월나라에 대한 기록이라는 의미다 옮긴이)는 다음과 같이 요약하고 있다.

> 따라서 고대의 왕들은 술 마시는 의식을 제도화했다. 한 명이 건배하면, 주최자와 참석자는 서로에게 여러 번 인사를 나누며 마

셔야 한다. 따라서 온종일 술을 마시더라도 단 한 명도 취하지 않을 수 있다. 이런 방식으로 고대인들은 음주로 인한 재앙을 사전에 차단했다. 이러한 고로 술과 음식은 사람들이 즐겁게 나눌 수 있는 수단이 되었다.

온갖 의식과 제식을 통해 질식할 만큼 억제하고 또 억제하면, 다 괜찮을 것이다. 공자가 타고나길 그랬던 것처럼 모두가 취하지 않고 술을 마실 수 있다. 연회를 진행하는 방법을 기록한 책은 오늘날에도 남아 있는데, 이 책에는 의식에서 사람들이 어떻게 서야 하고, 참석자들에게는 어떻게 건배를 제의하고, 사람들은 어떻게 앉아야 하고, 술잔은 왼쪽에 놓고 거기서 다른 곳으로 옮겨서는 안 된다는 등의 규칙이 적혀 있다. 당시의 예절을 담은 책들은 매우 길고, 매우 상세했다. 이런 예절이야말로 세상 질서의 기본이라고 보았기 때문이다.

따라서 술은 금지되지는 않았지만 대체로 의식에 국한해서 마실 수 있었다. 제사, 장례식, 까다롭게 격식을 차리는 연회 등에서나 술을 마실 수 있었다. 하지만, 이는 술에 취하고 싶으면 간단한 방법이 있었다는 이야기도 된다. 모든 격식을 차린 행사에 참석해서 가능한 만큼 마시면 될 일이다. 후에 공자의 라이벌이 된 장자라는 철학자는 "예에 따라 술을 점잖게 마시기 시작한 사람도 결국은 광분하며 끝난다"라고 지적했다.

장례식마다 쫓아다니며 마실 수 있는 만큼 마셔대면서 망자에게는 예절을 담은 단 한 방울의 눈물도 비치지 않는 사람들에 대한 불평도 적지 않았다. 기원전 9세기경의 시 한 수는 아무리 격식을 차린 연회라도 결국은 엉망진창으로 끝난다고 지적하고 있다. 시의 전반부는 연회가 얼마나 예의 바르고, 아름답고, 고요하고, 숭고하게 시작되는지 묘사한다. 그러고 나선,

> 하지만 참석자들이 몇 잔을 마시곤,
> 태도가 달라진다.
> 자리를 떠나 이리저리 돌아다니며,
> 춤을 추고 뛰고 도약하고 껑충껑충 달린다.
> 그렇다, 참석자들이 몇 잔을 마시곤,
> 울부짖고, 고함치고, 사람들을 향해 소리소리 지른다.
> 내 그릇을 뒤집어, 음식을 흘리고
> 춤은 갈수록 음란해진다.
> 참석자들이 몇 잔을 마셨을 때
> 그들은 자신이 어떤 죄를 저지르는지도 모른다.
> 모자는 머리에서 벗겨지고
> 아무렇게나 춤을 춘다.
> 지금이라도 떠나준다면, 고마워하련만,
> 음주는 언제나 다른 사람을 괴롭게 하니. (…)
> 취객들은 술에 취해 추잡한 행실로
> 술에 취하지 않은 참석자들을 불편하게 만든다.
> 이런저런 이야기를 횡설수설하여
> 누구도 무슨 말을 하는지 알아들을 수 없다. (…)

이들이 하는 말은 사람의 말이 아니다.
정말 말도 안 되는 이야기뿐이다.
석 잔을 마시곤, 정신을 차리지 못하는데,
넉 잔을 마시면 무슨 일이 일어나겠는가?

전해지는 말에 따르면 아주 머나먼 옛날 어느 때엔 다섯 잔 이상 술을 마신 사람을 처형했다고도 한다. 어쨌든 한나라가 마침내 중국을 통일했을 때, 세 명 넘는 사람이 '별다른 이유 없이' 함께 모여 술 마시는 것을 금하는 법이 통과되었던 것은 확실하다. 하지만 이에 대한 처벌은 사형이 아니라 벌금이었다. 게다가 이 법은 술을 마셔도 좋은 '별다른 이유'가 무엇인지 정확히 명문화하지 않았다. 결국은 이 법도 그다지 소용이 없었다. 한나라에는 조참曹參이라는 승상이 있었는데, 그는 관직에서 해야 할 일을 하나도 하지 않았다. 관에서 누구든 이에 대해 불만을 토로할 때마다 조참은 그에게 술을 건네곤 했다. 그 사람은 예의상 받아 마셔야만 했다. 거기에서 그치지 않고 조참은 술을 한 잔, 또 한 잔 자꾸자꾸 건넸다. 마침내 술을 받아 마신 사람은 무슨 이유로 자신이 거기서 술을 마시고 있는지마저 잊어버렸다. 그러면 조참은 (마찬가지로 거나하게 취한) 관의 다른 사람들에게 돌아가서, 그들에게 노래를 불러주곤 했다.

중국인들의 음주에 관해서 아주 흥미로운 사실이 하나 남아 있다. 중국인들은 와인과 맥주를 구분하지 않는다. 중국어로 '주酒'는 맥주와 와인 모두를 가리킨다(그래서 우리말로 그냥 '술'이라고 옮겼다 옮긴이). 이는 고대 중국인들이 둘의 구분에 별 관심이 없었다는 의미이기도 하다. 이런 점에서 이들은 고대 그리스인이나 로마인과는 대척점에 있다.

일곱째 잔
하느님이 인간에게 주신 좋은 것

노아는 포도밭을 일구었다. 홍수 이후 처음 한 일이 포도밭을 일구는 일이었다. 뭐 마실 게 필요했을 것이라고 넘어가줄 수 있다. 하지만 다음에 나오는 이야기는 아주 희한하다.

> 한번은 노아가 포도주를 마시고 취하여, 자기 장막 안에서 아무것도 덮지 않고, 벌거벗은 채로 누워 있었다. 가나안의 조상 함이 그만 자기 아버지의 벌거벗은 몸을 보았다. 그는 바깥으로 나가서 두 형에게 알렸다. 셈과 야벳은 겉옷을 가져다 둘이 그것을 어깨에 걸치고, 뒷걸음쳐 들어가서 아버지의 벌거벗은 몸을 덮어드렸다. 그들은 아버지의 벌거벗은 몸을 보지 않으려고 얼굴을 돌렸다.
> 노아는 술에서 깨어난 뒤에, 막내아들이 자기에게 한 일을 알고서, 이렇게 말하였다.

"가나안은 저주를 받을 것이다. 가장 천한 종이 되어, 저의 형제들을 섬길 것이다."(창세기 9장 20~23절, 『새 번역 성경전서』 대한성서공회 옮긴이)

이 이야기는 우리에게 중요한 도덕적 교훈을 가르쳐준다. 술 취해 벌거벗고 정신을 잃는 것은 아무렇지 않고 괜찮은 일이지만, 이를 지켜보는 것은 절대로 올바른 행위가 아니라는 것이다. 예의상 눈을 돌려야 한다. 참으로 기이한 교훈이다 보니 몇몇 학자들은 여기서 우리가 무엇을 놓치고 있는 것이 아닌가 생각하고 있다. 그중 의심이 많은 사람은 함이 벌거벗은 아버지를 그저 보는 데서 그치지 않고, 그 이상의 어떤 일을 저지르지 않았나 의심하기도 한다.

이러한 해석은 이후에 등장하는 몇몇 만취 사례를 보면 더욱 그럴듯해 보이기도 한다. 성경 몇 장 뒤에서 롯Lot과 두 딸은 산에 살고 있다. 딸들은 아이를 얻을 만한 괜찮은 남자를 만나지 못할까 봐 걱정이다. 그래서 이들은 아버지가 술에 만취해 정신을 잃을 때까지 기다렸다가, 그와 섹스한다(색다른 해결 방안이다). 하지만 어떤 경우든 인사불성으로 취한 아버지의 잘못은 아닌 것으로 그려진다. 그저 버릇없는 아이들 잘못이다.

청교도를 위시한 도덕군자들에게 영원한 골칫거리인 구약성경은 만취에 대해 놀랍도록 관대하다. 와인은 (성경에서 술은 거의 언제나 와인이다) 하느님이 곡식과 기름과 평화와 더불어 인간에게 주신 좋은 것들 중 하나다. 어느 정도 지위가 있는 사람이라면 누구나 집에 와인 프레스(포도 착즙기 옮긴이)가 있었다. 사람들은 술을 마시고 취했다.

아이들만 버릇없이 행동하지 않으면 만사형통이었다. 물론, 이따금 과도한 음주를 금하는 훈계도 찾아볼 수 있다. 그중에서도 잠언의 내용이 아마 가장 엄중하다고 할 수 있다.

재난을 당할 사람이 누구며,
근심하게 될 사람이 누구냐?
다투게 될 사람이 누구며,
탄식할 사람이 누구냐?
까닭도 모를 상처를 입을 사람이 누구며,
눈이 충혈될 사람이 누구냐?
늦게까지 술자리에 남아 있는 사람들, 혼합주만 찾아다니는 사람들이 아니냐!
잔에 따른 포도주가 아무리 붉고 고와도,
마실 때 순하게 넘어가더라도,
너는 그것을 쳐다보지도 말아라.
그것이 마침내 뱀처럼 너를 물고,
독사처럼 너를 쏠 것이며,
눈에는 괴이한 것만 보일 것이며,
입에서는 허튼소리만 나올 것이다.
바다 한가운데 누운 것 같고,
돛대 꼭대기에 누운 것 같을 것이다.
"사람들이 나를 때렸는데도 아프지 않고,
나를 쳤는데도 아무렇지 않다.
이 술이 언제 깨지? 술이 깨면, 또 한잔해야지." 하고 말할 것이다.(잠언 23장 29~35절, 『새 번역 성경전서』, 대한성서공회 옮긴이)

역사상 만취를 묘사한 가장 아름다운 글 중 하나다. 처음에 수수께끼로 시작해서는, 선박의 돛을 작동시키는 로프에서 잠이 든다는 재미있는 생각으로 끝을 맺고 있다. 이스라엘인들은 결코 바다에 나가지 않았다. 따라서 바다는 언제나 다소간은 두려움의 대상이었다. 글 전체가 워낙 멋지다 보니, 아주 오랜 세월이 흐른 후에, 안달루시아의 유대인들은 이 내용을 가지고 술 노래를 만들기도 했다.

잠언은 몇 장이 지나 다시 이 주제로 돌아온다.

> 르무엘아, 임금에게 적합하지 않은 일이 있다. 포도주를 마시는 것은 임금에게 적합한 일이 아니다. 독주를 좋아하는 것은 통치자들에게 적합한 일이 아니다.
> 술을 마시면 법을 잊어버리고, 억눌린 사람들에게 판결을 불리하게 내릴까 두렵다.
> 독한 술은 죽을 사람에게 주고, 포도주는 마음이 아픈 사람에게 주어라.
> 그가 그것을 마시고 자기의 가난을 잊을 것이고, 자기의 고통을 더 이상 기억하지 않을 것이다.(잠언 31장 4절, 『새 번역 성경전서』, 대한성서공회 옮긴이)

성경의 어떤 번역본을 읽느냐에 따라 다를 수 있겠지만 임금에게 금지되는 '독주'가 때로 '맥주'로 해석되기도 한다. 하지만, 이는 틀렸다. 이 낱말은 히브리어로는 '셰이카르sheikhar'이고 이는 일종의 그라파grappa, 다시 말해 몹시 독한 와인으로 보인다. 이스라엘인들은 정말 완벽한 포도밭이 지천으로 널린 나라에서 살았으므로 맥주는 잠깐이라도 생각해본 적 없었을 것이다.

그 대신 와인은 일상적인 물건으로, 무시할 수 없는 삶의 현실이자, 고통받는 사람에게는 위안을 주는 음식이었을 것이다. 구약성경에는 와인에 관해 200여 건 남짓한 언급이 있지만, 거의 모두가 중립적인 태도를 지키고 있다. 별로 재미는 없지만 아주 전형적인 예를 하나 들자면 신명기에 이런 말이 있다.

> 곧 너를 사랑하시고 복을 주사 너를 번성하게 하시되 네게 주리라고 네 조상들에게 맹세하신 땅에서 네 소생에게 은혜를 베푸시며 네 토지 소산과 곡식과 포도주와 기름을 풍성하게 하시고 네 소와 양을 번식하게 하시리니.(신명기 7장 13절, 『새 번역 성경전서』 대한성서공회 옮긴이)

와인은 농장에서 만드는 여러 물품 중 하나에 지나지 않았다. 물론 그렇다고 해서 고대 예루살렘에서 음주 문제가 아예 없었다는 말은 아니다. 사실은 워낙 익숙한 일이다 보니 직유법에도 흔히 등장했을 정도다. 술과 관련된 이 직유법들을 합쳐보면 술에 취한 이스라엘인이 어떤 모습이었을지 대충 그림이 그려진다.

그들은 마치 주정뱅이처럼 비틀거리고 휘청거리며 걸었다…(시편 107장 27절 옮긴이 옮김)
성문에 앉아 있는 자들이 나를 비난하고, 술에 취한 자들이 나를 두고서 빈정거리는 노래를 지어 흥얼거립니다.(시편 69장 12절, 『새 번역 성경전서』 대한성서공회 옮긴이)
주님께서 친히 그들에게 마음을 혼란하게 만드는 영을 부으셔서, 그들이 이집트를 잘못 다스리게 하셨다. 그래서 마치 취한 자가 토하면서 비틀거리듯, 이집트를 그 꼴로 만들었다.(이사야 19장 14절, 『새 번역 성경전서』 대한성서공회 옮긴이)
드디어 주님은 잠에서 깨어난 것처럼 분연히 일어나셨다. 포도주로 달아오른 용사처럼 일어나셨다.(시편 78장 65절, 『새 번역 성경전서』 대한성서공회 옮긴이)

비틀거리고, 노래하고, 토하고, 잠들고, 뭐 너무도 익숙한 일이다. (구약성경의 책 하나의 제목이자, 소소한 예언자 이름인) 하박국Habakkuk은 조금 달랐던 모양이다. 기원전 7세기 후반의 이집트 외교정책을 설명하는 중에, 그는 당시 이집트인들이 아래의 행동을 하는 사내처럼 굴었다고 주장한다.

홧김에 이웃에게 술을 퍼먹여
곯아떨어지게 하고는
그 알몸을 헤쳐 보는 것들아!
그러고도 네가 영광을 누릴 듯싶으냐? 실컷 능욕이나 당하리라.
이제는 네가 잔을 받을 차례다. 마시고 벌거숭이가 될 차례다.

(하박국 2장 15~16절, 『공동 번역 성서』, 대한성서공회 옮긴이)

도대체 이게 다 무슨 이야기인가 의아해지는 대목이다. 예언자 예레미야의 애가에 나오는 또 다른 내용에서는 고대 유대인의 술 마시는 습관이 우리와 조금은 달랐다고 시사한다. 예레미야는 예루살렘의 파괴에 대해 개탄하며 예루살렘에 이제 술이 없다고 안타까워한다.

> 내 눈이 눈물에 상하며 내 창자가 끓으며 내 간이 땅에 쏟아졌으니 이는 처녀 내 백성이 패망하여 어린 자녀와 젖 먹는 아이들이 성읍 길거리에 혼미함이로다.
> 저희가 성읍 길거리에서 상한 자처럼 혼미하여 그 어미의 품에서 혼이 떠날 때 어미에게 이르기를 곡식과 포도주가 어디 있느뇨 하도다.(예레미야애가 2장 11~12절, 『개역 한글 성경전서』, 대한성서공회 옮긴이)

문학은 흔히 현실을 과장하기도 하지만, 어쨌든 이 글은 사람들이 아주 어린 나이부터 술을 마셨다고 암시하고 있다.

마지막으로, 구약에는 선술집이 없다. 단 한 곳도. 사람들은 물론 술을 마셨다. 따라서 우리는 이들이 길거리나 집에서 옷 따위는 걸치지 않은 이웃들과 술을 마셨다고 짐작할 수 있다.

유대인 중에는 술을 마시지 않는 집단이 있었다. 나실인Nazirite은 술과 이발을 끊은 성인聖人들이었다. 가장 유명한 사람으로는 삼손Samson이 있지만, 신약성경에서도 최소한 한 명의 나실인을 찾아 볼 수 있다.

음주와 초기 기독교

신약성경에서의 음주는 세 인물을 중심으로 이루어진다. 세례 요한, 예수, 바울 사도다. 요한은 주님이 오시는 길을 닦았고, 예수는 세상에 새로운 희망을 품어다 주었고, 사도 바울은 행정과 물류를 맡았다. 항상 사도 바울에게는 조금 미안한 생각이 든다. 마치 대규모 상륙 작전이 벌어지는 날 취사병 노릇이나 하고 있는 것 같아서다. 없어서는 안 될 역할이지만, 그다지 영웅적이라고는 할 수 없다.

세례 요한은 술을 입에 대지도 않았다. 누가복음에 따르면 태어나기도 전에 그의 어머니가 그를 나실인으로 만들었다고 한다. 잔인한 일이다. 하지만 그는 여러모로 나실인에 잘 어울리는 인물이었다. 선술집이나 이발소와는 멀리 떨어진 광야에 살았던 것만 보아도 알 수 있다.

예수는 나실인은 아니었다. 아무리 기이한 이론을 내세우더라도 이 사실은 변하지 않는다. 예수는 쏟아지는 술을 온몸으로 받으며 경력을 시작했다. 최초의 기적은 가나의 결혼식에서 일어났다. 간단한 이야기다. 예수가 결혼 리셉션에 참석했는데, 와인이 동났다. 그래서 예수는 물을 와인으로 만들었다. 450리터 정도였다. 와인은 맛있었고, 이 와인이 어디서 왔는지 몰랐던 연회장은 연회를 개최한 주인에게 찬사를 퍼부었다.

> 사람마다 먼저 좋은 포도주를 내고 취한 후에 질이 낮은 것을 내거늘 그대는 지금까지 좋은 포도주를 두었도다 하니라.(요한복음 2장 10절, 『개역 한글 성경전서』, 대한성서공회 옮긴이)

학자들은 이 구절을 놓고 논쟁을 즐겨한다. 몇몇 사람은 결혼 연회는 이런 식으로 구성되어야 한다고 주장하고, 다른 사람은 정반대의 의견을 말한다.◆ 일부 학자는 이 이야기 전체를 알레고리라고 생각한다. 사라진 낡은 와인은 유대인들의 낡아빠진 믿음을 상징하며, 품질이 월등하면서도 풍부한 새 와인은 기독교를 상징한다는 것이다. 어쨌든, 그다지 중요한 문제는 아니다. 우리에게 중요한 것은, 초기 기독교인은 와인을 좋은 것으로, 그냥 좋은 것을 넘어 전폭적으로 좋은 것으로 보았다는 사실이다. 예수는 450리터에 달하는 와인을 제공하며 기적을 일구었다고 찬양받았다. 참석자 모두

◆ 예를 들자면, 불트만Bultmann과 빈디슈Windisch는 최상급 와인은 항상 결혼식 행사 마지막에 제공되었다고 주장하며, 따라서 이 문구가 중요하다고 주장한다. 샌더스Sanders는 이는 그저 농담에 지나지 않는다고 일축한다. 배럿Barrett과 린더스Lindars는 모르겠다고 한다.

가 이 기적을 보고 순식간에 잠잠해졌다거나, 경건한 마음으로 일찍 잠자리에 들었다거나 하는 언급은 없다. 중요한 건 그거다.

여기에서 잠깐, 물을 와인으로 바꾸는 기적은 고대 세계에서는 꽤 유명한 기적에 속했다는 점만은 지적하고 가야겠다. 디오니소스는 언제나 이러한 기적을 행할 수 있다고 했고, 실제로 그의 신전에는 축제가 있을 때마다 신비롭게도 와인이 솟아나는 샘이 있다는 이야기를 여러 군데서 들을 수 있다. 사실 우리는 이 일이 어떻게 가능했는지를 알고 있다. 코린트Corinth에 있던 디오니소스 신전에는 수로에 접근할 수 있는 비밀 통로가 있어서, 영악한 사제가 안으로 기어들어간 다음, 물의 흐름을 막고, 대신 많은 와인을 부을 수 있었다. 그래서 디오니소스는 기적을 행하는 척할 수 있었다. 실제로 신이었던 예수와는 다르다. 이 또한 눈여겨봐야 할 중요한 대목이다.

예수는 세례 요한의 재래에 불과한 선지자로 그치지 않았다. 사실 마태복음 11장에서 예수는 분명히 말한다.

> 요한이 와서, 먹지도 않고 마시지도 않았다. 그러니까 사람들이 말하기를, '그는 귀신이 들렸다.' 하고, 인자는 와서, 먹기도 하고 마시기도 하니, 그들이 말하기를 '보아라, 저 사람은 마구 먹어대는 자요, 포도주를 마시는 자요, 세리와 죄인의 친구다.' 한다. 그러나 지혜는 그 한 일로 옳다는 것이 입증되었다.(마태복음 11장 18~19절, 『새 번역 성경전서』 대한성서공회 옮긴이)

따라서 예수는 살아생전 술꾼으로 명성을 날렸던 것 같다. 그 명성에 걸맞은 사람이었는지 아닌지 우리로서는 알 수 없다. 하지만 그 점에 대해 변명을 해야만 했다는 사실은 흥미롭다. 그리고 그 변명은 복음서에 포함될 정도로 중요성을 평가받았다. (이 구절은 누가복음에도 등장한다.) 초기 기독교인들은 예수의 음주에 변명이 필요하다고 생각했던 모양이다.

이는 최후의 만찬과도 관련이 있을 수 있다. 초기 기독교의 가장 중요한 의식은 성찬식, 다시 말해 함께 마시는 술을 중심으로 하고 있었다. 예수는 와인을 마시고, 제자들에게도 마시라고 명한다. 이 의식은 이미 바울이 서기 50년대 코린트의 신자들에게 휘갈겨 써 보낸 편지에도 등장한다.

> 식후에, 잔도 이처럼 하시고서, 말씀하셨습니다. "이 잔은 내 피로 세운 새 언약이다. 너희가 마실 때마다 이것을 행하여, 나를 기억하여라."(고린도전서 11장 25절, 『새 번역 성경전서』, 대한성서공회 옮긴이)

하지만 같은 장에서 바울은 사람들이 성찬식에서 취해버리는 것이 문제라고 지적하고 있다. 그는 성찬식은 음주를 위한 것이지, 취하기 위한 것이 아니라고 지적하는데, 코린트의 신자들에겐 정말 놀라운 말이었을 것이다.

마음먹고 찾아보면 초기 기독교에서 이러한 문제는 숱하게 찾아볼 수 있다. 가난한 사도들은 새로운 신앙의 복음을 설교하러 다니는데, 이 신앙은 와인을 마시라고 한다. 그러면 사람들은 오해한다. 사도행전은 성령강림절에 성령이 기독교인에게 내려와 방언으로 말하는 장면으로 시작한다. 그 자리에 모인

> 사람들은 모두 놀라 어쩔 줄 몰라서 "이게 도대체 어찌 된 일이오?" 하면서 서로 말하였다.
> 그런데 더러는 조롱하면서 "그들이 새 술에 취하였다." 하고 말하는 사람도 있었다.(사도행전 2장 12~13절, 『새 번역 성경전서』, 대한성서공회 옮긴이)

우리 불쌍한 베드로가 또 뛰어나와 설명해야 했다.

> 베드로가 열한 사도와 함께 일어나서, 목소리를 높여서, 그들에게 엄숙하게 말하였다. "유대 사람들과 모든 예루살렘 주민 여러분, 이것을 아시기 바랍니다. 내 말에 귀를 기울이십시오. 지금은 아침 아홉 시입니다. 그러니 이 사람들은, 여러분이 생각하듯이 술에 취한 것이 아닙니다."(사도행전 2장 14~15절, 『새 번역 성경전서』, 대한성서공회 옮긴이)

생각해보면 음주는 초기 기독교를 때리기에 정말 알맞은 몽둥이였다. 이 낯선 새로운 무리를 주정뱅이 집단으로, 디오니소스를 숭배하는 유대인 무리라고 낙인찍어버리는 것은 쉬운 일이었다. 오히

려 이교도들이 그런 정책을 취하지 않은 것이 놀라울 정도다. 바울이 성서의 그 누구보다도 열심히 사람들에게 편지를 써서 술에 취하지 말라고, 혹은 취하도록 마시지 말라고 훈계했던 것도 바로 그런 이유다. 바울은 기독교의 평판을 걱정스러워했기 때문이다.

그러니까, 신약성경은 완전히 술을 끊어야 한다고까지는 말하지 않는다. 그 대신 이렇게 말한다. "이제부터는 물만 마시지 말고 네 위장과 자주 나는 병을 위하여는 포도주를 조금씩 쓰라."(디모데전서 5장 23절, 『새 번역 성경전서』, 대한성서공회 옮긴이) 기독교는 절대 술을 끊을 수 없다. 최후의 만찬을 봐도 알 수 있지 않은가(최후의 만찬에서 예수가 빵과 포도주를 자신의 몸과 피라고 선언한다 옮긴이). 한 잔의 와인은 세계 역사를, 세계 경제를, 머나먼 곳의 음주 습관을 모두 바꿔놓았다. 성찬식에는 와인이 필요하다. 따라서 기독교가 퍼져 나간 모든 곳에서 기독교인들은 포도가 필요했다. 요크셔Yorkshire 지역에서 개종이 힘들고, 아이슬란드에서 개종이 악몽이었던 것도 이해가 간다(두 곳 모두 포도가 자라나기 힘든 지역이었기 때문이다 옮긴이).

여덟째 잔
로마와 모욕의 술잔

공화국

초기 로마는 대단히 엄격했고, 술을 멀리하는 곳이었다. (대략 기원전 200년) 본격 공화국 시절만 해도, 사람들은 모두 말끔하게 면도하고, 머리를 짧게 자른 군인 스타일을 하고 다녔고, 워낙 물을 좋아해서, 이 영원의 도시에 영원히 물을 공급하기 위한 커다란 수도관을 짓기도 했다. 와인은 있었지만, 그다지 풍부하지는 않았다. 로마에도 물론 와인의 신은 있었다. (자유로운 자라는 의미의) 리베르Liber라는 이름이었는데, 그다지 중요한 신은 아니었다. 그는 밀의 여신 케레스Ceres의 자식이었고, 언론의 자유와 연관이 있었던 것 같다. 로마인들은 만취한 사람들을 보면 얼굴을 찌푸리며 경멸하는 표정을 지었다. 로마인들이 보기에 술에 취해 해롱대는 것은 머리를 길게 기르고 수염이 덥수룩하며 호사스러운 삶을 즐기는 그리스인들이나 하는 짓이었다. 당시 그리스인들은 모든 면에서 로마인들과 상반되는 특징을 가진 사람들로 정의되었다.

여성들은 남성들보다도 술을 적게 마셨다. 1세기 역사책 『기억에 남는 행적Memorable Deeds』(대大플리니우스Pliny the Elder의 책 옮긴이)에는 다음과 같은 교훈이 기록되어 있다.

> 에그나티우스 메텔루스는 몽둥이를 들어 아내를 죽을 때까지 때렸다. 아내가 꽤 많은 양의 와인을 마셨기 때문이었다. 그 누구도 나서서 그를 고발하지 않았고, 심지어 비난하는 사람 하나 없었다. 모든 사람은 이 행동을 금주법 위반에 대한 처벌의 훌륭한 예라고 생각했다. 와인을 과도하리만큼 마신 여성은 미덕으로 향하는 모든 문은 닫고, 악으로 향하는 모든 문은 여는 법이다.

전해지는 말에 따르면 술을 마시다가 발각된 여성을 죄다 사형에 처한다는 법은 로물루스Romulus(로마의 건국자로 알려진 인물. 케레스가 그를 키웠다고 한다 옮긴이)가 만들었다고 한다. 따라서 에그나티우스는 어차피 죽을 운명이었던 아내를 좀 더 빨리 죽인 것뿐이다. 여성들은 친척들을 볼 때마다 키스해야 했는데, 이는 친척들이 냄새를 맡고 술을 마셨는지 아닌지를 가려내기 위해서였다. 이 모든 관습에 대한 초기 로마의 태도는 하나의 격언에 잘 요약되어 있다. '세 가지가 나쁘다. 밤, 여자, 그리고 와인이다.' 이제 우리는 기원전 186년에 일어났던 한 기묘한 사건을 이해할 수 있는 준비를 마쳤다.

(아마도 근사한 수염을 길렀던) 한 그리스 사람이 이탈리아에 (이제는 바쿠스라 불리는) 디오니소스 숭배를 도입했다. 구체적으로 말하자면, 그는 바쿠스의 신비를 일단의 여성에게 알려주었다. 그랬더니 이 여성들이 앞장서서 고위 여사제가 되었고, 완전히 새로운 모습으로, 여성으로만 이루어진 모임을 만들어 모두가 노래하고 춤추고 술을 마시는 숭배 행사를 열었다. 그러니까 이들은 바쿠스의 마이나드였던 셈이다.

하지만 모든 것이 너무도 딱딱 들어맞는 게 미심쩍다. 로마인들이 불신했던 모든 것들, 다시 말해, 밤, 여자, 와인, 수염을 덥수룩하게 기른 그리스인이 모두 하나의 이야기에 녹아들어 있다. 하지만 로마 당국은 이를 곧이곧대로 믿었던 모양이다. 실제로 **무언가**가 진행되고 있었을 수도 있다. 어쨌든 간에, 리비우스Livy(로마의 역사가 옮긴이)가 '모든 불행의 근원'이라 불렀던 이 행사는 처음에는 엄격하게 여성들만으로 시작되었지만, 이내 여사제들은 남성들에게 합류를 청했다. 아마도 모두가 뒤엉켜 질펀하게 즐기는 2차 분위기를 살리기 위해서였을 것이다. 하지만, 이 축제는 원래 그리스 축제였기에, '남성과 여성보다는 남성과 남성에 의해 저질러지는 부정이 초래되었다.' 이제 여러분은 미덕으로 명성 높았던 로마인들의 혐오 리스트에 동성애를 더할 수 있게 되었다. 어쨌든 이들은 이제 모든 범죄를 닥치는 대로 저지르기 시작했다.

> 와인으로 몸이 뜨거워진 남자와 여자가 밤이 되어 뒤섞이고, 나이 든 이들과 함께한 어린아이들도 얌전이라곤 모두 벗어던지면서 온갖 음탕한 행위가 시작되었다. 당장 주체하기 힘든 육욕을 채울 수 있는 쾌락의 대상이 바로 곁에 있었다. 해괴한 일은 남녀 간의 무분별한 섹스에 그치지 않았다. 거짓 증언, 인장과 유언장의 위조, 그리고 허위 정보 모두가 같은 근원에서 비롯되었다. 또 시신을 묻을 곳이 없을 정도로 많은 가문에서 독살과 살인도 일어났다.

제법 재미있는 이야기처럼 들린다. 하지만 원로원은 조금도 마음에 들어 하지 않았다. 이는 도덕적 공황의 산물이었을 수도 있다. 다시 말해 원로원의 공포에 찬 상상 속에서만 존재했던 이야기였을 수도 있다. 사실은 무시할 수 있을 정도의 숭배 의식에서 발견된 참석자와 그 부도덕성이 지나치게 과장되었을 수도 있다. 하지만 이 의식은 실제로 진압되었고, 진압 과정은 엄격하고도 잔인했다.

의식에 참석한 사람들의 정보를 제공하는 사람은 누구나 후한 보상을 받았다. 7,000명에 달하는 사람이 체포되었다. 도망간 사람도 있었고, 자살한 사람도 있었다. 체포된 사람 대부분은 처형되었다. 로마인들은 술에 취한 사람들을 정말 좋아하지 않았다.

그리고 이들은 제국을 얻었다. 그리고 모든 것이 바뀌었다.

제국

로마제국은 본질적으로, 세상의 부 전체가 하나의 도시로 수렴되는 시스템이었다. 이 시스템의 결과 지구상에 존재했던 도시 중 가장 부유한 도시가 탄생했다. 돈은 부패를 낳고, 엄청난 양의 돈은 엄청난 양의 재미를 낳는다. 그 결과는, 어린아이라도 알고 있듯이, 도덕적 타락이었다. 로마인들은 물보다 와인을 더 즐기기 시작했다. 여성들의 음주마저 권장하기 시작했다. 그리고 몇몇 그리스 서적을 읽고 난 후에는, 마침내 술이 좋다는 것을 깨달았다. 그리고 또 동성애도 허용해야 한다고 생각했고, 이는 격랑을 불러왔다. 기원전 186년의 그 엄격한 원로원 의원들이 서기 1세기 중반에 벌어지고 있는 일을 보았다면, 무덤에서조차 돌아누워 이 꼴을 외면하고 싶었을 것이다.

자, 그렇다면 어떻게 이 재미있는 일에 동참할 수 있었을까? 로마제국의 돈이 문제가 많았던 이유는, 사회에 돈이 대단히 많기는 했지만 사회 최고 부유층의 손아귀로만 들어갔다가 거기서부터 아래 방향으로 흘러내렸기 때문이다. 따라서 부와 와인을 조금이나마 원한다면, 염치 따윈 팽개치고 후원자에게 딱 붙어 그를 빨아먹어야 했다. 기생충을 떠올리게 하는 끔찍한 방법 같고 실제로도 어느 정도는 그렇지만, 흔히 통용되는 방법이었다. 로마에는 돈 많은 후원자와 그에게 아첨하며 기생하는 의탁자client가 있었다. 누구나 세상 돌아가는 방식을 알고 있었다. 자존심만 팔 수 있으면 좋은 음식과 와인으로 보상받을 수 있었다. 이 시스템의 핵심 요소는 콘비비움이라 불리던 연회였다.

모든 사람이 이 시스템을 좋아하지는 않았다. 풍자시인 유베날리스Juvenal는 이렇게 물었다. "저녁 식사가 당신이 받아야 하는 온갖 모욕을 감내할 만한 가치가 있는가? 당신의 굶주림이 그토록 급박한가? 좀 더 인간다운 품격을 지키고 홀로 떨더라도 개밥 부스러기를 먹는 편이 낫지 않은가?"

하지만 사람들은 대부분 배를 채우기 위해서라면 인간다운 품격 따위 기꺼이 버릴 수 있다고 생각했다.

배를 채우기 위해선 우선, 초대장을 따내야 했다. 이 정도는 그리 어렵지 않았다. 부유한 로마인이라면 거의 매일 밤 만찬을 개최했으니까. 부엌과 식당은 언제나 만찬 음식을 장만할 채비가 갖추어진 상태였다. 사람들은 사실 당신이 누군지도 모를 수 있다. 후원자들은 의탁자들을 모두 알고 있었지만, 느닷없이 모르는 사람도 초대하곤 했다. 그저 친구의 친구의 친구라고 말하면 그만이다. 어쨌든 연회에 참석할 만한 몰골을 갖추고, 알랑거릴 준비만 되어 있다면, 길거리에서도 초대받을 수 있었다.

로마의 하루는 일찌감치 시작되었다. 사람들은 새벽이면 잠자리에서 일어났다. 정오가 되기 전에 초대받았다면 다행이다. 정오는 공중목욕탕에 가야 할 시간이기 때문이다. 초대장이 없다면 공중목욕탕이 초대받기에 알맞은 장소다. 거기서 초대를 받지 못하면 끝이다. 유쾌한 사람인 척하고, 가능하면 잘생기고 멋진 사람으로 비쳐야 한다. 그런 태도와 표정을 유지하며 여기저기 돌아다니다가 능력 좀 있게 생긴 사람이 있으면 대화를 시작해야 한다. 저녁에 먹고 마실 약속이 잡힌 사람에게도 목욕탕은 연회 준비에 알맞은 장소였다.

로마인들은 콘비비움 전에 목욕탕 사우나에 앉아 땀을 빼곤 했다. 몸에서 수분을 좀 빼줘서 많은 술을 마실 수 있는 상태로 만들기 위해서였다. 일부러 탈수 상태를 만든다니 지금 들으면 좀 섬뜩하게 느껴질 수도 있지만, 사실은 우리가 약간의 운동으로 식욕을 증진하려는 것과 크게 다를 바 없다. 대플리니우스에 따르면, 로마인들은 콘비비움을 대단한 일로 여기지도 않았다고 한다.

> 또 다른 이들은 굳이 기다렸다가 연회 소파에 앉으려 들지도 않는다. 전혀. 이들은 속옷마저 입지 않은 채 거의 알몸으로 헐떡이면서 목욕탕을 나오자마자, 그 즉시 와인으로 가득 찬 통을 낚아채, 강력한 권력을 과시하기라도 하듯 꿀꺽꿀꺽 마시기 시작한다. 내용물 모두를 급히 마신 후에는 곧바로 토한다. 이 일을 두세 번 반복하는데, 이를 보면 마치 이들은 자신이 와인을 낭비하기 위해 태어났거나, 그 음료가 인체를 먼저 거치지 않으면 버릴 수 없는 물건이라고 생각하는 듯하다.

구토는 특이한 일도 아니었다. 로마인들은 식사 중 보미토리움vomitorium(토하는 방이라는 의미 옮긴이)이라고 불리는 특별실에서 토하곤 했다는 신화가 있다. 거짓이다. 하지만 콘비비움 **이전에** 자주 토한 건 사실이다. 이 행동을 위해 마련된 특별한 전용실이라곤 없었지만 말이다.

로마의 콘비비움에 참석한다는 것은 현대의 술꾼들에게는 대단히 불쾌하고 불편한 경험이 될 것이다. 그리스의 심포지엄에는 평등한 사람들이 참석했다. 심포지엄의 주재자는 있었지만, 그저 명목상 제일 높은 사람이었다. 결국 이들은 모두 같은 크라테르에서 나온 술을 마시고 모두 같이 취했다. 이들은 (남성들만 있었지만) 모두 하나였다. 로마의 콘비비움은 그 낱말이 암시하는 만큼 그렇게 유쾌하지 않았다(convivium과 '유쾌한'이라는 의미의 convivial이 같은 어근을 가지고 있다는 데서 착안한 말장난이다 옮긴이). 로마의 콘비비움에서는 누구나 허영에 물들어 뻐기며 잘난 척을 했고, 누가 위에 있고, 누가 아래인지, 끝까지 서열을 매기려 들었다. 이 자리는 재미있으려고 참석하는 자리가 아니었다. 자신이 어느 정도 지위에 속하는지를 파악하고, 나보다 위에 있는 사람들을 찬양하고, 아래에 있는 사람들은 조롱하기 위한 자리였다.

자리 배치, 노예, 와인 품질, 와인 양, 음식, 와인잔, 와인을 버리는 곳 등은 이러한 목적에 따라 치밀하게 준비되었다. 순서대로 하나씩 살펴보기로 하자.

자리 배치

식당에는 커다란 식탁이 하나 있었다. 한쪽은 비어 있는데, 이쪽으로 노예들, 그 끝없는 무리가 번쩍번쩍 빛나는 접시를 날라와 차리고, 다 먹은 접시는 치워야 했기 때문이다. 다른 세 쪽에는 소파가 하나씩 놓여 있다. 하나의 소파마다 세 명이 누워 있었는데, 로마인들은 술을 누운 채 마시길 좋아했기 때문이다. 노예의 시각에서 보자면, 왼쪽 소파에는 호스트와 가족이 누워 있는데, 호스트는 노예로부터 가장 먼 쪽에 누워 있는 사람이다. 가운데 소파는 중요한 손님용인데, 그중에서도 특별한 손님은 왼쪽에 앉아서 호스트와 같은 코너에 있다. 최고의 음식과 최고의 와인은 이쪽 코너에만 서빙해야 한다.

오른쪽 소파는 별 볼 일 없는 손님용이다. 노예와 가장 가까운 쪽이 그중에서도 가장 별 볼 일 없는 손님이다. 그러니 호스트와 그의 친구 정반대편 코너에는 누가 보더라도 별 볼 일 없는 손님을 위해 별 볼 일 없는 음식과 별 볼 일 없는 와인을 가져다주면 된다.

자, 당신이 그 연회에 참석했다고 하자. 당신은 환대받지도 못하고, 특별한 손님도 아닐 것이다. 호스트는 당신에게 털끝만큼도 관심을 보이지 않겠지만, 당신은 그에게 감사를 표해야만 한다. 이러한 행동이 콘비비움에서 가장 중요하다. 심지어 콘비비움에서 가장 낮은 자리에 앉혀 모든 사람에게 무시당하고 수치심을 느끼라고 일부러 초대하는 손님들이 있었다는 이야기까지 있다.

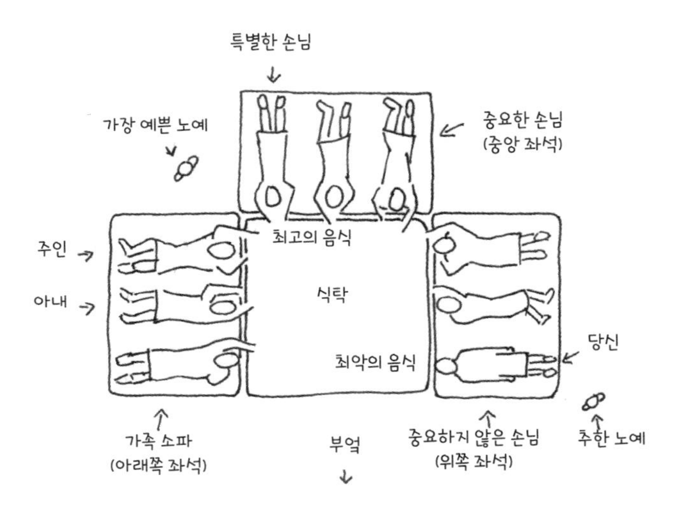

노예

집 전체는 기어다니는 노예들로 그득하다. 노예들은 기어다녀야 한다. 그러지 않으면 채찍을 맞았다. 호스트는 권력을 과시할 목적으로 손님들 앞에서도 노예를 채찍질했다. 콘비비움에 대한 가장 길고 명쾌한 설명은 페트로니우스Petronius가 쓴 『사티리콘』에 남아 있다. 이 풍자적 운문에서 지독하게 돈이 많고, 허영은 끝이 없고, 천박한 연회 주최자인 트리말키오Trimalchio는 끊임없이 노예들을 때리겠다고 위협한다.♠ 그중 절반 정도는 농담이지만, 나머지 반은 극도로 진지하다. 심지어 연회가 시작되기 전에도 한 노예는 사소한 잘못을 저질렀다는 이유로 눈물을 흘리며 자비를 구걸하고 있다. 그 후 용서를 받은 이 노예는 비굴하다 싶을 정도로 감사하며 이들에게 최고의 와인을 내놓겠다고 약속한다. 왜냐하면, 이 말이 희한하게 들릴 수 있다는 사실도 알고 있지만, 노예들에게는 어느 정도 권력이 있었기 때문이다. 값비싼 노예는 가난한 손님을 눈 아래로 얕볼 정도였다.

로마인과 노예와의 관계는 지금 우리로서는 믿을 수 없을 정도로 기괴한 면이 있었다. 우월 의식도 있었고, 협상도 있었고, 사랑도 있었다. 혹은 최소한 섹스는 있었다. 그리고 섹스는 종종 사랑 비슷한 것으로 변하기도 했다. 그러는 게 의도가 아니었다 해도 그랬다. 주인 개인이 노예를 속박에서 풀어주는 경우도 흔히 볼 수 있었는데, 이는 똑똑한 친구는 소유물로 두기보다는 사업상 파트너로 삼는 게 더 낫다는 이유에서였다. 이미 말했듯이, 희한한 일이다. 하지만 당시는 모든 사람이 자기한테 이득이 되는 한, 노예제도를 기꺼이 받아들이는 세상이었다. (기독교인들만은 예외였다. 이들은 정말 별난 존재들이었다.)

♠ F. 스콧 피츠제럴드F. Scott Fitzgerald는 『위대한 개츠비』의 제목을 '웨스트 에그의 트리말키오Trimalchio in West Egg'(웨스트 에그란 소설에 나오는 가상의 지역으로, 오래된 귀족이나 부유층이 사는 이스트 에그와 반대로 개츠비 같은 신흥 부유층이나 벼락부자가 사는 곳을 가리킨다 옮긴이)라고 지을까 고려했었다고 한다.

하지만 콘비비움에서만큼은 모든 손님에게 노예를 따로 할당했다. 노예들은 단 한 명에게만 술을 따르고 다른 누구의 음식 시중도 들지 않았다. 따라서 그날 저녁 자신에게 할당된 노예가 얼마나 괜찮은가는 중요한 문제였다. 로마인들은 노예를 외모로 평가했다. 가장 아름다운, 가능하면 중동 출신 소년이 주인을 담당했다. 손님의 중요도가 감소함에 따라 그에게 시중을 드는 노예의 외모도 점점 추해졌다. 중요하지 않은 손님에게는 추한 노예가 배정되었다. 당신이 세 번째 소파의 세 번째 자리(제일 낮은 자리. 그림에서 '당신'이 앉은 자리를 가리킨다 옮긴이)에 앉아 있다면, 유베날리스는 당신의 술을 "가이툴리아Gaetulia(로마시대 북아프리카 지역 옮긴이) 출신 시종이나, 한밤중에 라틴 언덕길Latin Way(로마에서 북아프리카를 연결하는 도로 옮긴이)의 기념물을 지나가며 결코 만나고 싶지 않은, 검은 피부를 지닌 무어인의 앙상한 뼈가 다 드러난 손이 따를 것이다"라고 말한다.

와인의 품질

로마인들은 와인이라면 지겨울 정도로 길게 이야기를 이어가는 사람들의 시조뻘이다. 그들은 자기들이 마시는 와인이 정확히 어디에서 생산되었는지, 어떤 경사면에서, 어떤 품종으로, 그리고 가장 중요한 것으로 어느 해에 생산되었는지, 끝도 없이 이야기를 이어 나갔다. 로마인들은 특히 오래된 와인을 높이 평가했다. 최고의 와인은 100년 된 와인이었다. 누가 검증했느냐는 중요하지 않았고, 특정 품종이 실제로 오래될수록 맛이 나아지느냐도 중요하지 않았다. 콘비비움은 어차피 재미를 위한 모임이 아니라 허영과 과시를 위한 모임이었기 때문이다. 와인의 빈티지는 (해마다 바뀌는) 당시 권력을 갖고 있던 집정관의 이름과 함께 도장 찍혔지만, 오래된 와인의 도장 대부분은 아마도 가짜였을 것이다. 마지막으로 로마인들은 식당 구석에 있는 사모바르samovar(러시아 등지에서 차를 끓일 때 쓰는 커다란 주전자 옮긴이) 같은 도구를 이용해서 와인에 뜨거운 물을 섞었다. 따라서 사실 프로방스 지방의 발효 향같이 미묘한 향을 정확하게 감지하기란 상당히 어려웠을 것이다.

물론 이 역시 중요하지 않았다. 콘비비움에서 가장 중요한 것은 지위였으니 말이다. 당신이 세 번째 소파의 세 번째 손님이라면, 주인이 꿀꺽꿀꺽 넘기는 와인은 홀짝거릴 기회조차 없다. 그냥 그 와인이 주인 목으로 꼴깍꼴깍 넘어가는 소리나 듣고 있어야 한다. 그런데도 **그가** 마시는 술의 빈티지와 출처에 관한 길고 긴 강연은 들어야만 한다. 그러곤 아무런 거리낌이나 미안함도 없이 당신에게는 이류 싸구려 와인이 제공된다. 그래도 거기에 감사하는 인사를 잊어서는 안 된다.

와인잔

연회를 개최하는 주인은 금으로 만든 잔으로 와인을 마셨다. 유리잔으로 마실 수도 있다. 로마의 유리 산업은 급속도로 발전했고, 아직 귀금속에 미치지는 못했지만, 그에 어느 정도 필적할 정도는 되었다. 그렇다고 하더라도 호스트가 꼭대기에 있고, 당신이 아래에 있다는 사실은 변함이 없다(저자는 보이지 않는 신분 차별을 나타내는 유리천장의 비유를 사용하고 있다 옮긴이). 유베날리스는 말한다. 호스트는 금잔을 가지고 있지만, "당신 같은 사람에게는 금을 맡기지 않는다. 혹시 맡겼다고 해도 보석 개수를 세고 당신의 날카로운 손톱을 지켜볼 경비원을 세운다." 그러니 당신은 '손잡이 네 개 달린 깨진 잔'을 받게 될 가능성이 크다.

하지만 당신이 받은 잔의 요점은 '얼마나 던지기 좋은 술잔인가'다. 콘비비움은 밤늦게까지 계속되었는데, 로마인들은 아직 군인다운 사고방식을 완전히 버리지 않은 상태였다. 이들은 술에 취하면 화를 내기 시작했고, 화가 나면 마음에 들지 않는 사람을 향해 술잔을 던지기 시작했다. 키케로Cicero(로마의 정치가, 웅변가 옮긴이)의 아들은 (명예와 관련된 복잡한 문제로 인해) 아그리파Agrippa(로마의 장군, 정치가 옮긴이)를 향해 잔을 던졌다. 트리말키오의 아내는 남편에게 잔을 던졌다. (노예 소년에게 키스하고 있었기 때문이다.)

이 마지막 구절을 보면 당시 관념상 심포지엄에 비해 콘비비움이 가진 상대적인 장점을 알 수 있다. 콘비비움에는 여성 참여가

허용되었다는 점이다. 위대하면서도 중차대한 평등의 시간이었다. 세네카Seneca는 "여성들도 늦게까지 참석해, 마음껏 술을 마셨다. 이들은 남성들과 레슬링을 하며 누가 술이 더 센가를 놓고 내기에 도전했다. 이들도 남성들과 마찬가지로 배가 터질 정도로 먹고 마셔서 토해야만 했고, 실제로 마셨던 와인을 모두 다 토해냈다. 게다가 이렇게 해서 뜨거워진 소화 기관을 식히기 위해 얼음을 갉아 먹는 데서도 남성에 뒤지지 않았다"라고 썼다. 콘비비움은 시작할 때와 마찬가지로 구토로 끝났다.

사실, 로마 콘비비움에서 추천할 것이라곤 아무것도 없다. 부자들은 천박하고, 쩨쩨하게 권력을 과시하고, 가난한 사람들은 자신의 기생 상태를 확인하는 행사에 지나지 않았다. 거의 모든 로마 작가가 이에 대해 모욕의 술잔을 던지고 있으니, 대체 누가 왜 이 행사에 참여했는지 궁금할 지경이다.

콘비비움을 칭찬하는 글은 단 한 편이 남아 있다. 그 시를 지은 사람은 시인 호라티우스Horace였고, 그는 호스트였다. 공정하게 평가하자면 그의 콘비비움은 실제로도 괜찮아 보인다. 시작 부분에서 **채식** 요리만 약간 낼 것이라고 암시한 게 걸리긴 한다. 그리고 그는 (모든 로마인이 그랬듯이) 제공할 특정 와인에 대해 말하고, 그가 여는 소규모 콘비비움을 제법 유쾌한 행사처럼 묘사한다. 콘비비움 초대장에는 로마시대에 찾아보기 힘든 권주가가 담겨 있다.

만취는 기적을 만들고
비밀을 드러내며, 희망을 성취하고,
겁쟁이들에겐 용기를 주며,
걱정 따윈 물리친다.
술을 넘치게 따르면 시도 넘치고,
가난한 사람과 신분이 낮은 자들을 자유롭게 한다.

그다음에 호라티우스는 냅킨이 모두 깨끗하리라고 약속한다(콘비비움의 세세한 부분까지 관심을 두었다는 의미다 옮긴이). 그러곤 다음 날이 공휴일이니 푹 쉴 수 있다고 말한다. 콘비비움은 자정 이후에나 끝났고, 손님들은 가로등 하나 없는 로마 거리를 걸어서 집으로 돌아갔다. 그리고 다음 날 아침, 음주의 최종 단계가 기다리고 있었다. 바로 숙취다. 대플리니우스는 이렇게 멋진 설명을 했다.

주정꾼은 떠오르는 해를 보지 못한다. 그들의 삶은 그만큼 더 짧아진다. 와인을 마시고 나면 얼굴은 창백해지고, 눈꺼풀은 축 처지고, 눈은 붉게 충혈되고, 손은 떨려서 넘치는 잔을 제대로 잡지 못하며, 쉬지도 못하는 밤에는 푸리에스Furies(복수의 여신 옮긴이)가 수면의 형태로 가하는 온당한 처벌, 음주에 대한 최고의 보상이라 할 수 있는 음란하고 금지된 쾌락의 꿈을 꾼다. 그리고 다음 날에는 숨을 쉴 때마다 와인 냄새를 풍기며 기억력을 상실해, 일어났던 모든 일을 거의 다 잊는다. 이 또한 이들이 '삶의 지금, 이 순간, 현재를 즐긴다!'라고 부르는 것이다. 다른 사람들은 이미 지나간 날을 잃지만, 주정꾼들은 다가올 날을 잃는다.

제3부

중세

아홉째 잔
암흑시대의 수도사와 건배

흥미롭게도 로마의 와인은 로마제국보다 더 넓은 땅을 정복했다. 로마 군대는 게르만 국경을 넘어 토이토부르크 숲Teutoburg Forest까지 진군해서는 철저하게 학살당하고, 다시 돌아가지도 못했다. 하지만 게르만 국경을 넘어 토이토부르크 숲에 도달한 로마 와인은 목마른 원주민들을 만났고, 이들은 이 와인을 마음껏 마시고도 모자라 못내 아쉬워했다고 한다.

이들은 술에 목마른 집단이었다. 원주민 말이다. 혹시 낮은 차원의 기술로 1년 내내 옥토버페스트Oktoberfest(뮌헨에서 매년 열리는 세계 최대 규모의 맥주 축제로, 1810년 10월 12일 처음 열렸으며, 이후 매년 10월 초 2주 동안 개최되고 있다 옮긴이)를 즐기는 게르만인 무리를 상상할 수 있다면, 대체로 올바르게 짚은 셈이다.

낮밤을 가리지 않고 계속 술을 마시며 보내는 것은 누구에게도 창피한 일이 아니다. 늘 그렇듯이 술에 취하면 싸움을 했는데, 이 싸움은 그저 욕설로 끝나지 않고 보통은 부상과 유혈 사태를 낳았다.

로마 역사가 타키투스Tacitus의 기록이다. 그는 또 게르만인은 솔직한 상태에서 정치적 결정을 해야 한다는 이유로, 결정 이전에 모두가 완전히 술에 취했다고 전한다.

하지만 이들은 대체로 연회에서 적들과의 화친, 정략결혼을 통한 동맹, 지도자의 선택, 마지막으로 심지어 평화와 전쟁에 대해 상의한다. 왜냐하면 이들은 술에 취했을 때야 비로소 목적을 가장 단순하게 보고, 고귀한 이상으로 마음이 가장 뜨거워진다고 생각하기 때문이다. 이들은 선천적으로나 후천적으로 교활함이라고는 전혀 찾아볼 수 없는 민족으로, 자유로운 연회에서 자기 생각을 숨김없이 드러낸다. 따라서 모든 사람의 감정이 밝혀지고 훤히 드러난 후, 토론은 그다음 날 재개된다. 모임마다 고유한 장점이 나온다. 이들은 술에 취해 가식을 떨 수 없을 때 심사숙고하며, 그렇기 때문에 오류나 거짓을 저지를 수 없을 때 결정을 내린다.

정말 현대 정치에 도입하면 좋겠다 싶은 정책이다. 그렇다면 텔레비전 인터뷰도 훨씬 재미있을 것이다. 이는 또 '술에 진실이 있다 in vino veritas'(취하면 본성이 드러난다는 의미 옮긴이)라는 원칙을 가장 넓게 확장한 사례다. 알코올이 진실을 말하게 해준다면, 그리고 정치가 거짓과 거짓말쟁이로 가득하다면, 정치에 참여하는 모든 사람에게 모든 진실의 어머니라 할 수 있는 술을 진탕 먹여야 하지 않을까? 어느 정도는 논리적이다. 중국인들과 인도인들이 통치자는 아무리 술을 마셔도 **절대** 취하지 않아야 한다고 믿었던 것만큼 논리적이다. 오늘날 우리가 이러한 태도를 받아들인다면 훨씬 더 많은 전쟁을 겪게 될 것은 확실하지만, 적어도 전쟁의 이유 정도는 제대로 알고 있을 것이다.

타키투스에 따르면 게르만인들은 스스로 맥주를 만들었지만 로마의 와인을 수입해 마시기도 했다. 이들은 황금으로 만든 로마 술잔을 사용해 로마의 와인을 마셨다. 우리가 이 사실을 알고 있는 것은 이 야만적인 왕들이 자신이 소유했던 가장 비싼 음주 도구와 함께 묻히고 싶어 했기 때문이다. 그래야 이 잔들을 옆에다 두고 살아생전 숭배했던 이런저런 이름도 모를 신들과 흥청망청 술을 마시며 영생을 누릴 수 있다고 생각했다. 물론 바보 같은 생각이었다. 현대 고고학자들은 다짜고짜 이 물건들을 파내어 주인들과 멀리 떼어놓고 있으니까.

따라서 로마제국이 쇠퇴하고, 비틀거리며, 무너질 때도 와인 거래는 최대한도를 유지하며 계속되어, 와인을 좋아하는 반달족Vandal族과 맥주를 즐기는 고트족Goth族의 요구를 충족시켰다. 문제는 이 민족들이 워낙 야만인들이다 보니, 자신들의 음주문화에 대한 그 어떤 글도 남겨놓지 않았다는 점이다. 약간의 빛이 보이는 순간, 그 빛은 곧 사라져버린다. 그래서 이 시대를 암흑시대Dark Age 라고 부른다.

약간의 작은 빛을 전해주는 사람으로 프리스쿠스Priscus라는 그리스인이 있다. 그는 448년에 훈족의 아틸라Attila the Hun(434년부터 453년까지 훈족을 통치한 마지막 왕으로, 로마제국을 위협하고 유럽의 지형을 재편했다 옮긴이)와 함께 저녁을 먹은 이야기를 남겼다. 프리스쿠스는 자신이 아끼던 로마 술잔을 도난당해서 화가 머리끝까지 나 있던 아틸라에게 외교 사절로 보내졌다. 아틸라는 술잔을 다시 찾고 싶어 했을 뿐 아니라 그 술잔의 새 주인, 실바누스Silvanus라는 로마 시민을 만나고 싶어 했다. 물론 죽이기 위해서였다.

프리스쿠스는 상황을 무마하기 위해 떠났다. 역사상 가장 폭력적이고 무시무시한 인간을 달래는 임무를 띠고서 말이다. 한참 동안 기다린 후에, 프리스쿠스는 아틸라의 가장 넓고, 가장 좋아하던 집에서 개최되는 오후 3시 연회에 초대받았다.

넓은 방에 들어가자, 벽 주변으로 식탁이 죽 늘어서 있었다. 아틸라의 식탁은 한가운데 있었고, 바로 뒤 높은 단상에는 침대가 있었다. 주변엔 가까운 친척들이 있었는데, 그다지 즐거워 보이지는 않았다. 아틸라의 장남은 아버지가 너무나 두려운 나머지 땅만 뚫어지게 쳐다보고 있었다. 다른 손님들은 연공서열에 따라 방 주변에 둘러앉아 있었다. 아틸라의 오른쪽은 왼쪽과 비교해 지위가 높은 사람들의 차지였다. (로마의 콘비비움에서와 마찬가지였다.) 프리스쿠스의 식탁은 왼쪽에서도 마지막이었다.

모든 사람이 와인잔을 받았다. (관례에 따라) 잔을 한 번 홀짝 마신 후에, 자기 자리에 앉았다. 그러곤 건배가 시작되었다.

> 모두가 정해진 자리에 앉자, 술을 따라주는 시종이 와인이 가득 담긴 담쟁이덩굴 나무로 만든 잔을 아틸라에게 가져왔다. 아틸라는 이를 받아 서열상 자신 바로 아래인 옆 사람에게 건배했다. 이 영예를 받은 사람은 자리에서 일어나야 했고, 아틸라가 와인 상당량을 혹은 전부를 마시고 잔을 시종에게 되돌려주기 전까지는 다시 앉을 수 없었다. 다른 손님들도 각각 잔을 들고 같은 방식으로 아틸라에게 건배를 올렸고, 건배 후에는 와인을 한 모금 정도만 마셨다. 아틸라의 개인 시종이 퇴장하고 나면, 또 다른 시종이 등장하여 엄격히 순서를 지키며 다시 한 바퀴를 돌았다. 두 번째 손님의 차례가 끝나고, 모두가 이런 식으로 한 바퀴씩 돌고 나서, 마지막으로 아틸라가 순서에 입각해 우리를 반기는 건배를 했다.

정말 오랜 시간이 걸렸을 것 같다. 마치 현대의 결혼식처럼, 두렵고, 지겹고, 자리 배치에 대한 불만 등이 합쳐진, 길고도 긴 공식 행사였을 것이다. 결국은 음식이 나오고, 모든 사람은 먹고 마시는 데 빠져, 즐거운 시간을 보냈다. 아틸라만은 예외였다. 아틸라는 절대 웃지 않았다. 그는 공포에 사로잡힌 가족들과 함께 앉아, 손님들이 은쟁반을 깔끔하게 비워내는 것을 지켜보며 나무로 만든 초라한 접시에 담긴 저녁을 먹었다.

다음으로는 희극인들이 등장했다. 정신이 나간 스키타이인과 난쟁이 무어인이다. 모든 사람이 배꼽을 잡고 웃음을 터뜨린다. 아틸라만 예외다. 그는 여전히 심각하고, 야수와 같고, 강건하다. 해는 지고, 횃불이 밝혀졌다. 프리스쿠스는 결국 그날은 아무런 임무도 마치지 못하겠다는 사실을 깨닫는다. "연회에서 밤 대부분을 보낸 후, 우리는 자리를 떠났다. 더 이상 마시고 싶지 않았기 때문이다."

프리스쿠스는 콘스탄티노플로 돌아와 역사책을 썼다. 아틸라는 코피로 죽었다.

수도원의 음주

야만인들은 정말 많은 고통을 주며 유럽을 헤집고 다녔다. 이들은 자신들이 와인을 좋아한다는 사실은 알고 있었다. 하지만 이 술을 어떻게 만들어야 하느냐는 관심 밖이었다. 멀고 먼 스텝 지역에 살던 시절, 이들에겐 쿠미스kumis라는 재미있는 술이 있었다. 말 젖을 발효시켜 만드는 술이었다. 이 술은 이동 중에도 쉽게 만들어졌다. 이들이 잠시 정착했을 때는 곡물로 맥주를 만들 수 있었다. 하지만 와인을 만들기 위해서는 몇 년이고 세심하게 포도밭을 경작해야 한다. 야만인들은 이런 걸 이해할 수 없었다. 그래서 이들은 어느 날 불현듯 나타나, 와인을 모조리 마셔버리고 포도밭을 불지른 다음, 대체 왜 와인이 더 없는지 의아해한다. 기분이 나빠진 이들은 다시 말을 타고 다음 도시로 간다. 그리고 똑같은 과정을 반복한다.

무고한 방관자들에게는 대체로 나쁜 시절이었다. 많은 사람은 이러한 현실을 더는 참지 못했다. 어떤 의미에서 보자면 그 결과가 바로 수도원이었다.

수도원은 도시로부터 멀리 떨어진 작고 고요한 곳이었다. 따라서 그만큼 더 안전했다. 일단 야만인들이 (명목상이나마) 기독교로 개종하면서, 기독교 수도원은 여유 있게 앉아, 느긋하게, 술에 취할 수 있는 (명목상이나마) 가장 안전한 장소가 되었다.

이러한 추세를 이끌었던 사람은 6세기 성 베네딕트St Benedict였다. 그는 몇몇 수도원을 세우고 규범을 만들었다. 엄격한 규범은 아니었다. 베네딕트는 제법 합리적인 사람이었기 때문이다. 예를 들어 40번 규칙은 술을 완전히 금하지 않는다.

> "모든 사람은 나름 신의 축복을 받고 태어난다. 어떤 사람은 이런 방식으로, 다른 사람은 저런 방식으로." 따라서 다른 사람이 건강을 유지하도록 우리가 감히 조절하려 드는 것은 상당히 주제넘는 일이다. 하지만, 연약한 형제자매들(신앙이 약한 사람 옮긴이)의 욕구를 감안하여 하루에 와인 한 헤미나hemina 정도가 충분하다고 믿는다. 하지만 하느님이 절주할 힘을 주신 이들이라면 이들은 이로 인해 특별한 보상을 받게 되리라는 것도 알아야 한다.

와인 한 헤미나는 현대로 치면 와인 반병 정도다. 간에 기별도 안 갈 정도다. 여러분이 무슨 생각을 하고 있는지 안다. 그 정도로는 충분치 않다. 너무 무더운 날이라면 어떻게 할 것인가? 특히 목이 마르면 어떻게 할 것인가? 어떤 멍청한 짓, 예를 들어 운동이라도 해서 한잔 적실 필요가 있다면 어떻게 할 것인가? 성 베네딕트는 무슨 괴물이었단 말인가?

그렇지 않았다. 성 베네딕트는 선량하고 사려 깊은 사람이어서, 이 모든 걸 염두에 두고 있었다. 그러니 40번 규칙을 더 들어보자.

> 장소나 노동 상황, 혹은 여름의 열기로 더 많은 양이 필요하다면, 수도원장이 판단해야 한다. 하지만 어떤 상황에서도 술이 지나치거나 곤드레만드레한 사람이 있어서는 안 된다.

사람들은 베네딕트 수도원에 들어갈 것인가, 아니면 집에 있다가 지나치는 서고트족에 의해 강간당하고 약탈당할 것인가 사이에서 선택해야 했다. 수도원이 번성했던 것도 놀랍지 않다. 그렇다고 해서 베네딕트가 수도승에겐 와인이 필수적이라거나, 와인이 대단히 존중할 만한 물건이라고 생각했던 것은 아니다. 규칙을 계속 보자.

> 우리가 읽은 바에 따르면 사실 와인은 수도승들을 위한 음료가

> 아니다. 하지만 우리 시대의 수도승들은 이를 믿으려 들지 않으므로, 포만감을 느끼지 않는 수준에서 조금씩 마시는 것으로 최소한의 합의를 하도록 하자. 어쨌든 '와인은 아무리 현자라도 쓰러뜨린다'라고 하니까.

와인을 정확히 얼마나 나눠 주어야 하는지에 관해 분명하게 명시한 규칙은 없다. 어쨌든 만취를 금지하기는 했지만 와인을 마실 수는 있었다. 만취 금지 규칙은 엄격했다. 일어나서 찬송가를 부를 수 없으면 만취한 것으로 보고 처벌을 가했다. 가장 심한 처벌로는 60일간의 금식이 있었다. 하지만 이는 성체를 토할 정도로 취한 경우에만 적용되었다. 베네딕트는 와인이 없으면 아무런 문제도 없으리라는 사실을 너무나 잘 알고 있었다. 따라서 규칙 40조는 다음과 같이 끝난다.

> 앞서 정한 규칙을 아예 적용할 수 없거나 부분적으로만 적용할 수 있을 정도로 와인이 모자라거나 아예 없는 곳의 경우, 거기 거주하는 사람들은 신을 숭배할 것이며 불평을 하지 말라. 무엇보다 충고하나니, 불평이 없도록 하라.

그렇지만 불평이 없을 수는 없었다. 암흑시대의 수도사, 실제로는 암흑시대의 사람들 모두는 술이 필요했다. 술은 물의 대안이었기 때문이다. 물을 마실 수 있으려면 관리가 잘된 우물이 필요하고, 수도관이 있으면 더 좋다. 그러기 위해서는 효과적인 조직과 정부가 필요하다. 암흑시대와는 아무런 관련이 없는 것으로 잘 알려진 것들이다. 이러한 조직과 정부가 없는 상태에서 최선의 수원水源은 가장 가까운 시내인데, 굳이 높은 산에 살지 않는 우리로서도 쉽게 이용할 수 있다는 생각은 들지 않는다.

가장 가까운 시내에서 길어온 물은 한 번도 맑은 적이 없었다. 물속에 벌레나 거머리 같은 것들이 스멀스멀 움직이고 있었다. 어느 앵글로·색슨 사람이 쓴 책에는 이 끔찍한 것들을 삼켰을 때 대처법이 담겨 있다. 간단하게 말해, 당장 뜨거운 양 피를 마셔야 한다. 이를 통해 알 수 있는 것은 두 가지다. ① 물은 역겹다. ② 그런데도 사람들은 때로 물을 마셨다. 때로는 어쩔 수 없는 때가 있기 마련이다. 목말라죽겠는데 마실 것이라곤 아무것도 없는 상황 말이다. 앵글로·색슨인들의 일반적인 태도는 앨프릭 수도원장Abbot Aelfric(중세 영어에서 중요한 작가 옮긴이)이 했다는 금언에 잘 요약되어 있다. "맥주가 있으면 맥주를 마셔라. 맥주가 없으면 물을 마셔라."

앨프릭은 와인이 영국의 보통 수사가 마시기에는 너무 비싸다며 정말 애석해했다. 일반적으로 1갤런gallon(약 4.5리터. 영국 저자이므로 영국 갤런 단위를 리터로 환산했다 옮긴이)이 하루에 할당된 양이었다. (연회가 있을 때는 더 많은 양을 제공했다.) 잉글랜드 수도사들은 이탈리아 수도사들과 비슷하게 만취 상태였다. 린디스판Lindisfarne 수도원이 793년에 약탈당했을 때 앨퀸Alcuin이라는 수도사는 살아남은 수도사들에게 편지를 썼는데, 일종의 반성문 같은 이 편지에서 그는 이 약탈을 가리켜

'술에 취해 어버버하며 기도했던' 자신들의 탓이라고 말했다. 그저 예의를 차린 발언일 수도 있지만, 사실이었을 가능성이 더 크다.

뭐랄까, 앵글로·색슨 시대의 잉글랜드는 오로지 술 때문에 존재할 수 있었다. 전해오는 이야기에 따르면 5세기 켄트의 영주로 보르티게른Vortigern이라는 사람이 있었다. 그는 픽트족Picts族(스코틀랜드에 거주하던 부족 옮긴이)의 공격을 받자, 헹기스트Hengist와 호르사Horsa라는 두 색슨족에게 자신을 도와 픽트족을 무찔러달라고 요청했다(이들이 사실 색슨족인지 주트족인지는 확실치 않다 옮긴이). 헹기스트는 대단한 미모를 자랑하던 딸을 데리고 왔다. 그러곤 연회에 함께 참석했다.

> (보르티게른이) 주최하는 연회에서 한참 즐거운 시간을 보내고 난 후, 처녀는 와인이 가득 찬 금잔을 들고 왕에게 나아가 무릎을 꿇고 말했다. "주군 왕, 건강을 빕니다!" 왕은 처녀의 얼굴을 보고 그 아름다움에 소스라치게 놀랐고, 기쁨에 마음이 타오르기 시작했다. 그런 다음 왕은 통역에게 처녀가 무슨 말을 했는지 물었고, 통역은 대답했다. "그녀는 당신을 '주군 왕'이라고 불렀고, 당신의 건강을 빌었습니다. 주군께서 그녀에게 해야 할 대답은 '건배'입니다." 이에 보르티게른은 대답했다. "건배!" 그리고 처녀에게 마시라고 명령했다. 그러고는 그녀의 손에서 잔을 받은 다음, 그녀에게 입 맞추고, 마셨다. 그날부터 지금까지 영국에서는 연회에서 술을 마시는 사람은 다른 사람에게 "건강을 빕니다Wacht heil!"라고 말하고, 술을 받는 사람은 "건배Drinc heil!"라고 대답하는 관습이 지속되고 있다.

보르티게른은 헹기스트에게 딸과 결혼시켜달라고 청했고, 헹기스트는 응낙했다. 다만 그 조건으로 켄트를 가져야겠다고 말했다. 보르티게른은 공정한 거래라고 생각했고, 따라서 헹기스트는 여자 바텐더를 하나 잃은 대신에 왕국을 얻었다.

이 이야기는 그로부터 600년 후 몬머스의 제프리Geoffrey of Monmouth(12세기 초 영국의 수도사이자 연대기 작가로, 아서왕을 비롯해 영국 왕의 연대기를 썼다 옮긴이)가 만들어낸 하나의 전설에 불과할 수도 있다. 하지만 이 이야기는 적어도 우리에게 제프리 시대에 이미 모든 잉글랜드인은 술을 받으며 '건배'라고 말했다는 사실을 들려주고 있다("Drinc heil!"은 직역하자면 "마시고 건강하라!" 정도다. heil이란 낱말이 "하일 히틀러!"라고 하는 나치식 경례에 들어가는 표현으로 나치즘을 연상시키기 때문에 현대에서는 "Cheers!"가 더 많이 사용된다 옮긴이).

어쨌든 술에 취해 넓은 땅을 순순히 넘겨준 보르티게른을 보면, 타키투스가 북유럽의 무지몽매한 사람들에 대해 묘사했던 다음의 말도 사실일 것이다. "이들의 술에 대한 사랑을 다 받아주어, 그들이 원하는 만큼 술을 계속 제공한다면 이들은 적들의 무기에 굴복하는 만큼이나 쉽사리 자신들의 사악함에 정복당할 것이다."

헹기스트와 보르티게른 사이의 거래는 다른 결과도 낳았다. 헹기스트는 이제 영국에 기반을 마련했다. 그래서 그는 덴마크에 있는 친구들과 부족민들에게 바다를 건너오라는 메시지를 보냈다. 그러자 이들은 무리를 지어 몰려왔다. 주트족, 색슨족, 그리고 무엇보다도 앵글족이 왔다. 앵글족이 중요한 것은 그 한 잔의 술로 인해 헹기스트에게 기반이 생긴 이 새로운 나라가 얼마 지나지 않아,

앵글족의 나라Angle-Land, 다시 말해 잉글랜드England라고 불리기 시작했기 때문이다.

열째 잔

코란과 술이 흐르는 강

이슬람교의 경전 코란에 따르면, 낙원의 모든 강에는 와인이 흐른다고 한다. 47장 15절의 구체적 서술을 보라.

> 의로운 자들에게 약속된 천국을 비유하사, 그곳에 강물이 있으되 변하지 아니하고, 우유가 흐르는 강이 있으되 맛이 변하지 아니하며, 술이 흐르는 강이 있으니 마시는 이들에게 기쁨을 주며, 꿀이 흐르는 강이 있으되 순수하고 깨끗하더라. 그곳에는 온갖 과일이 있으며 주님의 자비가 있노라. 이렇게 사는 자들이 지옥에 살며 끓는 물을 마셔 내장이 산산조각 나는 자들과 같을 수 있느뇨.

따라서 구원을 얻은 자들은 와인을 마시고, 지옥에 버려진 자들은 물을 마셔야 했다. 그리고 혹시라도 와인이 흐르는 강으로도 충분치 않을까 봐, 코란의 83장은 선한 무슬림이라면 봉인된 유리병에 들어 있는 와인도 받으리라 약속했다. 그리고 그 와인은 너무도 품질이 뛰어나 심지어 찌꺼기마저 사향 향이 난다고 했다.

여기까지 읽으면 선한 무슬림은 선한 기독교인보다 더 많은 술을 마시게 되리라는 다소 특이한 결론에 이르게 된다. 선한 기독교인은 기껏해야 살아생전 와인을 마시지만, 선한 무슬림은 영원히 마시기 때문이다. 하지만 코란은 이승에서의 음주에는 그리 관심을 두지 않는다. 이러한 입장은 사실 시간이 지나며 조금씩 바뀌는데, 학자들과 전통은 (적어도 이 문제에 대해서는) 와인과 관련된 계율이 시간이 흐를수록 좀 더 엄격해졌다는 데 동의하고 있는 듯하다. 초기라고 할 수 있는 코란 16장 67절에는 하느님이 주신 좋은 물건 중 하나로 등장한다. "과일 중에는 종려나무 열매와 포도나무가 있어 그로부터 마실 것과 일용할 양식을 얻나니."

코란은 음주에 대해 꾸짖을 때도 대단히 부드럽게 책망한다. 술을 마시고 기도하지 말라는 충분히 납득할 수 있는 명령이 있는데, 이 명령은 술이 깨는 데 상당한 시간이 걸린다고 가정하고 있기에 가능한 명령이기도 하다. 그리고 음주와 도박에 관련된 구절도 있는데, '그 두 가지에는 큰 죄악이 있고 인간에게 **어느 정도** 유용한 것도 있지만, 그 죄악은 효용보다 더 크다'라는 내용이다. 다시 한번, 이는 누구나 이해할 수 있는 건강한 충고로 보인다.

그러나, 이내, 전하는 이야기에 따르자면, 음주의 직접적인 결과로 무하마드의 추종자들 사이에서 싸움이 일어나자(한 친구가 다른 친구에게 양의 뼈를 던졌다), 무하마드는 다시 한번 신에게 묻고, 다음과 같은 말씀을 가져왔다.

> 믿는 자들이여! 술과 도박과 우상숭배와 점술은 사탄이 행하는 불결한 짓이거늘. 그것들을 피하라. 그리하면 너희가 번성하리라.

무슬림 대부분은 이 구절을 결정적인 말로 받아들인다. 음주는 사탄이 만든 더러운 짓거리다. 따라서 구제 불가능하고 바뀔 수 없는 악행이다.

코란 다음에는 하디스Hadith가 나온다. 하디스는 무함마드 사후 100년 정도 후에 등장한, 그의 말씀을 수집한 기록이다. 하디스는 와인을 극도로 반대한다. 심지어 의학적인 용도나 식초 제조에서마저 금지한다. 술을 마실 경우, 80회의 채찍질이라는 고전적인 처벌이 나오는 것도 이 책이다. 그 외에도 여러 술을 금지하는 조항이 있다 보니 사람들은 이미 술에 대한 처벌을 피하기 위한 방법을 찾고 있었던 게 아닌가 하는 생각을 하게 된다.♦

♦ "알라신은 카므르Khamr(알코올이나 와인 등의 술), 그것을 마시는 자, 다른 사람에게 따르는 자, 파는 자, 사는 자, 만드는 자, 만들라고 한 자, 운반하는 자, 운반하는 것을 받는 자, 그리고 그것을 판매하여 번 돈을 쓰는 자에게 저주를 내린다." -『수난 아부 다우드 Sunan Abu Dawud』(일종의 하디스 모음집 중 하나 옮긴이)

그러나 하디스는 와인이란 사악한 동시에 천상의 아름다움을 상징한다는 묘한 견해를 아직 유지하고 있다. 하디스에서는 이런 말을 찾을 수 있다. "이 세상에서 뉘우침 없이 포도주를 마시는 자는, 다른 세상에 가서는 포도주를 마시지 못하리라."

우리가 궁금한 것은 이 모든 말씀이 어떤 정도까지 **효과**가 있었을까 하는 점이다. 기독교 성경은 모두를 사랑하고 용서하라고 노골적으로 말했지만, 괄목할 만한 효과가 거의 없지 않았는가. 신약성경을 보라. 예수가 간통으로 사형을 선고받은 여인의 처형을 신랄하게 비판하며 반대하는 대목이 있다. 그런데 잉글랜드에서는 1650년까지도 간통으로 교수형을 언도받는 여성이 있었다. 청교도가 간통에 대한 새로운 법을 도입했기 때문이다. 성경 말씀을 징글징글하게 안 듣지 않았는가 말이다.

8세기 바그다드

그러니 이런 금지가 현실에서 효과가 있었을까? 처음에는 효과가 대단치 않았던 모양이다. 우선 아라비아반도에는 와인이 그다지 많지 않았다. 그곳의 수도원에서 이용할 목적으로 와인이 수입되었다는 언급은 그 전부터 조금씩 찾아볼 수 있었다. 하지만 사막의 유목민들은 와인을 그다지 마시지 않았다. 그러다가 7세기 들어 이슬람(참고로 이슬람은 보통 종교, 무슬림은 이슬람을 믿는 사람을 가리킨다 옮긴이)은 메소포타미아와 레반트Levant(지중해 동부 지역을 포함하는 넓은 땅 옮긴이)까지 퍼져갔는데, 이 두 지역은 전 세계에서 가장 오래전부터 와인을 만들던 곳으로 이름난 지역이었다. 이 두 곳 상황은 약간 바뀌기 시작했겠지만, 눈에 띌 정도까지는 아니었다.

초기 이슬람은 다소 관대한 종교였다. 유대인과 기독교도들에게는 확실히 관대했다. 칼을 들이대고 개종을 강요하는 일은 아주 드물었다. 아닌 게 아니라 초기의 개종 전략은 무슬림에게는 세금상 혜택을 주는 정도였고, 다른 종교를 믿는 사람들에게도 몽땅 자유는 보장해주는 것이었다. 다시 말해서 여러분이 8세기 바그다드로 순간 이동했다고 해도, 와인은 쉽사리 구할 수 있었다. 다만 유대인 구역, 혹은 아르메니아인 구역, 혹은 그리스 구역에 가야 했다. 당시 바그다드에는 따지기 좋아하는 깐깐한 수학자라도 당황할 정도로 많은 민족의 많은 구역이 복잡하게 공존하고 있었다.

아부 누와스Abu Nuwas는 이러한 구역들을 여러 번 다녀본 것으로 이름난 친구였다. 아부 누와스는 일반적으로 가장 위대한 아랍 시인으로 손꼽히는데, 특히 그의 전공은 권주가khamriyyat였다. 권주가는 아랍의 시 중에서도 유명한 장르다. 이 시들을 보면 당시 금주법이 어느 정도까지 효과가 있었는지 짐작해볼 수 있다. 아부 누와스의 권주가는 800년경 바그다드에서 사람들이 저녁 술(혹은 새벽부터 저녁까지의 술)을 어떻게 마셨는지 묘사하고 있다.

누와스의 시가 훌륭한 건 그의 시 대부분이 같은 패턴을 따르고 있기 때문이다. 일단은 궁전 성벽 아래 '어두운 골목길을 서로 앞서가려 질주하며' 관련 구역으로 여행을 시작한다. 선술집에 도착하면 문을 세게 두드리며 소리쳐야 한다. 주인은 보통 자고 있지만, 돈을 펑펑 쓰는 아랍 일행이 나타나면 특별히 문을 열어주었던 것 같다. 누와스는 술집에서 술집 주인, 시중드는 사람들, 그리고 흥을 돋워주는 사람들 외에 다른 사람들에 대해서는 단 한 번도 언급하지 않는다.

술집 주인은 무엇을 드시겠느냐 묻고, 아부 누와스는 와인을 주문한다. 와인 시장이 크다 보니 주인은 종류(레드냐, 화이트냐, 혹은 스파클링이냐 옮긴이)와 원하는 가격대를 묻는다. 이 질문에 누와스는 언제나 "아무거나!" 그리고 "이 집에서 제일 좋은 것"이라고 대답한다. 하지만 어디 산인지, 몇 년도 산인지, 품종은 무엇인지에 대해서는 까탈스럽다. 그는 특히 팔루자Fallujah(이라크의 중부 도시 옮긴이)산 와인을 좋아한다.

그러면 선술집 주인은 먼지와 곰팡이 가득한 지하 저장고로 내려가, 커다란 봉인된 병에 든 와인을 끙끙거리며 들고 돌아온다. 누와스는 술을 보며 매우 기뻐하고, 이 병을 자신이 정복하게 될 아름다운 여성이라 여기며 상상의 나래를 펼치기 시작한다. 술집 주인이 병에 수도꼭지 같은 걸 끼워 술을 흐르게 만들면, 병은 '마치 처녀처럼' 핏물을 흘린다. 누와스는 이를 보며 정말, 정말 흥분한다. 와인을 아름다운 잔에 채우고, 보통은 거기에 얼음이나 차가운 물을 섞는다. 누와스는 때로 스트레이트로 마시기도 한다. 하지만 정말 특별한 경우에만 그랬다. 그리고 누와스는 정말 특별한 경우에만 이성애자('술에 아무것도 섞지 않은'과 '이성애자' 둘 다를 의미하는 straight를 이용한 말장난이다 옮긴이)였다.

이제 술집에 있는 다른 사람들을 살펴볼 차례다. 술집에는 보통 시중드는 남성과 여성, 가수, 플루트 연주자, 창녀, 노예 등이 있었다. 하지만 이들이 다 따로 있었던 것은 아니어서, 한 사람이 여러 역할을 하기도 했고, 누와스는 이 부분을 특히 좋아했다. 여자는 없어선 안 되는 대상이었지만, 선호 대상은 어린 남자아이였다(성적 만족을 위해서는 어린 남자아이를 더 좋아했다는 의미다 옮긴이). 따라서 누와스는 대부분의 밤을 이 남자아이 웨이터와 항문 성교를 하며 보냈다. 웨이터는 언제나 잘생기고, 늘씬하고, '어린 사슴' 같다고 묘사된다. 누와스는 그 웨이터가 자신과 밤을 보내는 데 동의하는지, 의식이 있는지와 같이 사소한 일에는 관심을 두지 않았다. 남자아이들의 나이에 대해서는 차라리 덮어두는 편이 좋을 것 같다. 누와스가 덮어두었다는 이야기는 아니다. 오히려 그는 아이들의 '초승달 모양의 협곡'이나, 이들을 마치 낙타처럼 타고 다녔다는 이야기를 끝도 없이 주절주절 늘어놓았다.

누와스의 권주가에는 수도원에 관한 흥미로운 내용이 있다. 바그다드 근교에는 기독교 수도원이 제법 많았다. 이 수도원은 은밀한 술집 역할로 상당한 과외 소득을 올렸을 것이고, 그 밖에 다른 역할도 했을 것이다. 누와스와 친구들은 밤새 술을 마실 때면 이런 수도원들을 방문하곤 했다.

교회 종이 새벽을 알리며,
수도승은 기도를 읊조린다.
술 취한 사람은 더 많은 와인을 갈구하고,
비는 공기를 가득 채운다.
(…)

술을 마신다는 건 얼마나 좋은가
수도원 땅에서,
4월은 가장 좋은 달
이런 곳에 둘러싸여 술 마시기에.♦

그러곤 누와스는 성가대 소년을 겁탈한다. 그저 볼썽사나운 일에 불과하다. 하지만 그게 요점이다. 누와스는 보통 사람이라면 공식적으로 하지 않을 일들을 쭉 나열하고, 심술궂게도 자기는 그 일들을 모두 했다고 선언한다. 지난밤에도 했다. 두 번이나. 누와스는 음주가 불법이라는 사실도 알고 있었다. 그가 음주를 그토록 좋아하는 것도 바로 금지된 짓이라는 이유에서다.

어떤 시에서 그는 실제로 코란을 와인잔 옆에 놓고, 하나는 따스한데 다른 하나는 차다고 말한다. 누와스의 목적은 성직자 중에서 근엄한 무리를 기분 나쁘게 만들고, 흥분시키고, 화나게 만드는 것

♦ 짐 콜빌Jim Colville 번역, 『술과 음주의 노래: 아부 누와스의 권주가Poems of Wine and Revelry: The Khamriyyat of Abu Nuwas』, 2005.

이었다. 효과 만점이었다. 그는 감옥에 갇혔고, 덕분에 바그다드 경찰서장은 그의 부유하고 타락한 친구들의 면회를 허가해주면서 뇌물을 받아 한몫 단단히 챙겼다.

하지만 누와스는 그저 잠시 갇혔을 뿐이었다. 그것도 당시 내전이 불리하게 돌아가는 상황에서 칼리프Caliph(이슬람 통치자를 가리키는 칭호 옮긴이)가 성직자들의 지지가 필요했기 때문이었다. 그 순간을 넘기자마자 누와스는 석방되어 칼리프와 함께 술을 마셨다. 칼리프는 누와스의 친구로 전설적인 대주가였다. 지금도 칼리프 제도 부활을 꿈꾸는 사람들(알카에다를 위시한 극단주의 단체뿐 아니라 많은 이슬람 학자들과 정치가들이 지지하고 있다 옮긴이)이 흔히 놓치고 있는 사실이 하나 있는데, 칼리프제국 초기에 대부분의 칼리프는 술독에 빠져 살았다는 점이다.

누와스의 가장 위대한 선구자로, 아마도 권주가라는 형식을 만든 사람도 바그다드의 칼리프였다. 누와스가 태어나기 직전의 알왈리드 2세Al-Walid II다. 누와스만큼 훌륭한 시인은 아니었지만, 추문으로는 결코 꿀리지 않았다. 게다가 그는 왕이었다. 그의 전형적인 시는 다음과 같다.

> 나는 신에게 나의 증인이 되어달라고 요구한다, 독실한 천사들과 선량한 사람들에게도,
> 나는 음악과 노래를 원하며, 와인을 마시며 야시시한 아이들의 뺨을 깨물어주고 싶다.

칼리프가 이런 글을 쓸 정도라면, 법이 느슨했던 환경이었을 것이다. 이런 환경에서는 통치자가 조신들과 함께 흥청망청 술 마시는 장면이 아랍 문학에 흔히 등장했다는 것이 놀라운 일도 아니다. 이렇게 술을 좋아하는 왕은 한둘이 아니었다. 그라나다의 위대한 왕 바디스Badis는 술에 취해 왕궁에만 머물다 보니, 죽었다는 소문에 시달리기도 했다. 또 다른 스페인 왕 압바드 알 무타미드Abbad al-Mutamid는 술에 취해 적의 군대가 도시를 포위하고 있다는 사실을 까맣게 잊고 결국 죽음을 맞이했다(압바드 알 무타미드가 아니라 아브드 알 라만 3세Abd al-Rahman III와 관련된 전설이다. 그리고 아브드 알 라만 3세가 술에 취해 포위 사실을 잊고 죽었다는 이야기는 전설이다. 실제로 그는 술을 마시지 않았다고 한다 옮긴이). 역사는 위대한 술탄 후세인 미르자 바이카라Sultan Husayn Mirza Bayqara에 대해 이렇게 기록하고 있다. "그가 쿠라산Khurasan의 왕이었던 40년 동안, 정오의 기도를 마치고 난 다음 와인을 마시지 않는 날은 단 하루도 없었다." 하지만 그는 아침을 먹을 때는 절대 술을 가까이 하지 않았다고도 기록하고 있다.

바부르

마지막 인용문은 16세기의 무시무시한 군사 지도자 바부르Babur가 했던 말이다. 처음에 타지키스탄의 왕이었던 그는 12세에 아프가니스탄과 인도 북부를 침공해서, 무굴제국을 세웠다. 그는 일기를 썼다.

바부르의 일기는 역사상 가장 기묘한 문서 중 하나다. 개인적이고, 창피 같은 건 안중에도 없이 너무도 솔직해서 요즘 사람들이 쓰는 일기와 크게 다르지 않다. 예쁜 풍경이 좋았다거나, 친구가 찾아왔다거나, 배가 아팠다거나 하는 소소한 이야기로 가득하다. 이 친구를 알고 있다는 느낌, 좋은 친구라는 느낌이 든다. 어떻게 해서 타임머신을 타고 500년 전 카불에 내린다면 이 친구와 잘 지냈으리라는 생각도 한다. 예를 들어 1519년 1월 12일 일기는 이렇게 시작한다. "수요일. 우리는 바자우르 요새Bajaur fort(요르단 산맥 부근의 역사적으로 중요한 요새 옮긴이)까지 말을 타고 갔다. 크와자 칼란의 집에서 와인 파티가 있었다."

다만, 말이 다만이지 이건 사안이 좀 큰데, 그 전날 1월 11일 일기에는 아래의 내용이 적혀 있었기 때문이다.

> 바자우르 요새의 중요한 사안이 해결되어 마음이 편안한 상태에서 우리는 무하람Muharram(이슬람 달력의 첫 번째 달 옮긴이) 9일 화요일에 바자우르 계곡을 따라 2마일 정도 행군했고, 나는 둔덕에 해골로 탑을 세우라고 명령했다.

이 대목에서 보다시피 바부르는 대량 학살을 즐겼고, 적들의 해골로 탑을 세우기도 했다. 오늘날이라면 이 해골 탑을 그를 대표하는 상징이라고 부르거나, 관심을 끌기 위한 장치gimmick라고 부를 수도 있다. 하지만 바부르에게 대놓고 이런 이야기는 못 할 것 같다. 그가 친구가 되었을 수도 있는데 인연이 닿지 않아 되지 못한 인간인지, 괴물인지, 아니면 둘 다인지 알 수 없기 때문이다.

바부르는 20대가 될 때까지 술을 마시지 않았다. 그저 관심이 없었다고 한다. 하지만 일단 술을 마시기 시작하자 대단한 관심이 생겼다고 한다. 그는 이런 이야기를 싹 다 일기에 적었다. (대량 학살과 해골 탑, 그리고 가끔은 살아 있는 적의 피부를 벗겨내는 묘사와 함께.) 그는 말 위에서 마셨고, 궁중에서도 마셨고, 보트에서도 마셨고, 뗏목에서도 마셨고, 산 위에서도 마셨고, 아래 골짜기에서도 마셨다. 바부르는 술을 정말 좋아했다. 전형적인 예를 살펴보자.

> 1519년 11월 14일. 나는 개인적인 파티를 열 계획으로 (타르듸 베흐에게) 와인과 그 밖의 물건들을 구하라고 명령했다. 그는 와인을 구하려 비흐자디 쪽으로 갔다. 나는 그의 노예 하나와 함께 내 말을 계곡 아래로 보내고, 카레즈(지하 수로) 뒤 경사면에 앉았다. 아침 9시에 타르듸 베흐가 와인 한 항아리를 들고 와 둘이 함께 마셨다. 타르듸 베흐 다음에는 무함마드 이 카심 바를라와 샤흐자다가 왔는데, 이들은 타르듸 베흐가 와인을 가져온 것을 알고는 내가 있는 줄 모르고 따라왔다. 우리는 이들도 파티에 초대했다. 타르듸 베흐는 말했다. "훌 훌 아니가도 당신과 와인을 마시고 싶어 합니다." 나는 말했다. "나는 여성이 와인을 마시는 것을 본 적이 없다. 그녀를 데려오라." 우리는 또 샤히라는 이름의 방랑하

는 데르비시(금욕 생활을 하는 이슬람 집단의 일원 옮긴이)와 그 카레즈에 있는 사람 중 하나를 초대했는데, 그는 바이올린을 연주했다.

우리는 카레즈 뒤 둔덕에서 저녁 기도를 할 때까지 술을 마셨다. 그러곤 타르뒤 베흐의 집으로 들어가서 거의 취침 기도 시간이 될 때까지 등을 켜놓고 술을 마셨다. 파티는 아주 편했고, 격식이라곤 아예 없었다. 나는 누웠고, 다른 사람들은 다른 집으로 가서 북이 울릴 때(자정)까지 마셨다. 훌 훌 아니가가 들어와서 말을 멈추려 들지 않았다. 결국은 취한 척하고 드러누워서야 그녀를 쫓아낼 수 있었다.

바부르는 느긋하게 이동했다. 아침에는 술을 마시고, 오후에는 시를 쓰고, (대단한 아마추어 생물학자였기에) 자기 영토의 식물과 동물에 대해 꼼꼼하게 기록하며, 적들을 눈에 보이는 대로 학살하고, 그들의 시체를 가지고 끔찍한 짓을 하느라고 빨리 움직이긴 힘들었다.

하지만 이렇게 여유롭고 한가한 생활이 오래 지속될 수는 없었다. 바부르는 40세가 되면 술을 끊겠다고 진지한 맹세를 했었다. 따라서 (뭐 겨우 9년밖에 안 늦은) 49세가 되자 그는 모든 와인잔을 가져오게 한 후, 그 모두를 산산조각 냈다. 그러곤 이 일을 소재로 시를 썼다.

나는 내 금잔을 모았다.
멋진 은잔도 있었다.
그러곤 바로 그 자리에서 그 모두를 산산조각 냈고
나의 영혼을 술로부터 해방시켰다.

바부르는 술잔에서 나온 금은 조각들을 가난한 사람들에게 나누어 주었다. 그러고는 자신의 조신들과 군사들에게도 술을 끊으라고 권했다. 그 자리에서 300명이 동참했다고 한다. 이렇게 도덕까지 중무장한 바부르는 신앙심 없는 자들을 학살하러 가기로 결심했다.

나는 술을 입에 대지도 않기로 한 그의 결정이 옳았다고 생각하지 않는다. 그는 친구에게 쓴 편지에서 사람은 대부분 취하곤 후회하는데, 자신은 술을 끊고 끔찍하게 후회한다는 침통한 농담을 남겼다. 하지만 술을 다시 마시려 해도 마실 수 없었다. 3년 후 그는 제국과 일기를 남긴 채 세상을 떠났다.

여기서 바부르가 술을 마시는 무슬림이라는 모순을 상징하는 인물이었다고 이러쿵저러쿵할 수도 있겠지만, 사실은 그의 증손 자항기르Jahangir가 그 분야에서는 훨씬 더 명성이 높다. 자항기르는 알라후 아크바르Allahu Akbar(알라는 위대하다라는 의미 옮긴이)라는 글자가 새겨진 와인잔♠을 갖고 있었다고 한다.

♠ 꽤 예쁜 이 잔은 지금은 포르투갈 박물관에 있다.

바부르의 공을 평가하자면, 적어도 그는 이슬람에서 알코올이라는 딜레마에 맞섰던 인물이다. 아주 미묘하면서도 중요한 구별이 필요하다. 음주는 용서할 수 있다. 대부분 지역에서 무슬림은 술을 마실 수 있고, 그런 다음 회개하면 그만이다. 하지만 음주가 죄가 아니라고 믿는 것은 죄다. 그래서 아주 많은 술탄이 진압했다간 잊고, 금주령을 내렸다간 다시 술을 허용했다. 페르시아의 거의 모든 왕은 어느 시점에 가서는 알코올을 전면적으로 금지했다. 하지만 사람들은 시간이 지나면서 그 사실을 잊곤 했다. 핑곗거리야 언제나 항상 찾을 수 있었다. 사피 1세Safi I는 1629년 왕관을 쓰자 그 즉시 알코올을 금했다. 하지만 곧 그는 감기에 걸렸다. 매우 심한 감기였다. 의사는 그에게 감기가 워낙 중하므로, 술을 마셔서 고쳐야 한다고 처방했다. 의학적 음주는 죄가 될 수 없었다. 건강을 위해서였다. 1642년 그는 술 때문에 죽었다.

그의 후계자였던 샤 압바스 2세Shah Abbas II 역시 왕관을 쓰면서 알코올을 금했다. 하지만 그는 당시 겨우 9세에 불과했다. 16세가 되어 참전했던 한 전투에서 승리를 거두자, 그는 이를 대단히 특별한 사건으로 생각했다. 그래서 그는 술을 마시기 시작했고, 그 특별한 사건은 1666년까지 계속되었다.♦

솔탄 호세인Soltan Hoseyn은 음주 산업에 가장 심각한 타격을 입

♦ 사실, 그는 1653년 다시금 술을 금했다. 하지만 이 법은 1년도 가지 못했다.

혔다. 그 역시 1694년 왕관을 쓰면서 술을 금했다. 왕궁 와인 저장고에서 6,000병에 달하는 와인을 꺼내어 이스파한 중앙 광장, 사람들이 보는 앞에서 따라 버렸다. 술탄은 정말로, 진짜로 진심이었다. 하지만 그의 대고모가 자기는 술이 정말 좋다고 말했다. 술탄은 어떻게 해야 했을까? 생각 있는 친구라면 자신의 대고모가 그렇게 즐기는 음료를 금지할 수는 없을 것이다. 너무 냉정한 일이니까. 금지는 철회되었고, 그와 대고모는 나란히 즐겁게 술을 마셔댔다.

술탄 무라드 4세Sultan Murad IV(재위 1623~1640)는 알코올이라는 문제에 대해 직접 손을 대는 방식을 택했다. 그는 평민으로 가장하고 이스탄불 밤거리를 거닐다가 술을 마시고 있는 무슬림을 발견하면 자기 손으로 직접 죽였다. 무라드 4세 자신은 구제 불능의 알코올 의존자였다. 조금이라도 자격이 있는 정신분석가라면 누구나 무라드 4세 같은 결론을 도출했을 것이다.

그 어떤 것도 왕과 술탄이 술을 마시는 것을 막지 못했다. 이들의 갈증은 쉽사리 해소되지 않는 성질의 것이었다. 이들의 이름 철자를 어떻게 표기해야 할지 난감해 생기는 답답함이 해소되지 않는 것처럼 말이다.

차선책

그러나, 세월이 아무리 흐르고 흘러도 집단의 양심상 찔리는 구석은 남아 있었다. 무슬림에게 음주란 **간단치 않은** 문제다. 사회적 압력과 법률적 금지, 그리고 아마도 오래되고 친숙한 코란 모두가 나름대로 영향을 미쳤다. 무슬림 하위 계층은 어쩌다 보니 아편을 좋아하게 되었다. 아편은 코란에 전혀 언급이 없었으므로, 아무런 문제가 되지 않았다. 중간 계급은 어느 정도는 음주를 절제하고 있었다. 하지만 이들은 빠져나갈 구멍을 발견했다. 찾다 보니 우리가 흔히 보는 고기잡이 그물보다도 빠져나갈 구멍이 더 많았다.

오스만 보스니아Ottoman Bosnia(오스만제국 시기 현재의 보스니아와 헤르체고비나 지역 옮긴이)의 무슬림은 대단히 독실한 사람들이어서 와인을 마시지 않았다. 대신 이들은 라키raki(동유럽산 독한 술 옮긴이)를 마셨다. 코란은 라키에 대해서는 어떤 말도 하지 않으므로 괜찮다는 생각이었다. 라키는 포도로 만든 독주였지만 그 이름이 코란에 언급되지 않으니 아무런 상관이 없었다. 이게 다 무슨 농담인가 싶겠지만, 라키를 마시는 사람들은 나름 매우 진지했다. 19세기 페르시아를 여행했던 한 스코틀랜드인은 거기서 만났던 나이 든 어느 수피교도에 대해 다음과 같이 묘사했다.

일부 양심에 가책을 느끼는 사람들은 스스로 생각하기에 어떤 법도 위반하지 않고 술을 즐기는 방법을 고안해냈다. 그들은 사카린 성분을 지닌 다양한 물질을 오렌지나 그 밖의 과일들과 섞은 다음 증류해서 마셨다. 곡물이나 설탕을 이 조합에 넣어 마시기도 했다. 이들은 이 증류주에 마 울 히아트Mā-ul-Hiāt라는 이름을 붙였다. 아랍어로 '생명의 물'이라는 의미다. 상당히 독해 내겐 위스키를 연상시키는 술이었다. 오렌지와 아로마 향이 강하다. 이들은 이 술이 이슬람 율법에서 명시적으로 금한 어떤 물질도 그 속에 들어가지 않았다는 이유로 합법적이라고 믿었다. 그래서 이날도 저녁 식사 후에 이 증류주가 나왔다. 특히 조심스러운 초보자들, 그중에서도 미르자 레자Meerza Reza를 위해서였다. 미르자 레자가 잔을 손에 들고 정말 금욕적인 표정으로 나를 향해 몸을 돌려, 이 소중한 생명의 술과, 자신이 결코 맛보지 못한(그는 강조했다) **와인**이나 **브랜디**라 불리는 혐오스럽고 금지된 쓰레기 사이의 커다란 차이를 설명하는 모습은 무척이나 재미있었다. 그는 다소 커다란 잔을 단숨에 다 마시면서 "이것은 합법적이고, 정말 정말 맛있으며, 특히 제가 지금 고생하고 있는 위장병 때문에라도 반드시 마셔야 한다"라고 말했다.

인간의 창의성은 언제나 복잡한 종교의 미로를 헤쳐 나가는 방법을 발견해낸다. 그 창의성의 동기가 술로 인한 목마름일 때는 더욱 그렇다. 16세기에 이스탄불을 방문한 한 독일인은 그곳 사람들이 고함을 사용하여 일시적으로 영혼을 몸 밖으로 몰아낼 수 있다고 썼다. 그에 따르면 한 경건한 오스만 사람은 있는 힘껏 가장 높은 소리와 최대한 낮은 소리로 비명을 질러, 그의 영혼이 어쩔 줄 모르고 몸 밖에서 서성거리게 만들었다.♦ 하지만 술을 마시면서도 처벌을 피하는 가장 좋은 방법을 제시한 사람은 19세기의 한 러시아 엔지니어였다. 이 사람은 부유한 이란 사람이 개최하는 파티에 초대받았다. 저녁 기도가 경건하게 끝났다. 그 이후 호스트는 손뼉을 쳐 하인들의 주의를 환기한 후, 그들에게 '뭔가와 모자'를 가져오라고 명령했다. 하인들은 즉시 쟁반에 모자를 올려서 가져왔다. 이슬람교 율법학자 몇 명이 포함된 손님들은 그 모자를 들어 머리에 썼다. 멋지게 어울렸다. 그들은 말했다. "저는 이제 더는 율법학자가 아니라 일반인입니다." 그들은 즉시 (당시 금지되어 있던) 보드게임을 시작하며, 그 '뭔가'를 실컷 먹었다.

> 이 '뭔가'는 수많은 병으로 구성되어 있었다. 최상급 코냑, 보드카, 와인, 증류주, 그 밖에 온갖 다양한 술이 나왔다.

따라서 모자를 쓰고, 비명을 지르며, 라키를 마신다면 그야말로 완벽한 해결 방안이 아닐까 싶다. 내 생각으로는 살면서 겪는 대부분의 문제도 이 방법으로 대처할 수 있다. 이 방법이 마음에 들지

♦ 영국의 처녀 파티에서는 아직도 이 기술이 사용되고 있다. 이 여행자의 이름을 굳이 말하자면, 라인홀트 루베나우Reinhold Lubenau였다.

않는다면 훨씬 더 손쉬운 방법이 있다. 혼자서 술을 마시면 된다. 지난 몇 세기에 걸쳐 술은 대체로 오늘날 런던에서 벌어지는 파티에서 코카인이 받는 대접과 비슷한 위상을 차지해왔다. 사람들은 술을 빠르고 은밀하게, 대체로 아무도 없는 방에서 조심스럽게 마셔댔다. 하지만 바로 이러한 태도는 음주를 정말 재미라고는 없는 행위로 만들어버릴 수 있다. 몇 년산인지 품종은 무엇인지도 중요치 않고, 건배도 헌주도 없고, 대화마저 없다. 오로지 몸 안에 알코올을 들이붓고, 누군가 눈치채기 전 파티에 돌아가는 데만 정신이 팔려 있다. 이때 문제는 '얼마나 많은 술을 얼마나 빨리 마실 수 있는가'가 된다. 16세기 튀르키예 사람들도 그랬다.

> 이런 사람들은 다른 사람 앞에서는 술을 입에도 대지 않는다. 하지만 남몰래 자기들끼리만 모이면 세상의 모든 와인을 다 마셔도 모자랄 정도로 마셔댄다. 못 말리게 탐욕스러운 술꾼들이다.

19세기 이란인들의 사정도 그리 다르지 않았다.

> 실제로 '아무리 한 잔의 술이라도 한 병만큼의 죄악'이라는 격언도 알고는 있지만, 아무리 이 같은 처벌을 초래한다 해도 술이 주는 즐거움을 포기할 수는 없다. 이들에게 술의 즐거움이란 친구들과 만나 와인과 대화를 나누며 점진적으로 느끼는 기쁨보다

> 는, 술 취한 느낌 그 자체다. 따라서 페르시아인들은 그러한 행복을 빠르게 가져다줄 수 있는 브랜디와 독주를 선호하는 경향이 있다.

1979년 호메이니의 신정일치 혁명도 술을 없애지는 못했다. 이란의 율법학자 메디 다네시만드Mehdi Daneshmand는 이렇게 말한다.

> 서양인들도 우리처럼 술을 마시지는 않는다. 그들은 와인 한 잔을 깔끔하게 따라 들고, 조금씩 맛보며 마신다. 하지만 우리는 바닥에 놓은 4리터들이 보드카 통을 코가 비뚤어지게 눈앞이 깜깜해질 때까지 마신다. 우리는 술을 마시는 방법을 모른다. 얼마나 형편없는가! 우리는 무절제와 낭비의 달인들이다.

이 말이 2011년에 남긴 소회이니, 지금쯤은 뭔가 달라졌을지 업데이트가 필요할 것 같다.

열한째 잔

바이킹의 숨블

> 술만 마시고도 무기를 훌륭하게 휘두르는
> 오딘은 언제나 살아 있으니.

오딘은 와인 외에는 아무것도 마시지 않았다. 사실은 와인 외에는 아무것도 먹지 않았다. 아무것도. 안주도 먹지 않았다. 치즈 카나페도 먹지 않았다. 고대 북유럽의 신화 『시詩 에다Poetic Edda』는 이 점을 대단히 강조하고 있다.

스칸디나비아의 신이 그토록 와인을 좋아했다니 희한한 일이다. 그다지 유명한 스칸디나비아산 와인도 없는데 말이다. 하지만 바로 그런 이유로 그는 와인을 좋아했다. 와인은 돈 많은 바이킹이나 살 수 있는 대단히 값비싼 술이었기 때문이다. 와인은 독일, 혹은 프랑스 등 예전 로마제국 영토에서 수입해야 했다. 와인은 지위의 상징이었다. 따라서 바이킹의 신 중에서도 최고의 신이었던 오딘은 와인을 마셔야 했다. 신들의 왕이 맥주를 마셔서는 모양새가 빠졌다.

오딘이 아무것도 먹지 않았다는 것도 희한할 수 있다. 빈속에 와인이라니, 몸에 좋지 않다. 오랫동안 이런 상태를 이어 나간다면 위장병도 생기고 취해서 정신도 잃을 것이다. 오딘이 와인만 마신 것은 아마도 그의 이름이 문자 그대로는 '광란에 빠진 자'라는 사실과 관련이 있다. 그 이름을 '황홀에 빠진 자'라고 옮기는 사람도 있기는 하지만, 그가 먹은 걸 염두에 두면, 원래는 그저 '취한 자'가 아니었을까 싶다.

이는 일종의 전도顚倒로 볼 수 있다. 다신교를 믿는 지역 대부분에는 주요 신이 하나 있고, 음주·와인·양조의 신은 그 옆자리에 늘어선 많고 많은 신 중 하나에 불과할 따름이다. 엔릴Enlil(고대 메소포타미아 신화에 나오는 하늘·바람의 신 옮긴이)은 닌카시보다 상급의 신이고, 아문Amun(이집트 신화에 나오는 창조와 생명의 신 옮긴이)은 하토르보다 상급의 신, 제우스는 디오니소스보다 더 상급의 신이었다. 술에 취한 신이 나타나 재미있는 일도 만들지만, 대체로 혼란을 잔뜩 키우고 나면, 항상 최고의 신이 멋진 수염(수염은 보통 지혜의 상징이다 옮긴이)을 휘날리며 나타나 훨씬 더 강력한 힘과 현명한 태도로 상황을 정리한다. 술을 완전히 금지하기보다는 사회 내에 틈새를 주고 일정 정도 제한하고 통제하는 편이 더 안전하고 효과적이라고 생각했기 때문일 것이다. 가장 예리한 신학자가 아니라 해도 이런 해석 정도는 할 수 있다.

하지만 바이킹들의 최고 신은 술에 취한 신이었다. 최고의 신이 실제로도 '취한 신'이라고 불린다. 바이킹에게는 술의 신이 따로 없다. 오직 오딘뿐이다. 그런 이유로 알코올과 만취는 굳이 바이킹 사회 안에 자리를 설정해야 할 필요가 없었다. 술과 만취는 이미 바이킹 사회 그 자체였기 때문이다. 술은 권위였고, 가족이었으며, 지혜였고, 시였고, 군대였다. 알코올은 운명이었다.

술을 입에도 대지 않는 바이킹이 있었다면 참으로 힘들었을 것이다. 그런 인간이 존재했다는 기록도 없다.

이제 바이킹의 술이 얼마나 다양했는지 잠깐 이야기하고 넘어가겠다. 세 종류밖에 없었다. 앞서 말했듯이 와인이 있었다. 이미 말했지만, 와인은 아무나 감히 넘보지 못할 만큼 비쌌다. 그다음으로는 꿀을 발효시켜 만든 벌꿀 술 미드가 있었는데, 맛은 달콤하고 감히 넘보기 힘들 정도까지 비싸지는 않았다. 셋째, 맥주다. 거의 모든 사람은 그냥 맥주를 마셨다. 이들의 맥주, 그러니까 에일은 우리가 마시는 맥주보다는 약간 더 독해서 알코올의 양이 대충 8퍼센트 정도였다. 이들이 남겨놓은 기록에 따라 오늘날 다시 만들어 놓고 보니 검고 몰트 향이 강한 맥주였다.

하지만 바이킹 전설에서는 모든 영웅이 미드를 마신다. 그 술이 좀 더 모양새가 나기 때문이다. 마찬가지로, 영주라고 무게를 잡고 싶으면, 일단 미드홀mead-hall(사교나 문화 활동이 이루어지는 큰 건물을 말하는데, 낱말은 벌꿀주를 마시는 건물이라는 의미다 옮긴이)부터 짓고 봐야 한다. 그곳에서 제공할 수 있는 음료가 아직은 맥주밖에 없다고 하더라도 일단은 미드를 위한 건물을 지어야 한다. 어쨌든 겉으로만 그럴듯하면 그 건물을 미드홀이라고 부를 수 있었다. 사실 상당히 작은 미드홀도 있다. 몇몇은 겨우 14제곱미터밖에 되지 않는다. 물론 길이만도 100미터에 달하는 엄청나게 큰 건물도 있었다. 「베어울프Beowulf」(중세 영웅 서사시 옮긴이)에서 강력한 왕이 되길 원하는 흐로스가르Hrothgar는 금으로 만든 기둥이 가득한 세상에서 가장 커다란 미드홀 헤어로트Heorot를 짓는다.

미드홀이 있어야 영주 대접을 받을 수 있는 이유는 영주의 가장 중요한 의무가 바로 자신의 전사들에게 술을 베푸는 일이었기 때문이다. 연회야말로 당신이 영주라는 사실을 공식적으로 천명하는 방식이었다. 반대로, 당신이 누군가의 미드홀에 가서 그가 내는 미드를 마신다면, 당신은 그를 군사적으로 지켜주기로 명예로운 약속을 한 것이다. 알코올은 진정 권력이었다. 알코올은 사람에게 충성을 맹세하게 만드는 방편이었다. 미드홀이 없는 왕은 돈 없는 은행이요, 책 없는 도서관이었다.

미드홀 다음으로는 왕비가 필요하다. 기묘하게 들릴 수도 있지만, 여성은 미드홀 연회에서 (물론 그 권한은 어느 정도 제한적이긴 했지만) 제법 중요한 역할을 담당하고 있었기 때문이다. 바이킹이 평화의 직녀peace weavers라 불렀던 여성들은 연회를 형식적으로도 지속하고, 떠들썩하면서 거친 분위기를 누그러뜨리고, 여성 특유의 온화한 에너지를 제공하는 역할을 했다. 이들은 노르웨이 말로 술 잔치를 의미하는 '숨블sumbl'의 준비와 운영을 책임졌다. 이들은 심지어 저녁의 시작, 다시 말해 첫 석 잔까지는 마시며 즐겼을 가능성도 있다.

첫 번째 잔은 승리를 위해 오딘에게, 두 번째 잔은 평화와 풍년을 위해 뇨르드Njord와 프레이야Freya에게 바치고, 세 번째 잔은 조상과 죽은 친구들의 영혼을 기리는 미니스 욀minnis-öl, 다시 말해 기억을 위한 맥주였다.

저녁 식사의 첫 잔은 왕비가 그녀의 남편에게 온갖 격식을 차리며 따랐을 것이다. 왕비는 목에 두른 목걸이에 걸어놓았던 작은 체로 술을 걸러 남편의 잔에 미드나 맥주를 따른다. 이때가 바로 그녀가 공식적으로, 그리고 공개적으로 남편에게 충고를 할 수 있는 시점이었다. 그저 단순히 '건배' 같은 말로 끝낼 수도 있다. 하지만 어떤 공식적인 선언을 할 수 있는 기회이기도 했다. 일단 왕이 술을 마시고 나면, 그녀는 계급과 지위에 따라 전사 한 명, 한 명에게 술을 따른다. 마지막으로는 손님들에게도 일일이 술을 따른다.

사실 이렇게 술을 따르는 것이야말로 바이킹시대 여성의 본질적인 역할이었다. 당시 시에서는 여성을 여성이라 부르지 않았고, 그저 술을 따르는 사람이라고 칭했다. 13세기에 만들어진 시 쓰기 지침서가 아직 남아 있는데, 거기에는 이렇게 쓰여 있다.

> 여성을 언급할 때는 그녀가 입고 있는 모든 여성스러운 의상, 금과 보석, 그리고 그녀가 따르거나 제공하는 맥주, 와인, 기타 음료의 종류로 표현해야 한다. 또 맥주잔이나 그녀가 행하거나 제공하는 것과 어울리는 온갖 것을 통해 그녀를 불러야 한다.

따라서 여성은 맥주를 따르는 자, 혹은 미드 처녀, 혹은 술 따라 주는 사람 등으로 불렸다. 신사와는 아예 거리가 멀었던 바이킹의 생각으로 여성이란 그 이상의 존재가 아니었다. 이런 식의 완곡어법이 사용되었던 이유는, 바이킹은 절대 어떤 것도 있는 그대로 말하는 사람들이 아니었기 때문이다. 모든 바이킹의 시는 낯익은 물건을 모호하게 표현해야 한다는 원칙 위에 쓰였다. 따라서 바다는 '고래의 술', 혹은 '가재들의 영역', 아니면 '가장자리의 거품 가득한 에일'로 불렸다. 피는 '늑대의 따뜻한 에일'이었고, 불은 '집의 파괴', 천국은 '난쟁이들의 짐'이었다(바이킹의 천국 '발할라Valhalla'는 난쟁이들이 만들고, 난쟁이들의 노역으로 유지되는 곳이었기 때문이다 옮긴이). 이러한 이유로 바이킹의 시들은 유쾌하나 이해하기는 힘들다.

바이킹들이 술을 마실 때 일반적으로 흐림칼다르Hrimkaldar, 다시 말해 서리잔frost cup에 미드를 마시는 것으로 묘사되는 것도 마찬가지 이유다. 실제로 바이킹은 유리잔을 사용했다. 물론 모든 바이킹이 유리잔을 갖지는 못했다. 유리는 비쌌기 때문이다. 하지만 미드홀을 가진 왕이라면 오늘날의 유리잔과 그다지 다르지 않은 유리 텀블러를 가지고 있었을 가능성이 크다. 유리잔은 다양한 형태와 크기, 색채로 제작되었다.♠ 대부분은 다소 싸구려라는 느낌

♠ 어떤 이유에선지는 모르겠지만, 유리에 색이 들어가 있어서, 1970년대의 재미있게 생긴 싸구려 술잔novelty glass(파티나 행사에서 사용되던 동물이나 캐릭터 모양의 다양한 술잔 옮긴이)을 닮았다.

을 주긴 하지만, 오늘날 테이블 위에 올려놓더라도 그리 어색하지 않다. 바이킹들이 해골이나 소의 뿔에 술을 따라 벌컥벌컥 마시는 것을 상상했던 사람들에겐 꽤 실망스러운 이야기일 수도 있다.

바이킹의 재미난 술잔으로, 고고학자들이 '깔때기잔'이라고 부르는 것이 있다. 고고학자들이 시인은 아니니까, 실제로도 그 잔은 깔때기처럼 생겼다. 깔때기잔의 높이는 13센티미터 정도로, 테이블에 놓을 수 없는 형태로 만들어져서, 놓으면 바로 쓰러진다. 이 형태는 단번에 술잔을 다 비우게 하려는 의도로 만들어졌다. 바이킹들에게 원샷은 상당히 중요했다. 단번에 술잔을 다 비우는 것이야말로 진정한 남자의 상징이었다. 전통적인 뿔잔의 목적도 같았다. 단번에 마실 수 있는지 없는지, 원샷 능력을 통한 용기 시험이었다.

(전쟁과 망치의 신) 토르와 (장난꾸러기 신) 로키에 관한 이야기가 있다. 하루는 로키가 토르에게 에일 마시기 내기를 제안했다. 내기라면 절대 거절하지 못했던 토르는 제안을 받아들였고, 로키는 식탁으로 뿔잔을 가져와서는 토르에게 단번에 다 마시지 못하면 남자도 아니라고 말했다. 토르는 뿔잔을 붙잡아 목에 대고는 넘기고, 넘기고, 넘기고, 넘겼다. 그가 더는 마시지 못할 상태가 되었는데도 뿔잔의 술은 거의 가득 차 있었다. 로키는 짐짓 실망한 체하며 보통 사람이라면 두 번 정도에 다 마실 수 있다고 말했다. 이 말을 들은 토르는 한 번 더 마셔보기로 했다. 하지만 이번에도 그의 신적인 음주 능력은 아무 소용이 없었다. 로키는 약골이라도 세 번에는 나누어 마실 수 있다고 중얼거렸다. 같은 일이 또 벌어졌다. 이

제 토르는 수치심을 느끼며 자신이 계집아이만도 못하다는 생각에 의기소침해졌다. 그러자 로키는 속임수를 썼다고 고백했다. 사실 뿔 잔의 다른 한쪽은 바다와 연결되어 있었다. 바이킹 전설에 따르면, 토르가 워낙에 많은 양을 들이켜는 바람에 세상 바다의 수위가 한참 내려갔고, 그러다 보니 조수간만이 생겼다고 한다.

이러한 술 내기와 더불어 바이킹들은 뻐기길 즐겼다. 게다가 이 자랑질을 나쁜 것으로 보지도 않았다. 바이킹 친구들은 진심으로 잘난 척을 했다. 그들은 자신의 모든 탐욕스러운 행동들을 하나도 빼놓지 않고 열거하려 했다. 그러면 옆에 있던 다른 바이킹은 그보다 더 잘난 척을 한다. 안타깝게도, 부끄러워하며 잉글랜드 해안을 약탈하고, 수줍게 성폭행을 하는 겸손한 바이킹, 소심한 북구인이란 없었다. 바이킹은 오히려 그런 행동을 소리 지르며 자랑스러워 했다. 그것도 부족해 항상 옆 친구보다 그런 행동을 더 많이 했다고 자랑했다.

이러한 자랑질은 짤막한 농담으로 그치지 않았다. 오히려 시적으로, 서정적으로 길게 이어지는 일종의 공연으로 발전했다. 확인할 수는 없지만, 마치 현대의 랩 배틀처럼 크고 격식을 차린 행사에 가까웠다. 게다가 이 자랑질은 죽도록 진지했다. 바이킹들은 한 번 한 말은 무조건 지켜야 한다고 생각했다. 그 말이 과거에 어떤 일을 했다는 과장된 주장이건, 당신이 그저 계획만 세우고 있는 황당한 짓이건 상관없었다. 오늘날 우리처럼 다음 날 아침에 일어나, 술 먹고 한 소리라고 변명하고 넘어갈 수도 없었다. 오히려 정반대라고 생각하면 된다. 이들에게는 약속의 잔이라는 의미를 가진 브라가르풀bragarfull이라는 이름의 잔이 있었다. 어떤 일을 맹세하고 브라가르풀로 술을 마시면 그 약속은 반드시 철저하게 지켜야 했다. 빠져나갈 길이란 없었다. 브라가르풀은 운명이었다. 심지어 브라가르풀로 한 약속을 철회하지 못하도록 신성한 돼지를 미드홀로 데리고 와, 그 돼지에 손을 얹고 맹세를 하게 하기도 했다. 그러고 나서는 돼지를 죽였고, 돼지의 영혼은 프레이야 여신에게 날아가 저 친구가 술을 마시고 맹세했다고 일렀다.

헤틴Hethin이라는 이름의 바이킹에 대한 이야기가 있다. 왕의 연회에서 브라가르풀이 돌고 돌아 그 앞에 이르자, 그는 잔을 들어 돼지에다 손을 대고는 자기 동생의 아내와 결혼하겠다는 계획에 없던 맹세를 했다. 다음 날 그는 어쩔 줄 몰라 하다가 결국 동생에게 가서 자신이 무슨 짓을 저질렀는지를 고백했다. 동생의 반응을 요약하자면, "응. 브라가르풀은 브라가르풀이니까. 형은 약속을 지켜야겠지"였다.

슬퍼하지 마, 헤틴,
진실로 지켜질 거야
우리가 모두
맥주를 두고 맹세한 말은.

우리는 이 일화를 통해 바이킹 사회 여성의 가치에 대해 더 많은 것을 알 수 있다. 어쨌든 그 동생이 며칠 후 이 일과 아무런 상관도 없는 결투에서 사망하며, 사건은 해피엔딩으로 끝난다.

이 일은 바이킹 사회에서 왜 여성이 평화의 직녀라고 불렸는지, 그리고 평화를 짜는 일이 왜 필요했는지를 설명해준다. 당시 바이킹 사회는 잔인하고 폭력이 판치는 사회였고, 술을 엄청나게 빨리 그리고 많이 마셔야만 전사라고 인정받을 수 있었던 사람들이 있고, 건물에는 그런 전사들이 가득 차 있으며, 연회에서는 잘난 척과 모욕이 당연하고, 게다가 모두 칼을 차고 있는 사회였다. 이 모든 결과는 바이킹과 앵글로·색슨 문학의 대표적인 서사시 「베어울프」에 잘 요약되어 있다. 이 작품에서 시인은 베어울프가 얼마나 훌륭한 인물인지 설명하려고 애쓴다. 그는 베어울프에게 아낌없는 찬사를 퍼붓지만, 그중에서도 최고의 찬사는 "베어울프는 취했을 때도 절대 친구를 죽이지 않았다"라는 구절이다.

바이킹에게 이건 대단한 업적이었다. 굳이 시에서 따로 언급해야 할 만큼 엄청난 일이었다.

시의 미드

숨블에는 음유시인과 음악가들의 노래도 울려 퍼졌다. 바이킹들은 시와 음악을 알코올의 직접적인 결과물이라고 생각했다. 전설에 따르면 아주 오래전, 신들 사이에 전쟁이 있었다. 결국 그들은 평화 조약을 맺고, 그 기념으로 모두 하나의 가마솥에 침을 뱉기로 했다. 희한하고 비위생적이라고 생각할 수도 있다. 하지만 원시 문화 사람들에게는 보리를 씹어 으깬 다음 뱉어서 맥주 발효 과정을 촉진하는 게 드문 일은 아니었다.

어쨌든 간에, 이제 신들의 침이 가득한 가마솥이 생겼다. 그 가마솥에서 크바시르Kvasir라고 불리는 친구가 뿅 하고 튀어나왔다. 그는 침으로 만들어진 존재 중에서는 인간과 신을 막론하고 가장 현명한 친구였다. 크바시르는 너그러운 존재로, 세상을 돌아다니며 인류에게 모든 종류의 지혜를 가르쳤다. 그러다 그는 무례한 난쟁이 두 명을 만났는데, 이들은 크바시르를 죽이고, 그의 피를 항아리에 몽땅 넣었다. 그러곤 거기에 꿀을 섞어 오트레리르Othrerir라는 이름의 시의 미드를 만들었다.

그때 한 거인이 나타나 오트레리르를 난쟁이들로부터 훔쳐 산에 있는 자신의 궁전으로 가지고 갔다. 오딘은 이 이야기를 듣고, 이 술이 매우 탐이 나기 시작했다. 하지만 불행하게도 시의 미드는 이제 거인의 성에 있고, 낮이고 밤이고 거인의 딸이 지키고 있었다. 오딘은 정말 목이 말랐고, 정말 술을 원한다면 무엇이든 할 수 있는 친구였다. 그래서 그는 성까지 터널을 파서는 뱀의 형상으로 변해 몰래 숨어들어갔다.

하지만 그래 봐야 이제 거인의 딸에게 당도했을 뿐이다. 딸을 본 오딘은 그녀를 유혹했다. 오딘은 미드를 한 모금만 준다면 그녀와 결혼하겠다고 약속했다. 소녀가 특별한 술을 준다면 그녀와 결혼해야 하는 것이 바이킹 세계에서는 일종의 관례와도 같았던 모양이다. 일반적인 사람들이 이렇게 결혼했는지는 알 수 없다. 하지만 이는 술을 받는 행위가 술을 제공하는 사람의 일가, 전사, 남편이 되는 관습을 보여주는 또 하나의 예라고 할 수 있다.

하지만 오딘은 비열한 신이었다. 그는 늘 그랬던 대로 미드를 단숨에 비우고, 독수리로 변신하여 시의 미드를 배 속에 넣고 날아가 버렸다. 거인은 이를 보고 바로 자신도 독수리로 변하여 오딘을 맹렬하게 쫓아갔다.

아슬아슬한 추적이 이어졌다. 오딘이 아스가르드Asgard(신들의 거처 옮긴이)로 돌아오는 모습을 본 다른 신들은 그가 오트레리르를 토해낼 수 있도록 커다란 항아리를 꺼내놓았다. 거인이 오딘을 거의 따라잡을 찰나였다. 오딘은 급강하했고, 시의 미드를 토해 항아리를 가득 채웠다. 사실, 오딘은 워낙 열정적이고 시적 열정이 넘쳐흐르는 신이다 보니 항문에서도 시의 미드가 꽤 흘러나왔다. 그가 항아리에 토한 미드는 인류 역사상 위대한 시인들의 시적 원천이 되었다. 그의 항문에서 나온 것은 형편없는 시의 원천이 되었다. 이 신화는 셰익스피어 같은 위대한 작가와 W. H. 데이비스W. H. Davies(영국의 대중 시인 옮긴이) 같은 형편없는 작가가 세상에 공존하는 이유를 설명해주고 있다.

에일

바이킹들의 삶의 중심은 에일이었다. 사람들은 오딘에게 에일을 바쳤다. 사람들은 에일을 위해 살고, 시인들은 에일로 영감을 얻고, 전사들은 에일을 위해 사람들을 죽였다. 한 영웅시에서 한 왕은 두 아내의 시기와 질투를 해결하는 방안으로, 자신이 전투에서 돌아왔을 때 더 훌륭한 에일을 내놓는 사람을 선택하겠다고 제안하기도 한다.

밤이 끝날 무렵이면 미드홀은 아마도 엉망진창이었을 것이다. 빠진 건 두어 가지 정도다. 구토와 섹스 정도? 원래 치열한 음주의 결말은 대체로 구토와 섹스다. (가능하면 두 가지가 동시에 일어나지 않는 편이 좋다.) 고대 이집트인들에게는 아마도 이 둘이 가장 중요했을 것이다. 하지만 바이킹들은 뿔잔의 술을 계속해서 들이켜면서도, 이 두 가지를 절대 언급하지 않는다.♠ 이들은 대신 꾸벅꾸벅 졸다 잠이 든다.

망각의 헤론Heron of Oblivion이라는 (이유는 알 수 없는) 이름을 한, 아름다운 신화 속 생명체가 하늘에서 내려와서는 모두가 꾸벅꾸벅 졸 때까지 숨블 위에서 계속 맴돈다. 아무도 집에 갈 생각은 하지

♠ 오딘의 구토는 이집트 연회에서 귀부인이 하는 구토보다는 엄마 새가 새끼 새에게 먹이기 위해 하는 구토에 가까워 보인다.

않는다. 최후의 순간까지 주군의 미드홀에서 머물다가, 깨어 있을 수 없는 그 순간이 되면, 벤치나 테이블, 그도 아니면 눈에 보이는 아무 곳에나 드러누워 빠르게 잠에 빠졌다.

이때가 다소 위험한 순간이다. 모든 전사가 술에 취해 있어 자기 방어가 불가능해진다. 「베어울프」는 괴물이 미드홀에 몰래 숨어들어와 사람들을 잡아먹는 이야기다. 물론 우리의 영웅은 반쯤 깨어 있는 상태를 유지하는 꾀를 내어 괴물을 퇴치한다.

공정하게 말해서 괴물에게 먹힐 위험은 통계적으로 볼 때 무시해도 좋을 정도이지만, 자신도 모르게 불에 타 죽을 가능성은 있다. 잉그얄드Ingjald라는 이름의 8세기 스웨덴 왕으로 추정되는 인물이 있었다. 그는 이웃의 왕들을 모조리 자기 대관식에 초대했다. 브라가르폴이 자기 앞으로 오자, 그는 자기 왕국을 모든 방향으로 지금보다 절반씩 확장하겠다고 맹세했다. 모두가 술을 마셨다. 모두가 취했다. 망각의 헤론이 자기 일을 시작해 모두 잠이 들었다. 자신을 제외한 모두가 잠에 빠진 것을 확인한 잉그얄드는 밖으로 나가, 문을 잠그고 모든 왕과 함께 자신의 미드홀을 불태워버렸다.

이러한 일은 단발성에 그쳤다고 말하고 싶지만, 사실은 그렇지 않았다. 미드홀을 불태워 그 안의 모든 사람을 죽이는 이야기는 제법 많다. 심지어 여왕이 남편에게 그런 일을 저지르기도 했다고 한다. 뭐, 공정해 보인다.

하지만 바이킹들에게 죽음은 반드시 나쁜 일만은 아니었다. 오히려 그들은 죽음을 고대하기도 했다. 죽음은 그들을 발할라로 데

려가는 의례에 지나지 않았고, 발할라는 영원한 파티, 끝없이 지속되는 숨블이었기 때문이다. 발할라에는 와인에 취한 오딘이 있었고, 기억의 맥주를 함께 마셨던 옛 친구들이 있었으며, 젖꼭지에서 끊임없이 맛있고 독한 미드가 뿜어져 나오는 신성한 암염소 헤이드룬Heidrun이 있었다. 발할라는 바이킹의 천국이었고, 영원히 술에 취해 살 수 있는 곳이었다.

열두째 잔

여관과 선술집과 에일하우스

다들 중세 선술집이 어떻게 생겼는지 알고 있다. 하지만 어쩌다가 이런 모습의 선술집 이미지를 갖게 되었는지는 아무도 모른다. 아마도 로빈후드 영화를 많이 봐서 그럴 수 있다. 영화에서 용맹하고 정의로운 왕 리처드 1세의 치세에 로빈후드의 부하들은 셔우드 숲에서 나와 마을 여관inn(inn은 때에 따라 주막으로 번역되기도 하는데, 사실은 주막이나 여관보다는 훨씬 규모도 크고 시설도 화려하다. 뒤에 나오듯이 돈 많은 사람들이 주로 이용하는 장소이므로 교통 요충지에 위치했고, 주막이나 여관에 비해 훨씬 비쌌다 옮긴이)에 잠입한다. 여관에는 얼굴에 홍조를 띤 시골 사람들이 바 여기저기에 모여, 커다란 가슴을 자랑하는 술집 처자가 거품 가득한 큰 잔에 날라주는 진짜 잉글리시 에일True Englyshe Ale을 꿀꺽꿀꺽 들이켠다. 상상력이 한쪽으로 좀 더 발달한 사람이라면, 술집 처자의 가슴을 폭탄만 하게 키우고, 그만큼 사람들의 흥취도 돋울 것이다. 한쪽 구석엔 바이올린 연주자가 있고, 바깥쪽에는 단정하게 그려진 술집 간판이 밤바람에 따라 산들거린다.

사실을 말하자면, 이 중 실재한 것은 하나도 없다.

그 이유를 설명하기 위해서는 우선 내가 첫 번째 문단에서 의도적으로 마구 헝클어놓은 전문용어부터 설명해야겠다. 요즘에는 술집을 열어놓고, 십 여관Ship Inn, 십 선술집Ship Tavern, 아니면 그냥 십Ship이라고 불러도 아무도 주목하지 않고, 관심도 두지 않는다. 하지만 중세 사람들에게, 그리고 18세기 후반까지도, 여관inn과, 선술집tavern과 에일하우스alehouse 사이에는 누가 보더라도 분명한 차이가 있었다.

여관

여관은 일종의 호텔이다. 그런 이유에서 다른 곳보다는 다소 비쌌다. 정의상 여관에는 잠자리와 말을 묶어놓는 마구간이 있다. 귀족이 여행할 때 보통 여관에 묵었다. 상인도 그렇고, 돈 좀 있다는 사람은 다 그랬다. 가난한 사람이라면 감히 들어오지 못할 때가 많았다. 부분적으로는 나름 고급스러운 분위기를 유지하기 위해서이기도 했지만, 여관의 특이한 가격 책정 구조 때문이기도 했다. 실제로 방 가격 자체는 무척 저렴했는데, 요즘 사람이 파인 다이닝이라고 할 만한 고급 식사, 와인, 세탁, 마구간 사용 등 모든 추가 서비스에 요금을 청구하여 수익을 올리는 구조였다.

그러니 시골 여관이라는 건 아예 존재하지 않았다. 오늘날 시골 작은 마을에서 초호화 6성급 호텔을 찾아볼 수 없는 것과 마찬가지다. 커다란 마을, 사실 도시 정도는 되어야 여관을 찾을 수 있었다. 여관은 시장 광장 부근에 있는 제법 있어 보이는 건물로, 보통은 커다란 마당 주변에 있었을 것이다. 여관은 법정으로 이용되기도 해서, 솔직히 말하자면 로빈후드가 여관에 등장할 유일한 가능성은 바로 그 경우에 한정되었을 것이다.

런던 외곽에 자리 잡고 있던 여관들은 조금은 더 남루했다. 런던으로 들어가는 문들은 황혼 녘에 닫히다 보니, 이보다 늦은 시간에 도착한 여행객들은 하릴없이 도시 성곽 바로 밖에서 하룻밤을 묵어야 했다. 때로 영문학은 바로 펍pub에서 시작되었다고 가르치는 열의에 넘치는 교사들이 있다. 왜냐하면 초서Chaucer의 『캔터베리 이야기』가 바로 런던 브리지 남쪽 타바드Tabard에서 시작하기 때문이다. 하지만 타바드는 펍이 아니라 여관이었다. 한 번에 29명에 달하는 순례자와 그들이 타고 다니는 말을 수용할 수 있을 정도로 규모가 큰 여관이었다. 초서도 "방과 마구간은 넓었다. 우리는 정말 편히 쉴 수 있었다"라고 썼을 정도다. 초서가 묘사한 당시 타바드의 주인은 해리 베일리Harry Bailey로, 실제 타바드의 소유자이기도 했다. 사람들은 이 글을 보고 그를 친근한 술집 주인쯤으로 생각하기도 하지만 사실은 그렇지 않다. 해리 베일리는 술집이 아니라 여관 주인이었다. 다시 말해 대단히 부유한 사업가였다는 말이다. 그는 또 국회의원도 역임하고, 새로 제정한 인두세poll-tax 수금원이기도 했다(인두세는 리처드 2세가 모든 성인 남성에게 동일하게 부과했던 세금으로, 사회 전체의 반발을 불러일으켰다. 베일리가 이 세금을 거두었다는 사실은 그가 친근하고 사람 좋은 이로 여겨졌을 리 없다는 이야기이기도 하다 옮긴이).

따라서 영문학은 펍에서 시작되지 않았다. 호텔에서 시작되었다.

선술집

선술집은 와인을 팔았다. 와인은 수입해야 했으므로 매우, 매우 비쌌다. 선술집은 대략 오늘날의 칵테일바에 맞먹는다고 볼 수 있다. 그리고 알다시피 시골에 칵테일바는 없다.

선술집은 돈을 물 쓰듯 쓰고 싶은 부유한 남성을 위한 장소다. 그렇다 보니 선술집은 거의 런던에 있었다. 마찬가지 이유로 선술집에서는 타락한 냄새가 났다. 이곳에는 창녀들, 도박꾼들이 득실거렸다. 와인을 마실 정도의 능력이 된다면, 다른 범죄와 가까운 쾌락과 사치도 탐하게 되는 법이다.

우리는 셰익스피어가 살았던 튜더왕조 시대 선술집에 대해 완벽하면서도 아름다운 초상을 갖고 있다. 왜냐하면 그곳 이스트 치프East Cheap의 선술집 보어스 헤드Boar's Head Tavern가 바로 우리 팔스타프Falstaff(셰익스피어 「헨리 4세」의 매력적인 캐릭터 옮긴이)가 대부분의 시간을 보내며 돈을 펑펑 써대는 장소이기 때문이다. 사람들은 흔히 팔스타프와 친구들이 가난할 대로 가난하며, 신분은 낮을 만큼 낮다고 오해한다. 하지만 팔스타프는 오늘날 우리가 셰리sherry(16세기부터 영국 귀족에게 인기 있었던, 식전에 마시는 화이트와인 옮긴이)라고 부르는 사카sack를 마시고 또 마셨다고 묘사되어 있다. 이 술은 포르투갈에서 수입하는 술이었으므로, 튜더왕조 시대에 가장 비싼 술이었다(사카가 생산되던 스페인, 포르투갈과 잉글랜드는 종교와 무역 그리고 군사적 경쟁을 겪고 있었다. 이 경쟁은 1585년에는 잉글랜드-스페인 전쟁으로 절정을 이루었다 옮긴이). 현대식으로 생각해보면, 팔스타프는 샴페인 아니면 쳐다보지도 않는 사람인 셈이다. 그리고 미스트리스 퀴클리Mistress Quickly가 운영하는 유흥업소가 추잡했다는 것은 사실이지만 싸구려는 아니었다. 셰익스피어는 팔스타프가 보통 하루에 사카를 마시는 데만 6실링 정도를 썼다고 지적했는데, 이는 당시 일반 육체노동자가 일주일에 버는 돈의 2~3배에 달하는 금액이었다. 현대식으로 보자면, 팔스타프는 외설스러운 스트립바에서 값비싼 샴페인을 벌컥벌컥 퍼마시는 사람이다.

나는 셰익스피어 역시 와인을 마셨으리라고 확신한다. 그의 작품을 보면 와인과 사카에 대해서는 100개도 넘는 언급이 있지만, 에일에 대한 언급은 겨우 16개에 지나지 않는다. 그가 생각하는 **방식**에서도 와인 선호 경향을 느낄 수 있다. 은유를 찾으면서 그는 '삶의 앙금dreg'과 같은 말을 한다(앙금은 와인 아래에 남는 찌꺼기를 말한다 옮긴이). 셰익스피어에게 어떤 사람이 에일을 마신다는 말은 보통 모욕적인 표현이다. 이는 얼마 되지는 않지만, 우리가 알고 있는 셰익스피어의 음주 습관과도 잘 어울린다. 우리는 그가 타바드 여관에서 술을 마셨다고 확신하고 있다. 그가 나무에 이름을 새겨놓았기 때문이다. 그리고 런던에 있는 머메이드 선술집Mermaid Tavern이나 옥스퍼드에 있는 골든 크로스Golden Cross도 방문했을 가능성이 크다. 그는 대체로 고급스러운 장소에서 우아하고 세련되게 술을 마셨던 것 같다.

안타까운 일이다. 우리는 소위 문학의 거장들이 우리와 함께 펍에서 기어다니는 친근한 사람이길 바라기 때문이다. 새뮤얼 존슨Samuel Johnson이 했던 말은 오늘날 많은 펍에 걸려 있다. "이제껏 인간이 만든 것 중 좋은 선술집이나 여관만큼 많은 행복을 가져다준 것은 없다."

우리는 이 말의 의미를 알고 있다. 존슨 박사는 사전을 썼고, 그 사전에 앞의 인용문을 예문으로 제시했기 때문이다(존슨 박사가 tavern이라는 낱말의 예문으로 앞의 문장을 사용했다는 뜻이다 옮긴이). 그런데 존슨 박사는 저 예문에서 세 번째 종류의 술집은 노골적으로 배제했다. 바로 현대 펍의 선구자라 할 수 있는 에일하우스다.

에일하우스

자, 이제까지의 이야기를 염두에 두고, 다시 로빈후드와 그의 무리로 돌아가보자. 이들이 사자왕 리처드Richard the Lionheart(앞서 언급한 리처드 1세의 별명. 사자심왕 리처드라고도 한다 옮긴이) 시대에 마을 **에일하우스**에 도착하려 하는데,

아직 그런 게 없었다.

1200년대 잉글랜드에는 펍이라고 불릴 만한 게 없었다. 마을에는 술 마실 집이라고는 아예 없었다. 기묘한 이야기처럼 들릴 수 있다. 마을에 펍이 없는 잉글랜드라니, 마치 보드카가 없는 러시아 같은 느낌이다. (사실 당시 러시아에도 보드카는 없었다. 이에 대해서는 나중에 다시 논하겠다.) 펍은 존재하지 않았다. 왜냐하면 펍이 전혀 필요하지 않았기 때문이다.

희한한 일이다. 펍에 대해 생각해볼수록, 펍의 목적이 무얼까 하는 생각이 들며, 헷갈리기 시작한다. 펍은 술 마시는 장소라고 할 수 있겠다. 하지만 술은 아무 데서나 마실 수 있다. 실제로도 중세인들은 아무 데서나 가리지 않고 술을 마셨다. 일하면서도 마셨다. 보통은 수도사들이었다. 뷸리 수도원Beaulieu Abbey(영국 햄프셔주에 있는 중세의 대표적인 유적지 옮긴이) 같은 데서 일하며, 하루에 4.5리터가량 에일을 배급받는 수도사 말이다. 하지만 이들 말고도 모든 사람이 직장에서 일하며 마셨다. 술은 흔히 급료의 일부이기도 했다. 예를 들어 마차꾼은 급료 외에도 1.5리터 정도의 맥주와 약간의 음식을 기대할

수 있었다. 영주가 땅을 일구는 노동자를 고용할 때도 술을 제공해야 했다. 그래야 삶이 돌아갔다. 그렇다고 해서 사람들이 취해야 했다는 말은 아니다. 들판에서 힘든 하루 일을 하는 동안 몇 번에 걸쳐 몇 리터를 나누어 마신다고 취하지는 않는다. 그저 기운을 돋울 따름이다. 어쨌든 에일은 빵을 물로 만든 것이 아니던가.

사람들은 교회에서도 술을 마셨다. 중세시대 마을 교회는 신을 숭배하기 위한 장소라기보다는 커뮤니티 센터 같은 곳이었다. (물론 일요일에는 예배를 드렸다.) 사람들은 교회 앞마당에서 축구를 하고, 예배당에서는 함께 노래를 불렀다. 성인 축일, 영명 축일name day(특정 일마다 정해져 있는 사람의 이름을 축하하는 날. 유럽인들의 이름은 거의 성인의 이름을 딴 것이므로 해당 성인의 축일이 영명축일이다 옮긴이), 결혼식, 세례식, 장례식에는 에일을 나누어 마셨다. 좋은 장례식은 한바탕 즐거운 시간이 될 수 있었다. 1319년 윈체스터 주교를 장사 지낼 때는 가난한 사람들에게 맥주 3,800리터를 나누어 주기도 했다. 이는 극단적인 사례이지만, 교회에서 술을 얻을 기회는 적지도 드물지도 않았다.

그리고 무엇보다 중세 영국 남성들은 집에서 술을 마셨다. 중세 영국 여성들, 아이들도 마찬가지였다. 당시에도 물은 여전히 위험했고, 따라서 정말 가난한 사람들만 물을 마셨다. 앞서 언급한 "맥주가 있으면 맥주를, 없으면 물을 마셔라"라는 앨프릭 수도원장의 원칙은 여전히 통용되고 있었다. 정말 거의 모든 사람이 에일을 마셨다. 에일은 기본적으로 보리와 물을 넣고, 향신료가 있으면 넣고 없으면 마는 간단한 과정으로 만들 수 있었다. 따라서 남편이 밭에서 일하는 동안 아내는 에일을 만들며 시간을 보냈을 것이다.

맥주 제조는 고대 메소포타미아 이래로 늘 여성의 일이었다. 남편은 아내가 요리하고 청소하고 아이를 돌보는 일에 그치지 않고 에일을 만들고, 바느질해주길 원했다. 털을 짜서 천을 만들고, 에일을 제조하다 보면 부가적인 소득을 챙길 수 있다. 아내는 남편을 입히기 위해 천을 짜고, 남은 게 있으면 팔 수 있었다. 이는 또한 중세시대 평범한 독신 여성이 수입을 확보하는 거의 유일한 수단이었다. 사실은 이 수단이 워낙 흔하다 보니, 오늘날까지도 독신 여성들을 '천을 짜는 사람'이라는 의미의 spinster라고 부른다. 여기서 '-ster'가 여성형 접미어라는 데 유의하라. 남성이 천을 짰다면 'spinner'라고 불렸을 것이다. 하지만 남성들은 천을 짜지 않았다. 마찬가지로 맥주를 제조하는 여성들은 'brewster'라 불렸고, 그 이름은 지금까지도 남아 있다.♦

맥주를 제조하여 이익을 얻은 여성은 에일 아내ale-wife라고도 불렸다. 중세의 에일은 유통기간이 무척 짧았다. 2~3일만 지나면 상하곤 했다. 따라서 에일 아내가 가족이 필요한 양보다 더 많은 에일을 만들면, 집 앞문 위에 에일 표시를 달아두었다. 표시라고 해

♦ 희한하게도, 현대 영어에서는 이 '-ster'가 여성형임을 잊고, 이를 주로 범죄를 연상시키는 사람들에 갖다 붙인다. 예를 들어 '조직폭력배'를 의미하는 gangsters, mobsters, '유행을 좇는 사람'을 의미하는 hipsters, '여론조사원'을 의미하는 pollsters 등이다.

봐야 막대기 끝에 관목 잔가지들을 빗자루 만들듯 묶은 다음 수평으로 걸어놓는 정도였다. 에일 아내는 에일 통을 집 밖에 내놓고, 지나가는 사람들에게 몇 페니를 받고 큰 병에 에일을 담아 팔았다. 그러면 에일을 산 사람들은 술을 가지고 자리를 떠나 직장, 집, 심지어 교회에서도 에일을 즐길 수 있었다. 남은 에일이 모두 팔리면 에일 아내는 에일 표시를 내리고, 다시 양조를 시작했다.

14세기 초까지의 상황은 이랬다. 그러다가 그때 몇 가지 일이 동시에 일어났다. 첫째, 사람들은 교회에서 술을 마시지 않게 되었다. 사람들이 교회에서 술 마시는 것이 싫어졌다기보다는 교회가 사람들이 교회에서 술 마시는 것을 싫어했기 때문이다. 1366년 시몬 랭엄Simon Langham이 캔터베리 대주교에 임명되면서 가장 먼저 했던 일은 '자선 모금 에일charity scot-ale이라는 이름으로 바꾸어놓은 이 흔한 술 모임' 참석자들을 파문하겠다고 으름장을 놓는 것이었다.

둘째, 농사를 짓는 방식에 변화가 일어났다. 과거에는 귀족이 직접 노동자들을 고용하여 자신의 농지를 경작했다. 하지만 14세기에 접어들면서 귀족들은 농지를 작은 토지 단위로 쪼갠 다음, 이 농지를 소작농에게 임대하여 스스로 경작하도록 하는 편이 더 간편하다고 판단했다. 따라서 이제 훌륭한 에일 아내가 없는 농민들은 직접 에일을 구매해야 했다. 에일 아내들은 이러한 변화를 반겼다. 목마른 노동자들은 일이 **끝나면** 에일을 마시고 싶어 했을 뿐 아니라, 앉아서 여유롭게 마실 장소도 원했다. 이에 에일 아내들은 사람들을 주방으로 들이기 시작했다. 이렇게 해서 펍이 태어났다.

마지막으로 맥주가 발명되었다. 이 장 내내 나는 에일을 말했다. 에일은 보리와 물로 만들어진다. 대단히 상쾌한 물건은 아니다. 영양분이 풍부하냐고? 그렇다. 알코올이 들어 있느냐고? 그렇다. 맛있고, 순수하고, 거품이 쇽쇽 올라오고, 상쾌하냐고? 아니다. 오히려 뭐가 좀 씹히는 질벅질벅한 죽 같은 느낌이었다. 조금 더 맛있게 만들 수 있는 유일한 방안으로 향신료와 허브를 첨가할 수 있었다. 그중에서도 특히 서양고추냉이가 인기 있었다. 하지만 이런 방법은 그저 맛을 가려보려는 시도에 지나지 않았다. 마시기 불쾌한 것을 마실 수 있는 술로 만들려는 노력이었다.

바로 그때 홉이 등장했다. 홉은 홉 식물의 씨앗 송이로, 에일에 첨가하면 맥주가 된다. 유럽인들은 아주 오래전부터 이를 실천해 맥주를 만들어왔지만, 영국인들은 한참 뒤처져 있었다. 홉은 런던에 먼저 도착했고, 서서히 영국 전체로 퍼져 나갔다. 하지만 몇몇 사람은 홉을 받아들이지 않으려 했다. 랭커셔 사람들은 17세기 중반까지도 여전히 에일을 마셨고, 콘월 역시 오랫동안 에일 전통을 유지했다. 누군가 이에 대한 시를 썼다.

> 나는 콘월 사람이라네, 에일을 만들 수 있지.
> 마시면 설사와 구토가 동시에 나오게 하는,
> 걸쭉하고 스모키한 맛이 나는데, 향은 그저 그래,
> 마치 돼지들이 씨름하고 나온 물 같아.

대부분은 홉이 들어간 맥주 맛을 훨씬 좋아했다. 게다가 맥주는 에일에 비해 엄청난 장점을 갖고 있다. 상하지 않는 것이다. 홉을 넣은 맥주는 1년 정도 보관할 수 있었다. 통을 밀봉만 잘해놓으면, 그 정도 기간 동안 술이 상하지 않았다.

바로 이런 이유로 맥주는 대량 생산될 수 있었다. 모든 주요 도시마다 맥주 제조 공장이 세워졌고 맛 좋은 맥주가 대량 생산되어서는 그 지역 에일하우스에 팔렸다. (끔찍한 뭉근한 죽 같은 에일은 잊힌 지 오래이지만, 이 술집들은 아직도 에일하우스라고 불리고 있었다.) 맥주 제조 공장에서는 맥주를 걸러 품질이 더 좋은 상품을 만들었다. 이 공장들은 이제 남성들이 소유하고, 남성 직원을 두었다. 에일 아내들은 일자리를 잃었을 것 같지만, 사실 이들은 여전히 자신들의 작은 에일하우스를 운영하고 있었다. 다만 이제는 에일을 직접 만들지 않고, 맥주를 사서 팔았다.

펍에 가보자

자, 우리가 15세기 말 여행자라고 상상해보자. 목이 말라서 마을에 잠깐 들러 맥주나 한잔하고 싶다. 술집은 어떤 곳일까?

글쎄, 우선 에일하우스부터 찾아야 한다. 에일하우스를 찾기 위해서는 아직도 에일 표시부터 찾아야 한다. 펍의 간판(그리고 이를 확장하여 펍의 이름)은 1590년대나 되어야 등장한다. 여관에는 이미 몇 백 년 전부터 이름과 간판이 있었다. 앞서 말했듯이 여관은 세련된 장소였기에, 펍은 여관을 모방하려 했다. 어쨌든 지금 우리는 앞문 위에 빗자루처럼 끝에 잔가지들을 묶어 수평으로 얹어놓은 나무 막대기를 찾아야 한다. 또 하나의 표시가 있다면 에일 벤치다. 이름만 들어도 짐작할 수 있지만, 에일하우스 문밖에 만들어놓은 벤치로, 날씨가 좋으면 둘러앉아 햇살을 즐기며 술을 마실 수 있었던 장소다. 게임을 즐기는 사람들이 모여 있는 장소를 찾는 것도 한 방법이다. 당시는 볼링이 인기였다. 사람들은 모여들어 돈을 걸고 게임을 즐겼다.

문은 열려 있을 것이다. 이는 법적 의무 사항이었다.♠ 물론 겨울철에는 예외였다. 문을 열어놓아야 했던 이유는 공권력을 가진 사람들이 에일하우스를 지나치다가 내부를 들여다보고, 실제 안으로 들어가 살펴보는 모양 빠지는 일을 하지 않으면서도, 그 안에서 불법적인 일이 벌어지고 있지는 않은지를 점검해야 한다는 취지 때문이었다. 그랬으니 에일하우스는 바람이 잘 통하는 곳이었으리라. 하지만 추위와 바람은 중세인들의 삶에서는 보편적인 현실이었다. 유리창이 흔해지기 훨씬 이전 시기였으니 말이다. 추위는 어느 곳

♠ 16세기 중반까지는 에일하우스와 관련된 어떤 국내법도 없었다. 하지만 지역의 치안판사들이 적용하는 규칙은 대략 같았다.

에나 있었다. 사실 에일하우스를 찾는 가장 커다란 이유는 보통 그곳에 커다란 불이 활활 타고 있었기 때문이다. 자기 집에서 그러한 사치를 누릴 수 있는 중세시대 소작농이란 거의 없었다.

현대의 펍과 가장 두드러진 차이로, 우선 바가 눈에 띄지 않는다. 우리가 잘 알고 사랑하는 카운터 톱counter-top이 있는 바는 1820년대나 되어야 등장한다. 에일하우스는 펍처럼 **보이지** 않는다. 펍이라기보다는 누군가의 부엌 같다. 기본적으로는 그렇기도 하다. 방 어딘가에는 맥주 통이 있다. 몇 개의 의자와 벤치가 있고, 가대식 탁자trestle table(두 개 또는 세 개의 가대trestle, 즉 지지대로 구성된 테이블로 중세시대부터 사용되었다 옮긴이)도 한두 개 있을 수 있다. 그러나 이 가구들의 가치는 다 합쳐봐야 그저 몇 실링 정도밖에 안 된다. 우리는 누군가의 집에 있지만, 그 집은 누구나 이용할 수 있는 집이다.

우리가 들어간 집은 여성의 집이 거의 확실하다. 즉석에서 자신만의 에일을 제조하는 집이든지, 아니면 맥주를 사서 파는 집이든지 간에, 에일하우스는 압도적으로 여성들이 일하는 장소였다. 물론 기혼여성일 수도 있다. 그런 경우 법률적으로는 남편이 에일하우스의 주인이 된다. 하지만 남편은 보통 하던 일을 하고, 아내는 부업 삼아 에일하우스를 운영하는 게 일반적이다. 남편을 여읜 여성이 주인일 가능성도 제법 크다. 에일하우스 운영은 여전히 여성이 돈을 벌 수 있는 거의 유일한 방법이었다. 따라서 연금이 도입되기 이전 당국은 동정심에서 남편을 잃은 여성들에게 에일하우스 면허증을 허가해주곤 했다. 혹은 동정심 때문이 아니라, 남편을 잃은 여성은 마을 구호에 의존할 수밖에 없었는데, 이는 마을 경제에 부담이 되었기 때문에 에일하우스 면허증을 내어주었을 수도 있다.

우리가 들어가도, 방이 조용해지거나 하지는 않는다. 여행객은 에일하우스에서 당연한 고객들이었기 때문이다. 에일하우스 기능의 절반 정도는 바로 이런 여행자들에 대한 접대였다. 사람들은 흔히 여행 중인 사람들이 목이 마를 때 주변에 목을 축일 수 있는 에일하우스가 많지 않다는 이유로 면허증을 신청했다.

우리는 사실 에일하우스에 있었던 사람들에 대해 상당히 많이 알고 있다. 역사가들에게 범죄는 고마운 일이다. 범죄가 법정에 소환될 때마다, 모든 증인 이름이 그들의 직업 및 고향과 함께 기록으로 남겨지니 말이다. 다시 말해 어떤 범죄가 에일하우스에서 저질러진다면 적지 않은 기록이 남는다. 그런데 여기서 수학적으로 흥미로운 상황이 발생한다. 예를 들어 에일하우스에 열 명의 고객이 있다면, 그중 5퍼센트는 여성이다.

사실 여성들은 소그룹으로 모여 에일하우스를 자주 찾았다. 혼자 다니는 여성이라면 뒷말의 대상이 될 수도 있었다. 그러나 점잖은 아내들 무리라면 아무런 문제가 없었다. 데이트를 위해 에일하우스를 찾는 사람도 있었다. 연애 중이라는 사실이 공공연히 알려진 커플에게 술을 위한 외출은 정상적이고 존중받아 마땅한 행동이었다.

존중이란 상대적인 용어다. 에일하우스는 가난한 사람들을 위한 장소였다. 자기 땅을 가지고 농사를 짓는 사람처럼 조금이라도 사정이 나은 사람들은 집에서 술을 마셨다. 에일하우스는 일종의 도피처였다. 하인들은 연인들과 같은 이유로 에일하우스를 찾았다. 에일하우스는 인류학자들이 제3의 장소Third Place라고 부르는 곳이었다. 직장이 아니다 보니 상사의 눈치를 볼 필요가 없고, 집이 아니니 부모나 배우자를 섬기지 않아도 되는 곳이다. 그러니 에일하우스가 10대들로 바글바글했던 것도 이해가 간다. 중세 잉글랜드는 미성년 음주에 관해서는 어떤 법도 없는 그야말로 에덴동산이었기 때문이다.

그렇다고 해서 사람들이 실제로 에일하우스에서 마구 퍼먹고 취했던 것은 아니다. 물론 일요일은 예외였다. 우리가 금요일 밤을 코가 비뚤어지게 마시는 날로 정해놓고 있는 것처럼, 중세인들은 일요일 아침마다 술에 빠지고 싶어 했다. 생각해보면 충분히 납득이 간다. 일요일 아침부터라면 온종일 취할 수 있으니까. 하지만 이는 또 에일하우스와 교회가 일요일 아침마다 누가 더 많은 자리를 채우느냐를 놓고 끝없는 전쟁을 벌였다는 의미이기도 하다. 에일하우스가 약간은 우세한 전쟁이었다. 스태퍼드셔의 한 사제가 머리끝까지 성이 나서 에일하우스로 쳐들어가 가난한 사람들을 쫓아내려 했다는 이야기도 있다. 하지만 결국 사제는 "'여기서 나가라, 사제 양반. 배낭 챙기시지"라며 모자를 공중에 던지고 함성을 지르며 야유하는' 폭도들에게 쫓겨나야 했다.

자, 이제 에일하우스로 들어가 자리에 앉는다. 여주인이 도기로 만든 잔에 술을 부어준다. 잔 안쪽에 검은 얼룩이 묻어 있지만 걱정할 필요는 없다. 이 얼룩은 여주인이 우리에게 따르는 양을 속이지 못하게 일부러 만들어놓은 것이다. (이 역시 고대 메소포타미아까지 거슬러 올라가는 관행이다.) 그리고 우리는 이야기를 나눈다. 에일하우스에 낯선 사람이 도착하면 제일 먼저 반기는 인사는 "뭐 새로운 소식 있어요?"였다. 신문이나 텔레비전이 등장하기 이전 시대에는 여행자들이 세상에서 벌어지는 일을 전달하는 주요 수단이었다. 누가 왕이 되었다고? 전쟁이 일어났어? 누가 우릴 침략했다고? 사실 에일하우스는 새빨간 거짓말을 퍼뜨리는 장소로도 악명 높았다. 1619년에 켄트 전 지역은 스페인이 도버 성Dover Castle(켄트 지역에 있는 전략 요충지 옮긴이)을 점령했다는 소식을 듣고는 공포의 도가니에 빠졌다. 그리고 정말 의아한 일도 있었는데, 레스터시市 에일하우스의 술꾼들은 엘리자베스 1세의 서거 소식을 실제 여왕이 사망하기 48시간 전에 먼저 들었다고 한다.

자, 이제 우리는 대화를 나누며 술을 마신다. 보통은 500cc 석 잔 정도를 마신다. 일요일을 제외하고는. 우리는 게임과 도박을 즐긴다. 그러면서 술을 다 마시고 나갈 때 낼 돈을 쌓아간다. 우리가 에일하우스가 있는 지역의 주민이라면 몇 주 정도는 외상으로 마실 수 있다. 아니면 일종의 물물교환도 가능하다. 맥주 한 잔이라면 아무거나 그에 상당하는 것, 예를 들어 닭 한 마리 정도로 바꿀 수 있다. 이는 편리하기는 하지만 범죄자들에게 악용될 소지가 있었다. 여행하다가 닭 한 마리를 훔쳐, 다음 에일하우스에서 맥주와 바꿔 마시는 식으로 계속 여행할 수 있었으니까.

마침내 술자리를 파할 때가 되어, 지역 주민들이 비틀거리며 집으로 걸어 돌아가면, 우리는 비용을 지불하고 벤치 중 하나에서 잠을 청할 수 있다. 혹, 돈을 더 낼 수 있다면, 집주인과 아내와 함께 침대를 나누어 쓸 수도 있다. 혹은 셰익스피어에서 얻은 영감을 활용할 수도 있다. 에일하우스를 배경으로 하는 유일한 장면이 등장하는 「말괄량이 길들이기」가 시작되면 슬라이 씨Mr Sly가 에일하우스에서 쫓겨난다. 맥줏값을 지불하지 못했기 때문이다. 그는 건물 밖 길거리에서 잠이 든다.

열셋째 잔
아즈텍과 400마리의 술 취한 토끼

우리는 아즈텍 사람들에게 술이 있었다는 사실을 알고 있다. 이들이 술을 혐오했다는 것을 알고 있다. 이들이 술을 마셨다는 사실도 알고 있다. 마지막 사실은 다소 혼란스럽다.

아즈텍 사람들은 풀케pulque를 마셨다.◆ 재미있고, 하얗고, 점성이 있는 술로, 맥주 혹은 사과주 정도의 도수를 가진 술이다. 풀케는 아가베 수액을 발효해서 만들었고, 사실 몸에도 꽤 좋은 술이었다. 이 술에는 각종 비타민과 칼륨 등이 풍부하다. 영양분도 많아서, 풀케는 고기에 조금 미치지 못하는 음식이라는 속담도 있을

◆ 나와틀족 언어로는 옥틀리octli라고 한다. 스페인 사람들은 때로 이를 원주민들의 와인이라고 불렀다. 혼란을 피하기 위해 풀케만 사용하겠다.

정도다. 그러니 임신한 여성이 이를 즐겨 마셨던 것도 놀라운 일은 아니다. 임신부들은 자신과 배 속 아이를 위해 이 술을 마셨다.

하지만 아즈텍 사람들은 풀케를 보며 얼굴을 찌푸렸다. 대관식을 할 때마다 새로운 황제는 다음과 같이 선포했다.

> 내가 명하노니 음주를 멀리하고, 풀케를 마시지 말라. 그 이유는 풀케가 마치 사리풀과 같아서 사람을 이성에서 멀리 떨어지게 하기 때문이다. 이 풀케와 만취는 도시와 왕국에서 일어나는 모든 불화와 불만, 모든 반란과 불안의 근본이다. 이것은 모든 것을 뒤죽박죽으로 만드는 회오리바람과 같다. 모든 가능한 악을 존재하게 만드는 지옥 같은 폭풍이다. 간음, 강간, 소녀들의 방탕, 근친상간, 도둑질, 범죄, 저주, 거짓 증언, 악의적인 속삭임, 중상, 폭동과 싸움 앞에는 언제나 항상 만취가 있다. 이 모든 일들은 풀케와 만취 때문이다.

풀케를 마시라는 이야기라고는 할 수 없지만, 적어도 사람들이 풀케를 마시고, 취하는 행위가 널리 퍼져 있었다는 것을 시사하는 포고문은 된다. 그리고 정말 희한한 일인데, 같은 역사가에 따르면 풀케는 실제로 불법이었다.

아즈텍인의 역사를 쓸 때 문제점 중 하나는 문서화된 기록이 거의 없다는 점이다. 아즈텍인들은 고유한 문자 체계를 가지고 있었다. 하지만 스페인 사람들이 도착해서 자신들 편의에 따라 원주민들의 문서라면 손에 닿는 대로 모두 불태워버렸다. 아즈텍 문화가 철저하게 압살당하고 문자가 소실된 후, 스페인인들은 비로소 그것이 연구할 만한 가치가 있다는 판단을 내렸다. 가장 주요한 연구자는 베르나르디노 데 사하군Bernardino de Sahagún이라는 성직자로, 그는 앞선 칙령을 기록한 사람이다. 그는 다음과 같은 기록도 남겼다.

> 이미 나이 든 사람을 제외하고는 누구도 풀케를 마시지 않았다. 그리고 이들은 남들 눈에 띄지 않게 조금씩 마셔서 취하지 않았다. 만약 술 취한 사람이 사람들 앞에 나타나거나, 술을 마시다가 잡히거나, 거리에서 말도 제대로 못 하는 상태로 발견되거나, 노래하며 돌아다니거나, 다른 술꾼들과 어울리는 모습이 발견되면, 평민이라면 죽을 때까지 때렸고, (지역) 청년들에게 술을 멀리하게 만드는 본보기로서 그들 앞에서 교살했다. 취한 자가 귀족이라면 보이지 않는 곳에서 교살했다.

교살을 당할 때 다른 사람이 보지 않는 게 어떤 위안이 될지는 모르겠지만, 어쨌든 나름대로 의미는 있었을 것이다. 사하군이 과장하고 있다고 생각할 수도 있지만, 그렇지 않다고 거의 확신할 수 있다. 아즈텍인들은 우리가 보기엔 비정상적일 정도로 인간 희생에 열광하는, 극도로 피에 굶주린 무리였다. 간음한 자들에게는 그 당사자의 사회적 지위를 막론하고 거의 같은 처벌을 가했다. 남성은 돌로 머리를 박살 냈고, 여성은 먼저 목을 조른 후 돌로 머리를 박살 냈다. 게다가, 우리는 멕시코 다른 도시에서 만취자들을 어떻게 처벌했는지도 알고 있다. 텍스코코Texcoco는 아즈텍제국 주요 도시인 테노치티틀란Tenochtitlan 북동쪽에 자리 잡고 있었다. 한때 이 도시는 네사우알코요틀Nezahualcoyotl이라는 기묘한 인물이 다스린 적이 있다. 그는 누군지 정체를 알 수 없는 신에게 바치는 사원을 지었는데, 그 사원은 완전히 텅 비어 있었다고 한다. 그는 술에 관한 법을 제정했다. 술을 마신 성직자는 사형에 처했다. 정부 관리의 경우도 사형이었다. (뇌물도 함께 받았을 때다. 뇌물을 받지 않았다면 그냥 일과 직책 및 모든 것을 박탈하는 선에서 그쳤다.) 평민이 술을 마셨는데, 초범이라면 처벌하지 않았다. 글쎄, '처벌하지 않았다'라는 말은 사람들 앞에서 머리를 박박 깎이고, 조롱당하는 공개처벌을 했다는 말이다. 어쨌든 교수형에 처하지는 않았다. 술에 취한 상태에서 두 번째로 잡히면 그때는 교수형을 피할 수 없었다. 이를 보면 네사우알코요틀은 비교적 관대한 사람이었다.

이렇게 술이 매우, 매우 불법적이었던 아즈텍 문화에서 술이 어떻게 중심적인 역할을 할 수 있었을까? 실제로 술은 문화의 중심이었다. 이들에게는 술의 신이 있었다. 그것도 여러 명이었다. 아가베 식물의 여신인 마야우엘Mayahuel은 발효의 신 파테카틀Patecatl과 결혼했다고 한다. 마야우엘의 가슴이 400개나 되는 걸 보고 파테카틀은 아마 재미있어했겠지만, 그녀는 신성한 작은 토끼 센트손 토토치틴Centzon Totochtin을 무려 400마리나 낳았기에 그 많은 가슴을 유용하게 사용할 수 있었다.

토끼가 400마리나 된 이유는 아즈텍 문명이 20진법을 사용했기 때문이다. 400은 20의 제곱이므로, 이 숫자는 우리에게 10의 제곱인 100만큼이나 익숙하다. 하지만 이들이 하필 토끼였던 이유는 불분명하다. 토끼가 지능이 부족해서, 혹은 맨날 시간만 나면 그 짓을 하는 음탕한 놈들이어서 선택되었을 수도 있고, 아니면 그냥 귀여워서 선택되었을 수도 있다. 아즈텍 종교에서 이 토끼들은 중요했고, 이들을 섬기는 사제들도 사회적으로 매우 높은 지위를 갖고 있었다. 토끼들은 별 볼 일 없고, 잊힌 신들이 아니라 중심적인 신이었다.

하지만 이들이 무엇을 상징했는지는 알려지지 않았고, 이를 누설하면 죽음이라는 형벌이 기다리고 있었다.

여기서 다시 한번 모순이 등장한다. 그리고 다시 한번 이는 내 탓이 아니라, 아즈텍 문화를 제대로 기록해놓지 않고 파괴해버린 스페인 정복자들 탓이다. 노인들은 합법적으로 술을 마실 수 있었다. 노인이 정확히 몇 살부터인지 확인할 수는 없다. 하지만 일단 나이가 많고, 주름지고, 일상생활에서 은퇴한 사람이라면 자격이 있지 않나 싶다. 노동자로서 더는 효용 가치가 없다면, 이제 여러분은 그토록 바라왔던 술꾼이 될 수 있다.

앞서 그 모든 무시무시한 형벌을 묘사했던 역사가 사하군은 아즈텍의 (본질적으로 기독교 세례식에 가까운) 명명命名 의식을 다음과 같이 묘사하고 있다.

> 밤이 되면 노인들은 남녀를 막론하고 함께 모여 풀케에 취했다. 이들이 취하도록 커다란 단지에 풀케가 담겨 나왔고, 술을 따르는 사람은 (호박만 한) 조롱박에 술을 부어 모두에게 차례대로 나누어 주었다… 취하지 않은 사람이 있다면, 술 따르는 사람이 이번에는 반대쪽으로 왼쪽 끝 가장 낮은 지위에 있는 사람부터 시작해 다시 술을 돌렸다. 일단 취하면 모두 노래를 불렀다… 노래하지 않는 사람도 있었지만, 장황하게 떠들어대고, 웃고 농담을 즐겼다. 재미있는 이야기를 들으면 땅이 떠나가라 큰 소리로 웃었다.

요약하자면, 아즈텍 사회에서 술은 철저히 금지되어 있었고, 위반하면 죽음으로 처벌되었다. 하지만 술은 어디에서나 찾아볼 수 있었다. 술은 존중의 대상이었고, 문화와 종교의식에서도 핵심적인 역할을 담당했다. 노인들은 합법적으로 술을 마실 수 있었다. 이러한 모순적인 조합으로 인해 역사가들은 혼란에 빠졌고, 그러다 보니 아즈텍 환각제로, 완전히 합법이었던 테오나나카틀teonanacatl을 복용하여 빠르게 의식 없는 상태에 빠져들고 싶을 정도였다.♦ 하지만 이 모든 모순을 설명하는 이론이 있다. 술을 연구하는 인류학자들은 소위 '젖은 문화wet culture'와 '마른 문화dry culture'를 구분했다.

♦ 하지만 이 환각제 또한 사람을 혼란스럽게, 다시 말해서 어지럽게 만든다. 테오나나카틀은 식사 직전에 복용하는데, 몇 시간 동안이나 환각 효과가 유지되었으며, 구토를 유발했다. 냅킨 정도로는 처리하기 힘들 정도로 양이 엄청났다.

젖은 문화에서 사람들은 알코올에 대해 대단히 여유롭다. 이들은 온종일 술을 홀짝대고 정말 즐거운 시간을 보내지만, 제대로 만취하는, 다시 말해 쓰러질 정도로 취하는 경우는 정말 드물다.

마른 문화는 이와 반대다. 이 문화는 알코올이 없다는 의미에서 마른 것이 아니라, 알코올을 매우 경계하며, 술을 마셔서는 안 되는 때에 관한 엄격한 규범을 갖고 있기에 그렇게 불린다. 그러다 정작 알코올이 허용되면, 이들은 엉망진창으로 취해버린다.

일반적으로 남부 유럽은 젖은 문화권이다. 이탈리아 사람이라면 평일 정오에 리몬첼로limoncello(레몬을 원료로 만든 이탈리아 남부 지방 술 옮긴이) 한 잔 정도는 아무렇지도 않게 걸친다. 이에 반해 북유럽 문화는 말라 있다. 이들은 아침에는 술을 아예 마시지 않지만, 금요일 밤이 오면 미친 듯이 마셔댄다. 따라서 이 두 문화를 '대륙 스타일의 음주'와 '폭음 스타일의 음주'로 구분하기도 한다.

스페인 정복자들은 심지어 그 당시에도 젖은 문화를 고수했다. 이들은 자기들의 와인을 좋아했고, 이 와인을 온종일 홀짝거렸다. 하지만 실제로 고주망태가 되도록 마시는 경우는 극히 드물었다. 이 이론에 따르면 아즈텍 사람들은 마른 사람들이다. 이들은 1년 중 대부분을 감히 술에는 손조차 대지 못했다. 술을 마셨을 경우 앞서 나열한 모든 처벌을 고스란히 받아야 했다. 하지만 종교 축제, 예를 들어 400마리의 술 취한 토끼를 위한 축일이 되면 아즈텍 사람들은 아예 정신줄을 놓고 마셨다. 세상이 끝날 듯이, 거의 종교적인 열정으로 술을 마시고 취했다. 다시 말해 이들은 이들보다 앞서 살았던 고대 이집트인들이나 고대 중국인들처럼 종교적 체험을 얻기 위해 술을 사용했다.

그리고 종교 행사가 아닌 기간에는 술을 입에도 대지 않았다.

이러한 시스템은 매우 효과가 있었을 것이다. 누군가가 찾아와 그 장소를 정복하고 종교의 근간이 되는 달력을 파괴해버리기 전까지는 말이다. 그런데, 바로 그런 일이 벌어졌다. 마른 문화는 금요일마다 죽도록 마시고, 월요일부터는 맨정신으로 살아가는 문화와 잘 지낼 수 있다. 하지만 그러려면 누군가는 오늘이 무슨 요일인지 알고 있어야만 한다. 그러나 예수회 신부들이 아즈텍인들과 어울려 지내기도 전에 이미 이 핵심 지식은 사라져버리고 없었다.

그 시점에서 알코올 의존증은 전 세계적인 질병이 되었다. 스페인이 지배하던 멕시코 지역도 마찬가지였다. 실제로, 가톨릭 사제들은 원주민들이 착한 기독교인이 되는 것이 마음에 들지 않았던 사탄이 차라리 그들을 알코올 의존자로 만들고 있다고 주장하기도 했다. 하지만, 이 이론에 따르면 사실은 정반대였다. 기독교가 등장하며 기존 규칙이 완화되고, 이는 다시 사회의 혼란을 낳아, 정복당한 자들을 계속해서 끊임없이 풀케에 빠져들게 했다.

콜럼버스가 도착하기 이전 아메리카 원주민들의 음주문화에 대해 우리가 아는 바가 많다고는 할 수 없지만, 어쨌든 이제까지의 이야기는 우리가 알고 있는 바와 크게 다르지 않다. 그들에 대해 아는 것이 별로 없고, 기껏 아는 것마저도 수천 마일에 걸쳐 드문드문 여기저기 흩어져 있지만 아는 이야기를 전하자면, 가령 에콰

도르의 숨바구아Zumbagua 사람들은 선조의 정령과 소통하기 위해 술을 마신다고 한다. 그리고 많은 술을 마셔 구토하면, 토사물이 죽은 자의 유령들을 위한 음식이 된다고 믿는다.

그리고 이 오랜 문화는 완전히, 충분히 파괴되지 않았다. 오늘날에도 멕시코에는 '400마리 토끼처럼 취했다'라는 표현이 있다.

제4부
근대

열넷째 잔

런던을 휩쓴 진 광풍

마담 제네바

마담 제네바Madam Geneva는 스위스 제네바시와는 1원 한 푼어치도 관련이 없다. 마담 제네바는 영국 진의 여신이다(실제 여신이 아니라 18세기 초 런던에서 활동했던 지하 술집 운영자로, 진의 대중화에 중요한 역할을 했다고 알려져 있다 옮긴이). 따라서 스위스의 어떤 것보다도 훨씬 흥미롭다. 그녀의 이름은 소급에 소급을 거듭해보면 고대 프랑스어 주네브르genevre에서 왔고, 그 의미는 노간주나무다. 네덜란드인들은 이를 예네버르jenever라고 받아들였는데, 이 역시 노간주나무라는 의미다. 혹은 노간주나무가 주요 향료로 사용된 아주 맑은 알코올 증류주, 우리가 지금은 진이라 부르는 술을 가리키기도 한다.

이 흥미로운 여성을 그린 그림은 남아 있는 게 몇 장 없다. 예상

밖의 사실인데, 당시 그녀는 상당한 유명인이었기 때문이다. 시인들은 이 위대한 여성을 기리기 위해 연극과 시를 썼고, 「마더 진: 비극적이면서도 우스꽝스러운 서사시Mother Gin: A Tragi-Comical Eclogue」(1737)같이 좀처럼 잊기 힘든 제목을 달았다. 또 그녀의 장례는 거대한 군중 앞에서 여러 차례 열렸다. 그녀는 사교계 명사이자, 페미니스트 영웅으로 "자신의 성별에서, 심지어 가장 상류층에 있는 사람들에게서도, 최고의 존경을 받았고, 그들의 가장 **사적인 공간**에 들어가, 불행히도 창조의 연약한 부분(즉, 여성)에게 일어나는 수많은 실망과 고통을 달래주는 구제의 손길 역할을 했다."

'매우 비천하고 보잘것없는 출생 때문에 친구가 아닌 사람들에게 똥 더미 출신이라며, 매우 낮은 계급의 부모에게서 태어난 아이를 일컫는 데 사용되던 표현으로 불리던' 여신치고는 대단히 승격한 셈이다. 이러한 가계에 대한 지식은 1736년에 출간된 『마더 진의 삶: 그녀의 행실과 정치에 대한 진실되고 충실한 설명The Life of Mother Gin; containing, A True and Faithful Relation of her Conduct and Politicks』에서 얻을 수 있다. 그러나 사실, 그녀의 족보는 상당히 오래전으로 거슬러 올라간다.

증류주의 역사

증류주의 역사는 매우 골치 아플 정도로 복잡하다. 하지만 짧게 요약해보기로 하자. 그 역사를 설명하기 위해서는 우선 다음과 같은 질문들을 해결해야 한다.

1. 증류는 언제 발명되었는가?
2. 사람들은 언제 알코올을 증류했는가?
3. 사람들은 언제부터 증류한 알코올을 마시기로 했는가?
4. 사람들은 언제부터 일반적인 주정뱅이가 쉽게 확보할 수 있는 증류주를 대량 생산하기 시작했는가?

대충 대답해보자면 고대 그리스인들은 이미 2,000년 전부터 증류에 대해 분명히 알고 있었다. 하지만 이들이 알코올을 증류했다는 증거는 없다. 대신 이들은 마실 수 있는 물을 만드는 데 자신들의 발명을 낭비했다.

학자들 대부분은 10세기 여러 북아프리카 아랍 과학자들이 알코올 증류를 발명했다고 믿고 있다. 하지만 이 과학자들은 화학자들이다 보니 화학에만 관심이 있었고, 취하는 데는 그다지 관심이 없었다. 이에 대해서는 많은 논쟁이 있고, (10장에서 본) 아부 누와스가 증류주를 언급했다고 생각하는 사람들도 있다. 하지만 증류주의 기원에 대해 무엇이 사실인지 분명히 알고 있는 사람은 없다.

확실한 것은 이 증류주에 대한 관념이 아프리카 또는 유럽 그 어디에서도 시작되지 않았다는 사실이다.

그리고 그 이후에는 온갖 흥미로운 단서들이 있다. 증류주처럼 들리지만, 사실은 그렇지 않을 수도 있는 술의 단서들이다. 예를 들어, 12세기 헨리 2세의 잉글랜드 병사들이 아일랜드 수도원을 약탈하다가 정체를 알 수 없는 술이 담긴 통을 몇 개 발견했다. 이 술은 사람들의 목을 태우고, 매우 빨리 취하게 했다고 한다. 이야기만 들으면 증류주 같고, 충분히 가능성도 있다. 어쨌든 수도원은 과학과 주조의 중심지였으니 말이다. 그러나 그 술은 그저 독하고, 향신료가 많이 들어간 에일일 수도 있다. 우리는 영원히 알 도리가 없다.

중세의 연금술과 의학에 관련된 책들은 암호로 쓰여 있거나 정말 끔찍할 정도로 모호해서 그다지 도움이 되지 않는다. 하지만 15세기 정도가 되면 이제 소량의 증류된 알코올이 약으로 사용되는 용법이 언급되기 시작한다. 아마 짐작건대, 약이 맛이 좋아서 마시다 취한 환자도 있었을 것이다. 이들은 더 많은 증류한 알코올을 원했겠지만, 안타깝게도 아직은 매우 비쌌다.

스코틀랜드의 제임스 4세는 1495년 한 수도원에서 위스키 몇 통을 샀다. 아직은 위스키가 생명수aqua vitae라 불리던 시기였다. 주문량은 300~400병 정도였으니 건강이라는 목적에 필요한 양보다 훨씬 많았다. 그러나 제임스 4세는 왕이었고 이 정도 살 여유가 있었으며, 수도원은 아마도 대량으로 증류주를 만들 수 있는 매우 매우 희귀한 전문화된 기관 중 하나였다.

100년 후, 런던 바로 외곽에 생명수를 내놓는 바가 하나 있었다. 생명수는 여전히 진귀한 술이었고, 대부분은 이를 들어본 적도 없었다. 그러다가 17세기 중반 서유럽이 증류주에 미치기 시작했다. 프랑스인들은 갑자기 브랜디에 빠져들었고, 네덜란드 사람들은 예네버르에 빠졌다. 그동안 잉글랜드인들은 내전을 치르느라 바빴고, 증류주에는 그다지 관심 없던 청교도의 지배를 받고 있었다(청교도는 증류주는 물론, 그 어떤 술도 금지하려 들었다 옮긴이).

왕정복고가 이루어지면서(다시 말해 청교도가 쫓겨나면서 옮긴이), 잉글랜드 귀족들은 프랑스에서 새롭게 발견한 샴페인, 베르무트, 브랜디 등 기이한 술에 대한 새로운 취향을 장착하고 돌아왔다. 이들은 자연스레 귀족의 술이 되었다. 하지만 잉글랜드인들이 이 프랑스 문물에 젖은 새로운 귀족들을 그다지 신뢰하지 않다 보니, 결국 1688년 잉글랜드 군주는 프랑스 망명지로 되돌아가고 대신 네덜란드의 윌리엄과 메리가 그 자리를 이어받았다. 그리고 이 윌리엄이 바로 진을 가져왔다.

진

진이 잉글랜드에서 인기를 끈 데는 네 가지 이유가 있다. 왕, 군인, 종교, 세계적 기근의 종결이다. 생각해보면 모두 훌륭한 이유다. 여기에 '프랑스인에 대한 혐오'를 갖다 붙이는 역사가도 있다. 그렇다면 다섯 가지 이유가 된다.

첫 번째 이유인 왕부터 살펴보자. 윌리엄 3세는 진을 좋아했다. 그는 네덜란드 사람이었고, 네덜란드 사람이라면 모두 진을 좋아했다.

두 번째는 군인이다. 네덜란드 군인들은 두 가지 이유로 진을 좋아했다. 우선 네덜란드 군인도 네덜란드 사람이라는 이유 때문이고, 진은 네덜란드 군인들에게 특정한 형태의 용기를 불어넣어주었기 때문이다. 오늘날에도 우리는 이를 네덜란드 용기Dutch courage(술로 인해 얻는 용기. 사실은 객기에 가깝다 옮긴이)라고 부른다. 세 번째, 이 시기 유럽 국가들은 끊임없는 불화에 시달리고 있었다. 대체로 개신교와 가톨릭 간의 종교 분쟁이 그 원인이었다. 잉글랜드와 네덜란드는 모두 개신교 국가였다. 따라서 잉글랜드 군인들은 네덜란드 군인과 같은 편에서 싸웠고, 같은 편에서 술을 마셨고, 집으로 돌아와 비슷비슷한 숙취를 겪으며 진 맛에 길들었다. 이렇게 진은 군인들의 술이 되었고, 개신교의 술이 되었다.

다음으로는 세계적 기근의 종결이 있었다. 까마득한 옛날부터, 아마 얼마 전까지만 해도 전 세계 모든 나라는 흉작이라는 문제와 싸워야 했다. 정상적인 해에도 농부들이 수확하는 양이란 모든 사람을 간신히 먹일 수 있을 정도였다. 생산을 늘리려고 해도 그러지 못했던 이유는, 농작물을 팔 수단이 없었기 때문이다. 또 워낙에 흉년이 자주 들었다. 이런 일이 일어나면 곡물이 부족해져서 사람들 모두에게 돌아갈 만큼 충분하지 않게 된다. 하지만 농부들은 이런 일이 일어나더라도 조금도 속상해하지 않았다.

그 이유는 농업경제학의 재미있는 특징 때문이다. 흉작은 곡물 부족을 의미한다. 곡물 부족은 곡물가 상승을 낳는다. 곡물가 상승은 흉년일 때도 풍년만큼이나, 오히려 적은 노동으로 많은 돈을 벌 수 있다는 사실을 의미한다.

흉년으로 고통을 겪는 주체들은 가난하고 궁핍한 사람들과 정부였다. 그중에서도 정부가 가장 커다란 고통을 겪어야 했는데, 가난하고 궁핍한 사람들의 짜증과 넋두리를 다 받아주어야 할 뿐만 아니라, 이들이 참을 수 없을 때 일으키는 폭동까지도 진압해야 했기 때문이다.

윌리엄 3세는 자신이 이 문제를 해결했다고 믿었다. 진은 곡물로 만드는데, 곡물의 질은 그다지 문제가 되지 않았기 때문이다. 일단 술이 발효되고 증류되기만 하면, 곡물의 차이는 느낄 수 없었다. 따라서 이 진을 잉글랜드에 유행시킬 수만 있다면 농사가 평작인 해에 남아도는 곡물을 위한 커다란 시장을 만들게 되는 셈이다. 그렇게만 되면 흉년이 왔을 때도 진을 만들기 위해 저장해둔 곡물을 사용하면 된다. 최고의 품질은 아니겠지만, 어쨌든 먹을 수 있을 정도는 된다. 따라서 기근을 영원히 종식시킬 수 있다. 그러나 그러기 위해서는 진을 정말, 정말 인기 있는 술로 만들어야 한다.

이를 위해서는 먼저 진을 맥주보다 쉽게 구할 수 있는 술로 만들어야 했다. 진에 대한 세금을 완전히 없애고 모든 규제를 철폐하며, 진을 원하는 사람이라면 누구나 증류할 수 있는 시스템을 구축해야 했다. 반면 프랑스 브랜디 수입은 금지해야 했다. 그러나 윌리엄 3세는 어찌어찌 이 엄청난 일을 해낼 수 있었다. 모든 지혜로운 잉글랜드 왕들이 그랬듯이 그도 이미 프랑스와 전쟁을 이미 벌이고 있었기 때문이다(전쟁 중 적국과의 무역을 제한하는 것은 당연한 일이다 옮긴이).

그래서 네덜란드인 엄마와 잉글랜드인 병사 사이에서 태어나고 외국인 혐오증(프랑스인에 대한 이야기다 옮긴이)을 가진 딸 마담 제네바가 마침내 런던이라는 끔찍한 대도시에 도착하게 되었다.

런던

1700년, 런던은 유럽에서 가장 큰 도시였다. 이게 바로 문제였다. 영국 사회란 곳은 사람들이 작은 단위, 가능하면 작은 마을에 옹기종기 모여 살 때, 눈에 띄게 질서가 잘 잡히는 사회다. 충분한 경찰력은 없지만, 마을에는 굳이 그런 게 필요도 없다. 모든 사람이 서로서로 다 알고 있다. 영국엔 우리 기준으로 볼 때도 국내법이 극히 적었다. 사실 그다지 필요가 없었기 때문이다. 모든 사람이 서로의 일에 관심이 많고 누구의 삶도 비밀이 될 수 없는 마을에서 살다 보면, 사회 규범을 유지하는 데 사회적 압력이면 충분했다. 약간의 소문과 못마땅한 표정만으로도 세상의 질서는 유지될 수 있었다. 누구도 자신의 지위를 감히 넘어서지 않고, 누구도 자신이 아닌 어떤 대단한 사람인 척할 수 없었으며, 누구도 자신의 과거로부터 도망칠 수 없었다.

마을에는 심지어 일종의 사회 안전망까지 갖추어져 있었다. 교구 말이다. 가난한 교구민은 어려운 시기에 쓰러질 수밖에 없을 때, 교구 앞에서 쓰러지면 뭔가를 얻을 수 있었다. 많지는 않았다. 하지만 절대적인 빈곤이란 드물었다.

그런데 이제 모든 사람이 런던으로 이사를 갔다. 물론 모두가 한꺼번에 몰려가지는 않았다. 하지만 결국은 그런 셈이었다. 런던의 거리는 금으로 포장되어 있다는 소문이 돌았다. 남성은 물론 여성도 한몫 잡을 수 있다고 했다. 런던에서는 모든 것이 가능했다. 모든 사람이 자신이 원하는 존재가 될 수 있었다. 런던은 뭐가 달라도 달랐다.

공정하게 말해서 런던은 실제로도 달랐다. 영국에는 인구 2만이 넘는 도시가 단 두 곳이었다. 그런데 런던 인구는 60만이었다. 누구라도 처음 보는 광경이었다. 삶의 양상이 완전히 새로웠다. 이제 사람들은 익명의 존재가 될 수 있었다. 사람들은 길거리를 걸어 다니며 자신이 아는 사람을 단 한 사람도 만나지 못한다는 사실에 놀라워했다. 워낙 놀라운 일이다 보니 신문의 단골 소재였다.

사람들은 한껏 뽐내어 차려입을 수도 있었다. 신사처럼 차려입으면 누구라도 신사로 간주되었다. 역시 놀라운 일이었다. 이는 또 근본적으로 사회 질서 전체를 혼란에 빠뜨렸다. 신사처럼 보였던 그 친구는 신사가 아닐 수 있었다. 넝마를 입고 있던 그 녀석이 어제 보았던 그 신사일 수 있었다. 당시는 사람들이 처음으로 남해 버블South Sea Bubble이라는 주식 시장 붕괴를 경험하던 시절이었다. 런던에는 자기에게 명예로운 전쟁 기록이 있다고 하는 사람, 자신을 장교로 부르지 않으면 두들겨 패주겠다고 협박하는 사람들이 넘쳐흘렀다. 아무도 서로를 알아보지 못하는 장소에서 사람들은 자유롭게, 아무렇게나 행동하고도 무사할 수 있었다. 절대적인 빈곤을 비롯하여, 모든 것이 가능했다. 사회보장 기능을 담당했던 교구 시스템은 마을 교구에서만 유효했다. 가난한 사람들은 런던에서 홀로 내팽개쳐졌다.

그러나 완전히 혼자였던 것은 아니다. 가난한 사람들은 많았다. 이들은 웨스트민스터와 이스트엔드 부근에 조성된 슬럼가와 판자촌에서 살았다. 그곳에 살던 사람들의 삶은 정말, 정말 처참했다. 이들의 삶에서 절대적으로 필요한 것이 있다면 바로 망각이었다. 이들은 규제라고는 전혀 받지 않고, 세금이라고는 내지도 않고, 따라서 매우, 매우 싸면서, 겁나게 빨리, 겁나게 취할 수 있는 술이 필요했다. 극빈자용 침대에서 정신을 잃을 때까지 마실 수 있는 술이 필요했다. 이들은 마담 제네바의 엄마 같은 위로가 필요했다. 혹은 당시 흔히 보이던 슬로건과도 같았다. "단돈 1페니면 취할 수 있다. 단돈 2페니면 죽도록 취할 수 있다. 잠자리를 위한 깨끗한 짚은 무료다Drunk for a penny. Dead drunk for tuppence. Clean straw for nothing."(영국의 사회 풍자 화가 윌리엄 호가스William Hogarth의 풍자화 「진 골목Gin Lane」(1751)에 나오는 문구 옮긴이)

진 마시기

이 책 전체에서 나는 어디에서, 언제, 누가 술을 마셨는지 기록하려고 노력해왔다. 앞서 요약한 모든 사회 경제적 부침을 마주한, 가난한 런던 사람들은 실제로 어디 가서 진을 구했을까? 언제? 누구에게서? 그런데 대답은 정말 어디에서나, 언제나, 그리고 누구한테서나였다.

진을 파는 술집을 차리는 데 필요한 건 아무것도 없다시피 했다. 아, 물론 진은 필요하다. 진을 얻기 위해서는 대규모 증류업자 중 하나를 찾아간다. (이 사람들은 몰트 증류업자라고 불렸다.) 그러곤 1갤런, 그러니까 대략 4.5리터 정도의 가공되지 않은 증류주raw spirit(증류 과정을 거친 후 가공되지 않은 술 옮긴이)를 산다. 이 술을 집에 가져와서 **다시 한 번** 증류한다. 이 과정이 중요한데, 이 두 번째 증류를 거쳐야만 진이 오늘날의 술보다 훨씬 독해지기 때문이다. 대충 80퍼센트(80도 옮긴이) 정도였다고 하는데, 학자들 주장에 따르면, 오늘날 마실 수 있는 어떤 진보다 두 배는 독했다고 한다. 두 번째 증류 과정 중에 약간의 향료를 던져 넣을 수 있다. 노간주나무가 중요하다(앞으로 보겠지만 그렇다고 필수는 아니다). 그리고 떠오르는 건 아무거나 넣어도 된다. 좀 강한 자극을 주기 위해서 테레빈terpentine과 황산 같은 것이 많이 사용되었다. 물론 건강에 좋지 않았지만, 중요한 문제는 아니었다. 자, 이제 진을 팔 채비가 끝났다.

진을 파는 술집은 보잘것없는 건물의 작은 방 하나 정도면 충분했다. 바로 그거다. 『런던 매거진London Magazine』의 보도에 따르면 가난한 지역에서는 "거의 모든 집 이쪽저쪽에서 판다. 보통은 지하실이지만, 때로는 다락방일 수도 있다." 보도는 과장이 아니었다. (오늘날 대영박물관 바로 남쪽) 세인트 자일스의 다섯 개 방 중 하나가 진 가게로 추산되었다. 방마다 가득 찬 더러운 옷차림의 가난한 사람들이 근심을 술로 달래거나 술에 취해 잠을 자고 있었다.

지하층이나 다락으로 가는 계단이 귀찮다면, 길거리에서도 살 수 있었다. 어디에서건. 누구에게서나.

> 현대의 서민들은 그들의 나태를 잘 보존해주는 사랑스러운 음료이자, 걱정과 검약한 생활의 고민에 대한 확실한 해독제인 진 없이는 오래 살 수가 없다. 진은 반복적으로 들이켜면 냉정한 생각이라는 모든 고통을 없애고, 조금만 시간이 지나도 너무너무 절박한 의식주라는 고통스러운 느낌마저 치료해준다. 이러한 상황에서 서민들에게 진을 파는 상인들은 남녀를 불문하고 최악의 무리이며, 대체로 청춘을 낭비한 거친 사람들이다. 구석에 처박힌 남루한 늙은이는 썩은 가발을 쓰고, 지나가는 사람들에게 진 한 잔을 권한다. 또 다른 누더기 차림의 사람은 사람들이 드문 곳에서 바구니에 여러 병을 담아 들고 돌아다니며 진을 사라고 목청껏 외치고 있다. 한편 조금 더 멀리서, 과감하게 무리 중심까지 들어간 세 번째 남자의 머리가 보인다. 그(템스강 뱃사공)는 불규칙하게 오가는 사람들의 흐름 속에서도 자기 일에 집중하고 있다. 한편, 더 위쪽으로 가면, 늙고 허약해 보이는 노파가 진을 마시고 백일몽에 빠져 있고, 그녀 맞은편에는 군복을 입은 그녀의 고집

> 센 딸이 술꾼들의 위안인 술을 빠르게 판매하고 있다. 그들에게서 들리는 알아들을 수 있는 소리라고는 욕설과 저속한 표현밖에 없는데, 한마디, 한마디마다 자신이나 대화 상대에 대한 욕설과 저주가 있는 그대로, 되는대로 튀어나온다.

얼마나 술을 마셨을까? 맥주잔으로 몇 잔은 마셨을 것이다. 불가능한 이야기처럼 들릴 수도 있다. 앞서도 말했지만, 이 술의 알코올 도수는 80도일 수도 있다. 인간은 이 정도 독주를 맥주처럼 몇 잔씩 퍼마시고는 살 수 없다. 따라서 사람들은 몇 리터를 마시지는 않는다. 그랬다면 당연히 죽는다. 사실 진 술집에서 쓰러져 죽은 사람들이 얼마나 많았던지 믿기 어려울 지경이다. 1741년 런던의 몇몇 사람들은 런던 바로 외곽에서 농사를 짓던 뉴잉턴 그린Newington Green이라는 사람을 만났다. 이들은 재미 삼아, "'장난'이라고 부르는 것에 동참하라고 설득하여, 그에게 진을 맥주잔으로 한 잔 마실 때마다 1실링을 주어 서너 잔을 마시게 했다. 그 술을 다 마시자마자, 그는 쓰러져서 곧바로 사망했다(여기서 잔은 파인트의 번역이다. 영국의 1파인트는 568.261밀리리터다. 500cc 맥주잔으로 서너 잔을 마신 셈이다 옮긴이)."

대단히 상징적인 사례다. 한편으로는 런던에 막 도착한 시골뜨기가 진을 마신 탓에 바로 죽는 이야기다. 다른 한편으로 그는 자기가 **왜 죽는지도 모르고 죽었다**는 이야기다. 시골 농부라면 에일 몇 잔쯤은 손쉽게 마셨다. 그것도 아무 때나 마셨다. 아침에도 마찬가지였다. 그런 사람이 처음 보는 술 한잔 정도야 마다할 까닭이 없지 않았겠는가?

현대인에게는 당연히 그래서는 안 된다는 답이 있다. 우리에게는 증류주를 마시며 함께 어울린 300년이라는 전통이 있기 때문이다. 새로운 약물은 위험하다. 이 약물이 그 자체로 위험하기 때문이 아니라, 우리 문화가 아직 그 약물의 소비 규칙을 정하지 않았기 때문이다. 먼 미래에 우리는 완전히 사회화된 크랙 코카인crack cocaine(흡연이 가능한 강력 코카인 옮긴이)을 아무렇지도 않게 나누며 즐길 수도 있을 것이다. 예를 들어 목요일 오후 티타임이라면 모두가 당연하게 소량으로 한 번씩 피우게 될 수도 있다. 할머니는 파이프를 데우고, 목사님이 크럼펫을 돌리는 동안, 예의 바른 대화를 나눌 것이다. 크랙은 **언제나** 크럼펫과 함께 즐겨야 하는 법이니까(크럼펫은 팬케이크 형태의 빵으로 코카인과 아무런 관계가 없다. 코카인이 먼 미래에는 크럼펫처럼 일상적인 간식으로 소비될 수도 있다는 말이다. 사회화라는 게 이런 의미다 옮긴이).

하지만 오늘날 아직 이런 관습은 없다. 당시 진도 그렇게 소비되지는 않았다. 우선 진은 맥주잔에 담지 않는다. 진의 일반적인 양은 쿼턴quartern으로, 파인트의 4분의 1, 그러니까 일반적인 500cc 맥주잔의 4분의 1이었다. 게다가 원한다면 물을 타 묽게 마실 수 있다. 하지만 옛날 사람들이 마셨던 양을 오늘날 우리가 마신다면 우리는 아마도 대부분 뻗어버릴 것이다.

음주란 원래 통제하기 힘든 법이다. 따라서 사회를 통제하는 사람들, 다시 말해 상층계급에도 대단히 위협적이었다. 윌리엄 버드William Bird라고, 켄싱턴에 근사한 집을 가진 친구가 있었다. 그에겐 제인 앤드루스Jane Andrews라는 이름의 하녀가 있었다. 1736년 3월 어느 날 윌리엄이 외출하면서 집 관리를 제인에게 맡겼다. 제인은 책임감 강한 여성이었다.

> 문을 걸어 잠그고, 자주 오가던 켄싱턴 타운의 진 상점으로 갔다. 거기서 그녀가 아는, 경비대에서 북 치는 고수와 굴뚝 청소부, 그리고 한 여성 여행자를 발견했다. 그녀는 이들을 주인집으로 초대해서 아침 10시부터 오후 4시까지 계속 들이켰다. 제인 앤드루스는 이제 모두 잠자리에 들자고 제안했다. 그래서 그들은 문과 창문을 닫았다. 오후 4시밖에 안 된 시간이었지만 이들은 옷을 벗고 모두가 같은 침대에 누웠다(이를 제인은 링 체인지ring change라고 불렀다(영어로 ring change란 행동에 새로움을 가미해 재미와 흥미를 더한다는 뜻이다. 여기서는 성적인 재미를 가리킨다 옮긴이)). 그리고 거기 누워 있었다. 그런데 이 일에 대한 소식을 들은 사람들이 몰려와 문을 에워싸고 이 행복한 커플들을 방해했다.

이 이야기는 꺼림칙한데, 근사하고 깨끗한 시트에 굴뚝 청소부가 눕는 부분 때문은 아니다. 이 이야기는 사회의 무질서를 상징하고 있기 때문이다. 하인을 부릴 수 있을 정도로 돈 많은 친구가 이 이야기를 신문에서 읽는다고 상상해보라. 집을 비우고 싶은 생각이 싹 달아날 것이다. 집을 비운 동안 굴뚝 청소부가 링 체인지를 한다면, 그건 사실상 혁명에 맞먹는 사건이다.

이 이야기가 등에 식은땀을 흐르게 하는 또 다른 이유는 제인이 마담 제네바와 같이 여성이었기 때문이다. 여성들은 진을 사랑했다. 진이야말로 정말 성을 뛰어넘은 술이었다. 물론 여성도 맥주를 마시긴 했다. 하지만 엄청난 양으로 마시지는 않았다. 진은 아마도 그 대도시적 특성 때문인지, 혹은 아마도 새로운 유행이었기 때문인지 여성들이 무척 좋아하는 술이었다. 이를 마뜩잖게 생각했던 남성들은 수도 셀 수 없이 많은 팸플릿을 써서 진이 어떻게 여성들을 음란하고 음탕하게 만들어(여자가 이래선 안 되는 것이었다) 섹스하고 싶게 하고, 임신하게 만들고, 임신 중에도 많은 양의 진을 마시게 하여 태아에 해를 주는지(이것은 사실이었다) 밝히려 했다. 그래서 기형아가 태어나기도 하고, 여성들이 여전히 진을 포기하지 못하여 나쁜 엄마와 나쁜 유모나 육아 담당 하녀가 될 수 있다고 했다. 이 점 역시 안타깝지만, 사실일 수도 있었다. 메리 이스트윅Mary Eastwick이라는 유모가 있었는데, 술에 취해 정신을 잃어 자신이 돌봐야 하는 아이가 불에 타는 것도 몰랐다. 이는 일종의 태만으로도 볼 수 있지만, 검시관은 그녀가 훌륭한 여성이었으며 모든 것은 '그 치명적인 술 때문'이라는 결론을 내렸다. 또 한 명의 돌보미는 어느 쪽인지 모르겠지만 어쨌든 더 형편없는 짓을 저질렀다. 불에 연료를 넣다가 아이를 장작으로 착각한 것이다. 결과는 누구나 예측할 수 있다. 또 결국 진을 대표하는 얼굴이 된 주디스 디포Judith Defour의 사례도 있다.

주디스 디포는 가난한 여인이었다. 그리고 진을 사랑했다. 그녀에게는 메리라는 두 살배기 딸이 있었다. 아버지가 사라진 지는 이미 오래였고 홀로 아이를 돌볼 여력이 없었던 주디스는 아이를 교구의 구빈원에 보냈다. 교구에서는 아이에게 예쁜 새 옷을 입혀주었다. 어느 일요일 아침 주디스는 브릭 레인Brick Lane 위쪽에서 걸어나와 들판을 가로질러 구빈원으로 가서는 메리를 하루 동안 데리고 있겠다고 요청했다.

엄마와 딸은 아침 10시경 떠났다. 오후에 주디스는 수키라는 여성을 만나서 함께 진을 마시기 시작했다. 오후 7시쯤이 되자 돈이 다 떨어졌다. 주디스에 따르면 수키가 메리의 옷을 팔아 진을 더 마시자는 근사한 아이디어를 제안했다고 한다. 1월이었고, 밖은 이미 어두웠다. 두 사람은 어린 메리의 옷을 벗긴 다음 아이를 들판의 도랑에 방치하고는, 런던으로 되돌아가 다시 진을 마시려 했다. 그런데 메리가 울었다. 차가운 도랑에서 계속 울었다. 차마 울고 있는 딸을 버려두고 떠날 수가 없었던 주디스는 되돌아가 딸을 목 졸라 죽였다. 그러곤 사체를 도랑에 던져버리고 진을 마시러 자리를 떴다. 주디스는 이렇게 말했다. "그리고, 그런 다음, 우린 함께 갔죠. 외투는 1실링에 팔고, 속치마와 양말은 4펜스에 팔았어요. 우리는 그 돈으로 진 1쿼턴을 마셨어요."

그날 밤늦게 돌아온 주디스 디포는 직장 동료에게 자신이 저지른 짓을 털어놓았다. 그녀는 재판을 받고 교수형에 처해졌다.

모든 여성이 진을 위해서 자신의 아이를 죽이지는 않는다는 사실을 밝히고 넘어가는 바다. 주디스의 어머니 말에 따르면 딸은 "결코 제정신이 아니었고, 정신이 항상 왔다 갔다 했다." 진의 광풍과 함께 등장한 많은 이야기 중 어디까지가 진짜 공포물이고 어디부터가 가짜 공포물인지를 구분하기란 쉽지 않다. 진을 마심과 동시에 몸에 불이 붙었다는 여자 두 명의 사례도 있다.◆ 그러나 주디스 디포야말로 모두가 진을 향해 품는 혐오를 온몸으로 구현한 인물이었다. 이는 1736년 진 규제법Gin Act 제정으로 이어졌다.

금지

진은 1690년대 잉글랜드로 들어왔다. 1720년대가 되자 런던 길거리는 옷을 팔아 진을 마시고 고주망태가 되어 의식을 잃은 사람들로 붐볐다. (나체로 거리를 돌아다니는 것도 문제였다.) 1729년 최초의 진 규제 법안이 통과되어 진은 규제되고 세금이 매겨졌다. 진은 당시 노간주나무 향이 나는 독한 증류주로 정의되었다. 증류업자들은 증류주에 노간주나무를 넣지 않으면서 이 정의를 교활하게 피해 나갔다. 이들은 순수한 밀주hooch(정부 규제를 피해 불법적으로 생산되거나 판매되는 주류를 가리키는 통칭 옮긴이)를 팔았고, 이 형편없는 술에 '의회 브랜디'라는 이름을 붙여 정부를 모욕하기도 했다.

◆ 이는 진지하게 받아들여졌으며, 왕립학회에서 논의되기도 했다.

1733년 또 하나의 법안이 통과되었는데 이 법안의 효과도 크게 다르지 않았다. 하지만 디포 사건 이후로 상황이 제법 심각해졌다. 1736년 법안으로 인해 모든 진 판매자에게 허가장이 필요해졌다. 이 허가증은 1년에 50파운드의 비용이 들었다. 당시 기준으로는 상당한 액수였다. 지금으로 따지면 1만 달러가 훨씬 넘는 돈이다. 이번에도 교활한 책략으로 면허를 얻지 않고 진을 파는 사람들이 생겨났다. 공식 면허는 단 두 건 발부되었다고 한다.

자신들이 나라를 지배하고 있다는 사실을 보여줘야 할 필요가 있었던 정부는 불법 진 판매상을 제보하는 사람에게 포상금을 제공했다. 포상금을 노리고 많은 사람이 기꺼이 제보에 나섰지만 이번에도 판매자들은 법망을 교묘하게 피해 나갔다. 진 판매상은 은밀히 사람들 틈으로 숨어들었고, 제보자들을 때려죽였다. 한편, 사람들은 진을 얻기 위해 '가짜 고양이'를 사용하기도 했다.

가짜 고양이를 만든 더들리 브래드스트리트Dudley Bradstreet는 자서전을 남겼으므로 공정하게 그의 말을 있는 그대로 옮겨보겠다.

> 사람들은 사랑하는 술이 그리워 매우 시끄럽고 요란스럽게 불평을 해댔다. 하지만 결국 누구도 감히 판매할 용기는 없었다. 그래서 나는 그 거래를 해보기로 결심했다. 나는 진 규제법을 사서, 여러 번 읽어보았다. 그리고 문을 부수는 권한은 당국은 물론 누구에게도 없었고, 제보자는 진을 판매하는 집의 임차인 이름을 알아야만 한다는 조항도 찾을 수 있었다. 이 조항을 피해 나가기

위해 나는 세인트 루크 교구의 블루 앵커 골목에 있는 집을 눈여겨보았다. 주인은 은밀하게 거래를 제안해왔다. 나는 그 집에 충분히 보안 장치를 하고… 무어필즈에서 고양이 간판을 구입해서는, 거리 쪽 창문에 못을 박아 걸었다. 그런 다음 고양이 발아래 1인치 정도 납으로 만든 대롱이 조금 노출되도록 했다. 안쪽에 있는 대롱에는 깔때기가 달려 있었다.

장사 준비를 마친 다음, 나는 런던 최고의 진을 만드는 증류업자가 누군지 수소문했고 몇몇 사람들로부터 홀본에 있는 엘 무슨 무슨 데일 씨가 가장 유명하다는 이야기를 들었다. 나는 그에게 가서 내가 가진 전 재산 13파운드를 내놓고, 아, 2실링은 빼고, 내 계획을 알렸다. 그는 찬성했다. 화물이 집으로 왔다. 집 뒤편에는 드나들 수 있는 길이 있었다. 술이 충분하게 들어오자 나는 한 사람을 시켜 몇몇 사람들에게 알렸다. 다음 날부터 고양이가 내 창문에서 술을 판다고 말이다. 사람들이 고양이 입에 돈을 넣으면, 그 돈은 입에 연결된 구멍을 통해 나에게 전달되었다. 밤에 나는 은신처에 있다가 아침 일찍 일어나서 손님을 맞이하기 위한 준비를 했다. 거의 세 시간쯤 아무런 기척이 없어 거의 체념할 즈음, 마침내 돈이 짤랑짤랑하는 소리가 들렸다. 그러곤 나긋나긋한 목소리가 들렸다. "야옹아, 진 2페니어치 줘." 나는 즉시 내 입을 튜브에 대고, 고양이 발아래 파이프에서 진을 받아 가라고 말했다. 그런 다음 양을 계량하여 깔때기에 붓자, 그들은 금방 진을 받았다. 밤이 되기 전 이미 나는 6실링을 벌었고, 다음 날에는 30실링 이상을, 그리고 이후로는 하루에 3~4파운드씩 벌었다.

그는 이 돈을 창녀와 굴에 탕진했다.

이 소위 야옹이 기계는 런던 전역에서 인기를 끌었다. 가난한 사람들의 무리가 고양이에서 나오는 술을 마시려 모여들었다. 진 규제법은 정말 멍청해 보였다. 따라서 정부도 무기력하게 보였다. 런던도 대단히 기이하게 보였을 것이다.

이에 따라 정부는 진 규제법을 더 많이 통과시켰다. 일일이 이야기하기에 지겨울 정도였다. 어쨌든 1740년대에 들어 정부는 마침내 진을 완전히 금지하거나 지나친 세금을 물리기보다, 조금만 과세하고 천천히 세율을 올리는 쪽으로 방향을 틀었다. 멋진 아이디어였지만, 이미 진 소비는 감소하기 시작하고 있었다. 매력은 사라졌다. 유행은 시들었다. 그리고 마침내 1750년대에 놀라운 일이 일어났다. 몇 년에 걸쳐 흉작이 든 것이다.

오렌지 공 윌리엄이 60년 동안 대비해왔던 곡물 부족 사태가 드디어 찾아왔다. 하지만 곡물은 모든 사람을 위한 빵을 만들 수 있을 만큼 여전히 충분했다. 기적이었다. 이제 사람을 죽이거나 갑자기 불타오르게 만드는 것을 빼놓고, 진은 해야 할 역할을 다했다.

광풍은 지나갔다. 그러나 진은 잉글랜드 사회를 알아볼 수 없을 정도로 완전히 바꾸어놓았다. 지배계급은 도시 빈민을 매우 두려워하게 되었다. 지배계급은 빈민의 음주를 싫어하지는 않았다. 다만 진이 촉발하는 빈민들의 무법성, 법에 대한 괄시, 폭도로 돌변할 가능성이 두려웠다. 진은 런던 길거리에 눈에 보이는 최하층을 출몰하게 만들었다. 이 최하층을 처리할 수 있는 가장 현명한 방안으로, 다른 대륙으로 추방하는 방법이 제시되었다. 이렇게 해서 미국과 오스트레일리아가 태어났다.

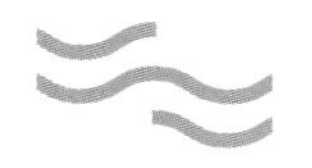

열다섯째 잔
럼 위에 세운 나라

오스트레일리아는 술이 없는 식민지로 계획되었다. 하지만, 모든 역사의 계획들은 어긋나기 마련이다. 나폴레옹의 모스크바 침공이 그랬고, 마오의 대약진 운동, 히틀러의 천년제국 모두 실패를 맛보았다. 그중에서 오스트레일리아 계획 실패야말로 가장 내 마음에 드는 실패다.

오스트레일리아를 생각해냈던 시드니 경Lord Sydney은 유토피아적인 몽상가여서 이 장소에 대해 끔찍할 정도로 도덕적인 아이디어를 갖고 있었다. 죄수들을 이곳에 보내 고통을 주기보다는 교화시킨다는 것이었다. 교화의 수단은 힘든 노동과 신선한 공기와 자연, 그리고 그 밖에 모호하게 행복감을 주는 것들이었다. 알코올이나 돈은 없어야 했다. 그런 것들이 없어야 범죄도 없을 테니까.

이 계획은 그다지 진전되지 않았다. 사실은 플리머스Plymouth 정도에서나 제대로 실현되었을까(플리머스는 영국 남서부의 군항도시를 가리킨다. 시드니 경이 이곳 출신이므로, 작은 자기 고향에서나 실현될 수 있는 협소한 계획이었다는 의미다 옮긴이). 1787년 항해에 나선 제1함대The First Fleet는 세 집단으로 구성되어 있었다. 죄수들과, 죄수를 감시하는 해병, 그리고 개인적인 계약을 맺고 이들을 거기까지 보내준 다음, 바로 고향으로 돌아와야 할 선원들이었다. 선원들에게는 어느 정도 술이 허용되었다. 해병은 술을 마셔서는 안 된다는 명령이 내려졌지만, 해병은 이 명령을 심각하게 받아들이지 않았다. 사실, 이들은 '몹시 억울해했고', 사령관에게 이 명령은 따르지 않겠다는 연판장을 썼다. 그러곤 술이야말로 '기후 변화나 극단적인 피로로 위험에 처하게 될 수도 있는 삶을 유지하기 위한 필수 요건'이라고 덧붙였다.

시드니 경은 '수비대 불만'에 관한 보고를 듣고 일부 양보했다. 그는 해병대가(해병대만) 식민지 설립 후 3년 동안 술을 마실 수 있도록 허락했다. 그 이후로 오스트레일리아는 마침내 술이 말라버린 땅이 될 예정이었다.

오스트레일리아는 정말 경이로울 정도로 훌륭한 장소가 될 수도 있었다. 나중에 일종의 오스트레일리아 국가 선언 역할을 했던, 최초의 총독을 위한 지침 초안에는 다음과 같이 명시되어 있다.

> 신성 모독, 불경, 간통, 혼전 섹스, 다부제 혼인, 근친상간, 주님의 날을 모독하는 모든 행위, 욕설, 만취를 금지하는 법을 엄격하게 집행해야 한다.

부분적으로는 효과가 있는 지침이었다. 최소한 오스트레일리아인 중에서는 일부다처론자를 들어본 적이 없으니까 말이다.

어쨌든, 제1함대는 오스트레일리아에 도착했고, 사람들이 내리기 시작했다. 생각보다 훨씬 복잡한 일이었다. 우선 해병이 내렸다. 며칠이 지난 후 남성 죄수들이 상륙했다. 그리고 며칠이 지난 후 여성 죄수들이 내렸다. 함대 의사는 이 즐거운 행사를 다음과 같이 묘사했다. "여성 죄수들이 내리자마자 남성 죄수들이 주변에 모여들었다. 내 능력으로는 그 이후 밤새 벌어졌던 방탕과 폭동의 현장을 제대로 그릴 수 없다." 하느님은 번개를 들어 식민지 양 일곱 마리와 돼지 한 마리를 죽이시며 당신의 의견을 피력하셨다.

하지만 술을 내리는 진짜 문제가 남아 있었다. 오스트레일리아 최초의 총독 아서 필립Arthur Phillip은 여성들에게 어떤 일이 일어났는지를 보았고, 자기 생각에 실질적인 가치를 가진 물건이 여성들과 같은 대접을 받기를 바라지 않았다. 그래서 식민지의 술은 제1함대의 군수 물자 수송선이었던 피시번호Fishburn號에서 마냥 대기 중이었다. 군인들이 이 증류주를 보관할 안전한 창고를 지을 때까지였다.♠ 필립이 그런 주의를 기울인 것도 당연했다. 그의 재임기에 식민지에서 일어났던 대부분의 범죄는 그 소중한 술을 훔치려는 시도였거나, 술에 취해 저지른 폭력이었기 때문이다.

♠ 단정 지어 말할 수는 없지만, 내가 아는 한 뉴사우스웨일스 지역 최초의 건물은 안전한 술 저장소였다.

오스트레일리아에서 언제 처음 집에서 술을 만들어보려는 시도가 있었는지를 특정하기는 힘들다. 하지만 보수적으로 잡아도 이미 첫째 날이 아니었을까 싶다. 1793년에 이미 확실한 기록이 있었다. 오스트레일리아는 과거에도, 지금도 그렇게 사람들이 살기 좋은 곳은 아니다. 거기서 자라는 식물과 동물을 보고 있노라면, 신이 원한과 앙심으로 펄펄 끓는 상태에서 설계한 게 아닐까 하는 생각이 든다. 하지만 뉴사우스웨일스의 진정한 두려움을 짐작이라도 해보려면 먼저 이 시기에는 아직 냉장 기술이나 에어컨 같은 문명의 이기가 없었다는 사실부터 기억해야 한다. 게다가 오스트레일리아는 차가운 맥주 하나 없는 나라였다. 초기 사람들은 어쩔 수 없이 럼을 마셔야 했다.

게다가 좋은 럼은 수입해야 했다. 1792년 로열 애드미럴Royal Admiral이라는 이름의 배가 럼과 맥주를 잔뜩 싣고 시드니 만에 도착했다. 필립은 맥주는 허용했지만, 럼은 아예 허용하지 않았다. 따라서 선장은 맥주는 합법적으로, 럼은 불법으로 팔았다. 어느 목사가 그 즐거웠던 결과를 기록했다.

> 그 결과 많은 사람이 많이 취했다. 정착민 중 몇몇은 이제까지의 자제심 따위는 벗어던지고, 정말 엉망진창으로 행동했다. 아내를 때리고, 자기 물건을 부수고, 땅의 작물을 밟아 뭉개고, 심지어 다른 사람의 자산까지 파괴했다.

1792년이 되자 필립은 마침내 이 나라를 포기하고 집으로 돌아가버렸다. 그의 자리는 이제 프랜시스 그로스Francis Grose라는 사람이 차지했다.♠ 그로스는 술 문제에 대해 좀 더 나은 해결책을 제시했다. 증류주의 식민지 유입을 막을 수 없다면, 차라리 통제 정책을 취하는 편이 낫다는 것이다. 증류주는 여전히 불법이었다. 영국 본토에서 정부는 여전히 뉴사우스웨일스를 도덕적으로 발전을 거듭하는, 술이 없는 낙원 정도로 상상하고 있었다. 따라서 1793년 또 한 척의 럼을 실은 배가 시드니 만에 나타났을 때, 그로스는 럼을 사고 싶지 않고, 정말 사고 싶지 않지만, 죄수들과 술을 떼어놓기 위해서 '하는 수 없이' 살 수밖에 없다고 선언했다. 그로스는 그 술을 동료 군인들에게 나누어 줬고, 군인들은 죄수들에게 대충 1,200퍼센트 정도 가격을 올려 팔았다.

부총독 그로스는 군인이었다. 새로운 식민지를 지키기 위해 구성된 특수부대 뉴사우스웨일스 군단의 일원이었는데, 이 부대는 102보병연대, 보타니 베이 레인저스Botany Bay Rangers, 럼 군단, 럼 술통 군단, 럼 연대, 유죄판결받은 자들the Condemned이라고 불리기도 했다. 럼 군단은 영국 육군 최악의 군인들이었다. 많은 군인이 진짜 말 그대로 다른 연대에서 쫓겨나, 군법회의, 감옥 또는 교수형(실제로 교수형을 선택하는 병사도 있었다) 대신 오스트레일리아 복무를 받아

♠ 유명한 사전편찬자이자, 수채화가였던 프랜시스 그로스Francis Grose의 아들이다.

들였다. 오스트레일리아는 매력적인 목적지가 아니었다. 영광스러운 전투도, 돈을 벌 기회도, 구애할 만한 아름다운 장군의 딸도 없었다. 술도 거의 마실 수 없었다. 인도나 남아프리카처럼 기후가 쾌적한 곳도 아니었다. 오스트레일리아는 경작된 땅도 없고, 냉장고도 없고, 여자는 있지만, 실제로 모두가 매춘부인, 친절과는 먼 대륙이었다. 돈을 벌 수도 없었다. 실제로 돈이란 게 아예 없었기 때문이다. 시드니 경이 계획했던 여러 부분 중에서 이 부분만 여전히 잘 유지되고 있었다.

그렇다면, 병사들은 럼을 무엇과 바꾸어 팔았을까? 이 해답을 알면 식민지의 운영 방식을 쉽게 이해할 수 있다. 오스트레일리아는 노동이 음식, 토지, 또는 당신이 우연히 갖고 있는 뭔가와 교환되는 물물교환 경제였다. 인구 대부분은 노동을 강요당하는 죄수들이었다. 그들이 이미 해야 하는 노동 이상의 어떤 것을 해주길 원한다면, 그들에게 뭔가를 제공해야 했다. 지구 정반대에 있는 이 지옥 같은 곳에서 럼은 **즐거움**을 주는 유일한 물건이었다. 이는 다시 말해, 럼 공급망을 장악하는 사람이 식민지를 지배할 수 있다는 뜻이었다. 이것이 부총독 그로스의 천재적인 생각이었다.

역사가들은 대부분 럼이 뉴사우스웨일스에서 마치 화폐와 같이 통용되었다고 말하지만, 사실 럼은 그 이상의 역할을 담당했다. 럼은 사회 통제 도구였다. 럼은 일종의 역설이었다. 럼 유통의 통제는 일종의 독재였지만, 그 소비는 무정부 상태를 낳았기 때문이다. 그로스 부임 이후 20년 동안 럼 군단은 럼 산업을 통제하며 부를 축적하고, 거의 전능한 집단이 되었다. 총독들은 부임할 때마다 술 거래를 중단하라는 런던 사령부의 명령을 가져왔지만, 거래를 멈추게 하지는 못했다. 술 거래야말로 권력의 유일한 원천이었기 때문이다.

1795년에는 존 헌터John Hunter라는 총독이 부임했다. 그 역시 럼 거래를 멈추라는 명령을 담은 종이 쪼가리를 들고 왔다. 군인들은 예의를 갖추어 그 종이로 무엇을 할 수 있는지 말해주었다. 특히 존 맥아더John Macarthur라는 사람 좋아 보이는 장교는 헌터에게 럼은 죄수를 일하게 할 수 있는 유일한 물건이라고 친절하게 설명해주었다. 헌터는 자신이 할 수 있는 일이라곤 사실상 아무것도 없다는 사실을 깨달았다. 그는 범죄자들에게 술을 제공한다는 게 정말 멍청한 짓임을 알고 있었지만, 아무런 조치를 하지 않고 방치하는 쪽을 택했다. 1년이 지나 그는 후회로 가득한 회고문에서 럼을 두고 이렇게 말했다.

> 럼은 모든 종교의 불꽃을 거의 완벽히 꺼버린다. 도박과 강도질을 조장하고, 최근에 일어난 몇 건의 충격적인 살인도 거기 보태야 한다. 요컨대, 럼은 모든 규율과 정부가 마땅히 해야 할 도리를 파괴한다.

그러나 럼에도 장점은 있었다. 예를 들어 신에게는 럼이 필요했다. 오스트레일리아 최초의 교회를 죄수들이 지었기 때문이다. 죄수들은 23킬로그램의 고기, 1.3킬로그램의 담배, 2.2킬로그램의 차,

그리고 76리터의 럼을 받았다. 죄수들은 자신들이 신의 일을 하고 있다는 생각에 마음이 몽글몽글 따뜻해졌을 것이다. 하지만 그 역시 사실은 럼의 영향이 더 컸으리라.

그리고 럼에는 앞의 장점을 제외한 모든 단점이 있었다. 죄수들이 실제로 어떻게 럼을 마셨는지 정확히는 모른다. 하지만 도박은 항상 빠지지 않는 요소였다. 이는 식민지에서 유일했던 사제의 의견이다. 음주, 도박이 마뜩잖았던 그는 이렇게 말했다.

> 죄수들은 지나칠 정도로 도박에 빠졌다. 식량과 돈♦, 모든 여분의 의류를 잃은 뒤에도 자신의 비참한 몸에 걸친 옷까지 걸고 도박을 했다는 사람도 있다. 이들은 동료들 사이에서 알몸으로 서 있으면서도 마치 그런 일에 익숙한 원주민처럼 아무렇지도 않은 듯 행동했다.

사람들이 항상 술 취해 있을 수는 없었다. 술은 제한되어 있었다. 럼 군단이 돈을 축적하고 권력을 누릴 수 있는 유일한 수단이 술의 공급을 제한하는 것이었기 때문이다. 군단 지휘관은 그에게서 찾아보기 힘든 솔직함을 담아 "독한 주류 수입에 대한 과도한 제약이 오히려 식민지 주민들의 그것들에 대한 소유 욕망을 강하게 자극하고, 그들이 줄이고자 했던 해악들을 절대적인 측면에서 증

♦ 이 당시에는 동전과 스페인달러가 오스트레일리아 경제에 스며들고 있었다.

가시키는 결과를 낳았다"라고 썼다.

따라서 호프호Hope號의 화물은 사회적 혼란의 도구인 동시에 사회적 지배의 수단이었다. (사제의 말에 따르면) 죄수들은 "조금도 주저하지 않고 술을 얻고자 했고, 노동의 대가로 그들에게 제공되는 어떤 음식이나 옷보다 술을 선호했다."

럼 폭동

식민지는 정돈이 필요했다. 술을 근절해야 했다. 골치 아픈 럼 군단을 진압할 수 있는 누군가가 필요했다. 누구도 감히 명령을 거부할 수 없게 하는, 하물며 반란은 꿈도 꿀 수 없게 하는 인물이 필요했다. 따라서 1806년 영국 정부가 윌리엄 블라이William Bligh 선장을 총독으로 임명한 것은 다소 놀라운 일이었다. 그렇다. 바로 바운티호Bounty號 선상 반란의 그 유명한 블라이 선장이었다. 내 생각에 정부는 반란이 이미 17년 전 일이고(바운티호 반란은 1789년에 일어났다_옮긴이), 사람들이 다시는 블라이를 상대로 반란을 일으키지 않으리라고 생각했던 것 같다.

블라이는 쉽게 사귀기 힘든 친구였다. 그는 다른 사람은 죄다 틀리고 자신만 옳다는 삶의 철학을 갖고 있었다. 뉴사우스웨일스 군단에 대한 그의 견해는 이 '망할 동성애자들, 비열한 인간들, 악당들' 정도였다.♠ 블라이는 이 '위험한 민병대'가 전혀 마음에 들지 않았다. 이들이 딸 메리에게 추파를 던지는 것도 당연히 마음에 들지 않았다. 게다가 그는 타협할 여지라고는 아예 없는 사람이었다. 그는 뒷돈을 받고, 비밀 군인-주류 밀매 업자로서 식민지에서 가장 돈 많은 사람이 된 존 맥아더 대위와 막상막하인 인물이었다. 블라이는 누가 보더라도 명백히 나쁜 놈이었고, 맥아더는 교활한 거짓말을 늘어놓는 나쁜 놈이었다는 점만 달랐다.

블라이는 맥아더의 럼 증류기를 압수했다. 격분한 맥아더는 (완전히 불법적이었던) 자기 자산을 돌려달라고 요구했다. 블라이는 이를 거절하고 오히려 맥아더를 재판에 회부했다. 맥아더는 기꺼이 법정으로 향했다. 그는 배심원들이 자기가 완벽히 쥐락펴락할 수 있는 군인과 자유 식민지인들로 구성되어 있고, 이들은 이미 모두 블라이를 싫어한다는 것을 알고 있다. 재판 당일이 되자, 실제로도 배심원들은 노골적으로 맥아더 편을 들기 시작했다. 이들은 법정 주변에 맥아더가 과시할 양으로 모아놓은 병사들과 함께 맥아더를 응원했다. 태어날 때부터 화가 많았던 블라이는 화가 머리끝까지, 그러고도 더욱더, 솟구쳤다. 그는 연대장 조지 존스턴George Johnston 소령에게 병사들을 통제하라고 명령했다. 존스턴은 죄송하지만, 전날

♠ 당시 bugger는 '동성애자' 정도의 의미였다. 많은 역사가는 바운티호의 반란을 블라이와 플레처 크리스천Fletcher Christian 사이의 그렇고 그런 관계의 결과라고 생각하기에, 블라이의 이런 표현은 다소 의아하게 들린다. 한번은 크리스천의 외모를 묘사해달라는 요구를 받은 블라이가 그의 엉덩이에 문신이 있다고 말한 적이 있다. 이에 대해 다르게 설명할 수도 있겠지만, 나로서는 그게 어떤 건지 떠오르지 않는다.

밤 술에 취해 마차가 부서지는 바람에 다친 상태라 아무것도 할 수 없다는 답변을 보내왔다.

블라이는 씩씩거리며 총독 관저에 돌아와, 이제 어떤 일을 해야 할지 생각하기 시작했다. 한편 맥아더는 다음으로 어떤 조치를 해야 할지 이미 잘 알고 있었다. 럼과 관련된 조치였다.

다음 날 맥아더가 석방될 때, 그는 편지 한 장을 들고 있었다. 편지는 조지 존스턴에게 윌리엄 블라이를 체포하고 식민지를 지배해달라는 탄원서였다. 그는 당장 140명의 서명을 받았다. 그날 밤 300명의 병사가 막사에 모였다. 술을 마셨다. 그러곤 노래를 부르고 악기를 연주하며 총독 관저로 행진해갔다. 상당히 즐거워 보이는 일이었다. 거의 어떠한 저항도 없었다. 사실 그들을 가로막았던 유일한 사람은 블라이의 딸 메리였는데, 그녀는 자신의 양산을 들어 300명에 달하는 군인과 싸우려 들었다. 블라이는 침대 아래 숨어 있다가 발각되었다.

1808년 1월 26일, 제1함대 상륙 20주년 기념일에 오스트레일리아는 유일한 군사 쿠데타를 경험했다. 이날은 여전히 오스트레일리아의 날으로 기념되고 있다(물론 쿠데타가 아니라 상륙을 기리는 날이다). 그리고 이 모든 사건은 역사에 럼 폭동이라는 이름으로 기록되어 있다.

조지 존스턴은 이제 오스트레일리아의 새로운 지배자가 되었다. 그는 이 대륙에 첫발을 내디뎠던 병사였다. 그는 처음부터 오스트레일리아에 있었다. 그는 심지어 죄수와 결혼했다. 에스터 에이브러

햄스Esther Abrahams라는, 절도죄로 유죄판결을 받았던 죄수는 이제 오스트레일리아의 영부인이 되었다. 사람들은 거리에서 블라이의 인형을 만들어 불태웠고, 군인들은 양을 구워 먹으며 축하했다. 오스트레일리아에서는 모든 것이 바비큐로 끝나야 하기 때문이다.

그리고 모두가 럼을 마셨다.

매쿼리

블라이가 상징했던 규율은 실패했다. 오스트레일리아는 이제 병사들의 손에, 정직하지 않은 사람들의 호주머니에, 럼의 영향에 장악당한 상태였다. 바로 이 시점에 영국 정부는 천재적인 작전을 전개한다. 1809년 영국은 새로운 총독을 파견했다. 이 신뢰할 수 없는 대륙에 그야말로 가장 적합한 인물이었다. 이 총독은 한편으로는 군인, 다른 한편으로는 알코올 의존자, 그리고 사기꾼이었다. 그의 이름은 라클런 매쿼리Lachlan Macquarie였다. 이제 럼 군단에게는 곡소리 울릴 일만 남았다.

매쿼리의 천재성이란 모든 사람이 사기꾼임을 깨닫고, 받아들이고, 찬미한 다음, 이들 모두를 능가해버리는 재능이었다. 바로 이런 방식으로 오스트레일리아의 보건 의료 시스템이 시작되었다.

시드니에는 병원이라고 부를 만할 건물이 없었다. 오로지 오두막만 있었다. 매쿼리는 식민지 장관 캐슬레이 경Lord Castlereagh에게서 '증류주 금지'라는 엄격한 명령을 받고 도착하자마자, 명령 따윈 무시하고 병원 건설을 첫 번째 과제로 삼았다. 그는 럼 독점권을 판매하여 건설 비용을 충당하기로 마음먹었다.

매쿼리는 돈 많은 자유 식민지 거주민 세 명을 불러 미리 생각해두었던 제안을 내놓았다. 향후 3년 동안 럼 22만 리터를 독점적으로 수입할 수 있는 권리를 줄 테니, 그 대가로 번쩍번쩍한 최신 병원 한 채를 지어달라는 제안이었다. 그는 심지어 설계도까지 다 만들어놓고 있었다. 투자자들은 제안을 살펴보고는 엄청난 이익의 냄새를 맡았다. 병원 건설 비용은 주류 독점권의 가치에 비하면 아무것도 아니었다. 이 병사들은 아마도 이 문서를 읽으면서, 언제나 그랬듯이 조항을 우회하는 방법이나 궁리하고 있었을 것이다. 누구도 작은 글자로 쓰여 있는 세부 조항은 자세히 읽지 않았다.

매쿼리는 계약서에 정부가 이미 보유하고 있는 증류주는 모두 정부에게 판매할 권리가 있다는 조항을 살짝 넣었다. 이는 아무 해가 없는 조항처럼 보였고, 매쿼리가 몰래 럼 22만 리터를 숨겨두지 않았다면 실제로도 아무 문제 없었을 것이다.

투자자들이 무엇이 문제인지를 파악했을 때, 상황은 이미 끝난 다음이었다. 매쿼리는 4만 파운드짜리 병원을 거의 공짜로 얻었다. 게다가 지겨울 정도로 계속 수입되는 럼에 세금을 부과하여 9,000 파운드의 추가 현금 수익까지 올렸다. 오스트레일리아 보건 의료 시스템은 이렇게 시작되었다. 그 기반은 사기였다.

유일한 문제점이라면 병원 자체가 그다지 훌륭하지 못했다는 점이었다. 영안실이 없는 것은 좋게 볼 수도 있겠지만, 화장실마저 없는 것은 비현실적이었다. 얼마 지나지 않아 '럼 병원'이라는 별명이 붙은 이 건물은 이내 '시드니 도살장'으로도 알려졌다. 지금, 이 건물은 뉴사우스웨일스 의회 건물이 되었다. 이 건물의 결함은 매쿼리가 갖고 있던 단 하나의 결함, 바로 아내 사랑에서 비롯된 것이다. 매쿼리는 이름 짓기를 좋아했는데, 모든 것의 이름을 늘 엘리자베스 매쿼리의 이름을 따서 지었다. 오늘날까지도 사람들은 시드니에 가면 엘리자베스 스트리트에서 쇼핑을 하고, 엘리자베스 베이에서 항해를 즐길 수 있다. 아니면 식물원 근처에 있는 매쿼리 부인 의자를 찾아갈 수도 있다. 엘리자베스 매쿼리는 건축을 좋아했다. 건축이라는 주제에 대한 별도의 서재를 갖고 있을 정도로 열렬한 애호가였다. 럼 병원을 지은 건축가가 누구였는지 아무도 확실히 알지 못하지만, 그 사람은 총독과 매우 가까운 사람이었다. 거의 모든 역사가는 그 사람이 매쿼리 부인이었다는 데 동의하고 있다.

다른 술

오스트레일리아는 럼 위에서 지어졌다. 럼은 폭동이었고, 럼은 병원이었고, 럼은 권력이었고, 럼은 마실 수 있는 화폐였다. 지금 우리는 오스트레일리아 하면 와인과 맥주를 떠올린다. 하지만 이 술들은 이후에 들어왔고, 따라서 그렇게까지 믿을 수 있는 친구는 아니다. 오스트레일리아에서 포도 재배에 관한 최초의 책은 1803년에 출간되었다. 이 책은 프랑스 책을 번역한 것이었는데, 번역자는 계절을 반대로 옮겨야 하는 걸 까먹었다. 그 결과 1월에 포도를 수확했다. 맥주는 최소한 1790년부터 적은 양으로나마 제조되었다. 하지만 냉각에는 관심이 없다 보니, 오스트레일리아 사람들은 이 뜨뜻미지근한 술을 반기지 않았다. 지금 럼은 럼이 만든 나라에서 포도와 포스터스Fosters(오스트레일리아를 대표하는 맥주 옮긴이)에 둘러싸여 거의 잊히고 있다. 하지만 우리는 여전히 (맞는지 모르지만, 소위) 처음 이 땅을 밟았던 죄수 개척자들의 노래는 기억하고 있다.

내 척추뼈에 네 이름 새겨 넣고
내 살갗을 벗겨 너의 북을 덮어
핀치거트 섬Pinchgut Island(시드니 동쪽에 위치한, 감옥으로 유명한 섬 옮긴이) 감옥에서 날 불로 고문해
지금부터 천국이 올 때까지.
나는 노퍽 덤플링Norfolk Dumpling(영국 노퍽 지방의 전통음식이지만 맥락으로는 일종의 고문으로 보인다 옮긴이)을
맛있는 스페인 자두처럼 신나게 삼킬 거야,
심지어 뉴게이트 혼파이프Newgate Hornpipe(영국 전통 피리 음악 옮긴이) 춤까지 출 거야.
내게 럼주만 준다면 말이야!

열여섯째 잔
카우보이 살룬

만나면, 마신다. 헤어져도, 마신다.
친구가 되면, 마신다. 거래가 끝나면, 마신다.
마시다 싸우면, 술로 화해한다.
– 프레데릭 매리엇Frederick Marryat, 『미국 일기A Diary in America』(1839)

1797년 미국에서 가장 큰 증류소는 1년에 4만 1,640리터에 달하는 위스키를 생산했다. 이 증류소는 미국 초기 한 위대한 주류 제조업자의 소유였다. 그의 이름은 조지 워싱턴이었다.

워싱턴의 생애는 제법 특이하다. 위스키의 거물이 되기 전, 그는 정치인으로, 또 군인으로서도 상당한 명성을 쌓았다. 뭐 그리 중요한 이야기는 아니다. 간단히 말하자면 그는 공직에 출마했으나 패배했다. 그 후에 다시 후보로 나와서 유권자들에게 무료로 술을 제공했다. 이번에는 승리했다. 그의 1758년 버지니아 의회 선거 비용은 다음과 같다.

친구들을 위한 저녁 식사, 3파운드
와인 13갤런(갤런당 10실링), 15실링
브랜디 3파인트(파인트당 1실링 3펜스), 4실링 4펜스
맥주 13갤런(3갤런당 1실링 3펜스), 16실링 3펜스
사이다 로열 8쿼트(쿼트quart당 1실링 6펜스), 12실링
강한 맥주 30갤런(갤런당 8펜스), 1파운드
펀치 26갤런, 최고의 바베이도스 럼 사용(갤런당 5실링), 6파운드 10실링
정제 설탕 12파운드(파운드당 1실링 6펜스), 18실링 9펜스
펀치 10볼(볼당 2실링 6펜스), 1파운드 5실링
럼 9하프파인트(하프파인트당 7펜스), 5실링 7펜스
와인 1파인트, 1실링 6펜스

당시 유권자는 600명밖에 없었다.♠

워싱턴의 군 경력은 정치 경력보다도 더 재미없다. 간단히 이야기하자면, 그는 부하들에게 배급하는 럼의 양을 두 배로 늘리는 놀라운 아이디어를 제시해서, 미국이라고 알려진 기묘한 현상을 이 세상에 만들어놓았다. 그 이후에도 그는 위스키에 세금을 부과

♠ 오, 좋다. 대충 유권자 한 명당 맥주 한 잔, 와인 한 잔, 럼 1파인트 정도다.

하기 위한 짧은 전쟁을 했고, 마지막으로 증류라는 진지한 사업에 장착했다. 그는 다양한 술을 만들었다. 사중 증류 위스키, 호밀 위스키, 시나몬 향 위스키, 사과 브랜디, 감 브랜디, 복숭아 브랜디 등이었다. 사업은 훌륭했다. 미국이라 불리는 이 기묘한 발명품에서 증류주는 대단한 인기를 누리고 있었기 때문이다.

1790년에서 1830년 사이에 미국 증류주 소비는 연간 1인당 5갤런에서 9.5갤런으로 두 배가량 증가했다(미국의 1갤런은 3.785411784리터, 영국의 1갤런은 4.54609리터다. 저자가 영국 사람이니 후자의 단위가 옳을 것이다 옮긴이). 그리고 이 증류주에 대한 취향은 대체로 서부개척시대의 결과였다.

미국 식민지가 시작되었을 때, 이들의 음주문화는 유럽의 세련된 음주문화에 비해 훨씬 단순했고, 이 문화의 중심은 맥주였다. 미국을 세운 필그림 선조들은 플리머스 록Plymouth Rock에 상륙하려는 의도는 전혀 없었다. 다만 하필 이때 이들이 타고 온 메이플라워Mayflower의 맥주가 다 떨어져버렸다. 그래서 어쩔 수 없이 플리머스 록에 내렸다.

맥주 공장이 지어졌다. 이 순결한 대륙의 물이 마시기에 부적합해서가 아니라, 필그림들은 유럽인이었던 까닭에 물을 마시라고 하면 코웃음을 쳤고, 여전히 (흔히 제멋대로 각색한) 앨프릭의 규칙(9장) "맥주가 있으면 맥주를 마셔라. 맥주가 없으면 물을 마셔라"를 지키려 했다. 윌리엄 우드William Wood라는 청교도 정착민은 이렇게 말했다. "미국의 물은 지방질이 많고, 거무튀튀한 색이 난다. 세상에서 이보다 더 좋은 물은 없다고들 한다… 하지만 나는 맛난 맥주가 더 좋다."

하지만 맥주에는 수송이라는 문제가 있었다. 맥주 한 통은 꽤 무거웠고, 증류주 한 통에 비하면 알코올 양이 터무니없이 적었다. 정착을 꿈꾸고 미지의 대륙을 향해 서쪽으로 향하고 있다면, 그리고 마차에 실을 수 있는 공간과 무게가 한정되어 있다면, 맥주보다는 위스키 한 통이 훨씬 더 오랫동안, 먼 거리 동안 취하게 만들어 줄 물건으로 선택될 것이다. 문명과 맥주 공장(둘은 똑같은 것으로 여겨졌다)의 한계를 벗어나자마자 사람들에게는 증류주가 필요하다. 그렇다면 마운트버넌(미국 최초의 대통령 조지 워싱턴이 살았던 장소 옮긴이)보다 이를 구매하기 더 좋은 장소가 있을까? 마운트버넌은 어쨌든 영국 제독이었던 에드워드 버넌Edward Vernon의 이름을 딴 것이었다. 그는 그로그 코트(18세기 영국 선원들이 입었던, 굵은 모직 천으로 만든 외투 옮긴이)를 입고 다녀서 올드 그로그라는 별명을 얻었다. 버넌은 선원들에게 나누어 줄 럼에 물을 섞었다. 그래서 또 이 술에 **그로그**라는 이름이 붙었다(grog는 럼에 물을 탄 술을 의미하기도 했다 옮긴이).

미국인은 황무지를 개척하러 갈 때마다 한 통의 위스키(혹은 호사를 누리고 싶을 때는 복숭아 브랜디)를 가져갔다. 따라서 동부 해안의 뉴욕, 필라델피아, 보스턴 등 맥주를 부어 마시는 지역과 멀어질수록 증류주가 더 널리 선택되고 있었다. 맥주를 증류주로 대체하는 것은 전혀 어렵지 않았다. 뉴욕 사람들은 영국인들처럼 여전히 아침에도 맥주를 마셨다. 한편 (1822년에) 켄터키식 아침 식사는 '칵테일 세 잔과 씹는 담배 한 입'으로 정의되었다.

여기서 칵테일은 말 그대로 '칵테일'이다. 1806년 기록에 따르면 '여러 종류의 증류주, 설탕, 물, 비터bitter(다양한 허브, 향신료 및 과일로 만든 증류주. 칵테일 재료로 사용된다 옮긴이)로 만든 자극적인 술'이라고 한다. 당시에도 아침 위스키는 부담스러웠을 것이다. 따라서, 과일 주스나 다른 재료를 섞어 마시면 (당시 사람들이 여전히 믿고 있던) 알코올성 아침 식사의 '건강상 장점'을 얻으면서 토하지 않을 수 있었다.

따라서 19세기 초반, 호기심 많은 나그네비둘기passenger pigeon(아메리카 대륙 동해안에 서식하던 야생비둘기로, 개체 수가 50억 마리에 달했으나 인간의 식량을 위한 무분별한 남획으로 20세기 초 멸종했다 옮긴이)라면 서쪽을 향해 천천히 이동하는 수천 명의 사람을 목격했을 것이다. 그들은 어디로, 왜 가고 있었을까? 조심성이 많은 사람들은 당시 농작지 경계 바로 너머까지만 가서 작은 집을 짓고 토지를 차지했다. 더 야심 찬 사람들은 결국 미국이라는 나라가 되어버린 무한정해 보이던 황무지, 소위 와일드 웨스트Wild West로 향했다. 왜 그랬을까? 땅이 풍부했기 때문이다.

할리우드는 와일드 웨스트를 상대적으로 빈곤한 사람들의 세계로, 가난하지만 정직하지는 않은 사람들의 땅으로, 그리고 또 이따금 동쪽 해안에서 오는 돈 많은 침입자들을 견뎌야 하는 땅으로 그리길 좋아한다. 하지만 오히려 이를 거꾸로 뒤집어야 사실에 가깝다. 가난해지기 위해 서부로 간 사람들은 없다. 그건 그야말로 멍청한 짓이니까. 사람들이 서부로 간 이유는 거기 임금이 동쪽 해안의 두 배는 되었기 때문이다. 금광 호황, 모피 호황, 소 떼 호황과 같은 호황들이 있었고, 노동력은 공급에 한참 미치지 못했다. 따라서 임금은 하늘 높이 치솟았고, 여전히 인구 과밀로 북적이던 동부 연안 사람들은 굶주려야 했다.

인프라가 빠르게 쫓아가지 못했다는 점이 문제였다. 길도 철도도 없고, 법정도, 보안관도, 심지어 술집도 없었다. (여성 역시 수가 매우 적었다. 이는 조금 후에 다시 이야기하기로 하자.) 그 결과 돈 많은 남성들이 그 많은 돈을 쌓아놓고도 쓸 곳을 찾을 수 없었다. (이 돈을 훔치는 강도를 제지하는 사람도 없었다.) 따라서 노동자들이 가는 곳마다 야심에 부푼 술집 주인들이 놓칠세라 뒤를 따랐다.

살룬saloon이라 불렸던 최초의 술집은 유타주 브라운에 있었던 브라운스 홀Brown's Hole이었다. 앞으로도 이 살룬이라는 낱말을 계속해서 사용하려고 한다. 이 말이 뭔가 약간은 세련되고 프랑스 냄새를 풍겨서 선택된 것 같지만, 사실 초기 개척지의 술집은 이러한 느낌과는 거리가 멀었다(salon은 프랑스어로, 보통 예술, 철학 등이 강연되고 토론되던 고급스러운 분위기의 귀부인 저택을 말한다. saloon은 서부개척시대 미국에서 맥주, 위스키를 마시며 거친 남성들이 여가를 즐기던 술집이다. salon은 '살롱'에 가깝고, saloon은 '살룬'에 가까운 발음이다 옮긴이). 살룬은 처음에는 텐트로 시작했다. 당시 돈에 관심 있는 사람이라면 누구나 새로운 광산촌에 대한 소식을 들을 수 있었다. 그중에는 광부가 되는 데는 관심이 없는 사람도 있었다. 그런 사람들이 통 하나와 텐트 하나를 들고 광산촌에 나타났다. 그걸로 전부였다. 때로는 통 두 개 위에 나무판을 올려놓고 바로 이용하기도 했다. 하지만 이 바를 마지막으로 프랑스와의 연상은 더는 이어지지 않는다(바도 프랑스어 barre에서 유래했다 옮긴이). 캔자스의 텐트 살룬에 대한 묘사를 보기로 하자.

> 갈래 진 나무 말뚝으로 막대를 지지하고, 그 위를 가로질러 낡은 범포帆布를 덮었다. 길이 2미터에 넓이 2.5미터, 높이는 약 1미터에서 2미터 정도였다. 이 작은 오두막은 위스키 통 두 개, 디캔터decanter(와인을 병에서 따라서 숙성하는 데 쓰는, 보통 보기 좋게 만든 유리병 옮긴이) 두 개, 몇 개의 잔, 절인 굴 통조림 세 개에서 네 개, 그리고 정어리 상자 두 개에서 세 개를 넣을 수 있을 정도의 크기였다. 하지만 여기엔 빵 한 조각 없었다. 이 화려한 호텔 주인은 아마 우리보다는 자신의 사업을 더 잘 알고 있었을 터이니, 당장 필요하지도 않은 물건에 얼마 안 되는 소중한 자본을 낭비하지 않으려 했을 것이다.

이러한 텐트 살룬 주인의 전형적인 예로 로이 빈Roy Bean이라는 인물이 있었다. 이 장에서는 이 친구가 여러 번 등장할 예정이다. 빈은 당시 텍사스주 빈빌Beanville(이름만 빈의 마을(Beanville은 '빈의 마을'이라는 의미다 옮긴이)이지, 빈 본인과는 무관하다)이라는 마을에서, 하는 일이라곤 아내를 패는 일밖에 없는 사기꾼이었다. 1881년 그는 새로운 철도 건설로 인해 페코스강 인근에 노동자 캠프가 여러 개 생겼다는 소식을 들었다. 그는 모든 재산을 팔아 208리터가 들어가는 위스키 열 통과 텐트 하나를 사서 캠프를 향해 출발했다. 이내 그는 술에 목마른 8,000명의 남자로 득시글한 캠프를 발견했다. 그는 바로 텐트를 치고 새로운 사업을 시작했다.

하지만 문제가 하나 있었다. 와일드 웨스트에는 법률 기관이라고는 거의 찾아볼 수 없었다. 가장 가까운 법원도 32킬로미터 정도 떨어진 포트스톡턴에 있었다. 이 8,000명의 철도 노동자들에게는 술도 법도 없는 상태였다. 그렇다면 누가 빈과 같은 악당으로부터 이들을 지켜주어야 한단 말인가? 다행히도 순찰 중이던 한 텍사스 레인저가 문제를 알아차렸다. 그는 로이 빈 살룬에 찾아가 빈에게 대놓고 치안 판사가 되고 싶은지 물었다.

빈은 승낙했다.

치안 판사라니, 빈과 같은 상습적인 범죄자에겐 진정한 신분 상승이었다. 그 지역 모든 이에게도 좋은 일이었다. 이제 그들도 법에 의지할 수 있게 되었으니 말이다. 모든 사람이 행복했다. 빈은 너무도 행복한 나머지 자기 살룬과 가장 큰 경쟁자였던 살룬을 총으로 쏘아 날려버렸다. 그 살룬 주인은 유대인이었으니 정당한 일처럼 보였다. 하지만 결국 누가 옳고 그르냐의 문제는 치안 판사가 판결해야 하는 법이다. 치안 판사 로이 빈이 말이다.

잠시 다음 인종차별에 기반을 둔 살인이 벌어질 때까지 치안 판사 로이 빈을 떠나, 다른 측면들을 살펴보기로 하자. 그리 오래 기다리지 않아도 될 것 같지만 말이다. 그는 세상의 일반적인 흐름을 잘 읽어냈다. (예를 들어 철도 같은) 어떤 종류의 사업이 시작되면, 사업이 고용을 창출하고, 고용이 돈을 끌어오고, 돈이 살룬을 끌어오고, 살룬이 결국 법정을 끌어온다(그의 경우에는 살룬이 법정을 끌어온 게 아니라 살룬이 그냥 법정이 되었다.) 자, 어쨌든 우리가 아직 텐트 안에 있다고 가정해보자.

보통 텐트의 (빈과 같은 사람을 지나치게 높여 부르는 명칭이라는 생각이 들긴 하지만) 바 주인은 가진 물건을 모두 팔면, 텐트를 걷고 자기 집으로 돌아갔다. 혹시라도 그 장소에 남아 있고자 한다면 두 가지 중 하나를 선택해야 했다. 첫 번째, 더 많은 술을 주문할 수 있어야 한다. 그러려면 송금이 가능해야 한다. 최소한 일종의 계약에 따른 합의라도 있어야 하는데, 법률 기반이 취약한 당시로서는 거의 불가능한 일이었다. 그 대안으로 밀주라는 방법이 있었다.

1853년에 이미 『증류의 도움 없이 독주, 와인, 과일 시럽을 제조하는 법The Manufacture of Liquors, Wines, and Cordials, without the Aid of Distillation』이라는 책이 있었다. 생각만큼 형편없는 지경은 아니다. 제목과는 달리 놀랍게도 증류까지 말하고 있으니 말이다. 이 책의 전반적인 주장에 따르면 합리적이면서 절약을 몸소 실천하는 데 익숙한 살룬 주인이라면 위스키나 브랜디를 구매하느니, 차라리 순수한 알코올을 사서 거기에 향을 첨가한 후, 위스키 혹은 브랜디 혹은 아무거나라고 주장하면 그만이다. 저자는 유럽의 증류업자가 모두 이런 짓을 아무렇지도 않게 저지르고 있다면서 자신의 주장을 정당화하고 있다. 오히려 미국인들이 유행에 뒤처지고 있다고 질책한다. 그는 이렇게도 말한다.

다음 방법을 따르면 갤런당 40퍼센트에서 250퍼센트까지를 절약

> 할 수 있다. 그리고 아무리 철저한 조사를 하더라도 가짜를 진짜와 구별하기가 매우 어려울 것이며, 화학적 실험을 통해서만 둘 사이의 차이를 분간할 수 있다.

이 말이 완벽한 진실인지는 확신할 수 없지만, 다음에 등장하는 숙성 라이(호밀) 위스키 레시피를 보면 굳이 위스키 전문가가 아니더라도 벌써 의구심이 든다.

> 중성 알코올 4갤런, 전분 알코올 용액 1갤런, 차 추출액 1파인트, 아몬드 달인 물 1파인트, 코치닐cochineal(식품 착색제 옮긴이) 1온스와 태운 설탕 4온스로 색을 입히고, 윈터그린오일(마사지 오일 옮긴이) 3방울을 알코올 1온스에 희석해서 향을 낸다.

이 책에 따르면 '스카치위스키'는 '크레오소트creosote(콜타르로 만드는 목재 보존제. 갈색의 액체다 옮긴이) 5방울'을 넣으면 된다. 자메이카 럼에는 황산을 넣어야 하는데, 겨우 반 온스밖에 안 되지만, 화학 검사에서는 검출될 가능성이 있다고 한다. 이렇게 만든 이 미묘하고도 섬세한 술은 '관棺 광택제, 타란툴라(무시무시하게 생긴 독거미 옮긴이) 주스, 철망 덫, 살충제'와 같이 미묘하고도 섬세한 이름으로 불렸다.

일반적으로 말해서, 이러한 저질 술들은 '영구적인 구조물'을 의미하는 '본격' 살룬이 등장하면서 찾기 어려워졌다. 다만 몇 개라도 일단 영구적인 구조물이 등장하자, 경쟁이 생겨났고, 그와 더불어

질이 더 나은 상품이 만들어졌기 때문이다.

경쟁과 영구적인 구조물은 상당히 빠르게 등장할 수 있었다. 철도 건설을 위한 임시 거주 시설이 노스다코타주 마이놋Minot에 세워지면서, 뉴타운(정말 어울리지 않는 이름이지만)에는 5주 만에 12개의 살룬이 등장했다. 텐트 다음으로는 대피호 모양이 일반적인 형태였다. 이는 언덕 경사면에 파낸, 지붕이 기울어진 구조물로 천장에서부터 물이 떨어졌다. 살룬 주인은 이런 구조물을 만들어주는 대가로 총 1달러 65센트를 썼다. 당시는 농장 노동자가 하루에 60센트 정도를 벌 때였다. 구조물을 다시 확장해야 할 때는 가짜 정면 살룬false-front saloon(정면만 건물의 외관을 하고 있고 뒤쪽은 바깥으로 된 구조물 옮긴이)을 만드는 데 500달러가 들었다. 살룬의 마지막 부분이 가장 비쌌다. 5년 후 단단한 나무로 조각하고 노새로 운반한 바가 도착했다. 운송비 포함 1,500달러가 들었다.

자, 그렇다면 이 최종 완제품 살룬은 어떻게 보였을까? 안에 들어가 술을 마시는 건 어떤 느낌이었을까? 할리우드 영화를 보면 보통 마을 한가운데 커다란 살룬 한 곳이 자리 잡고 있다. 하지만 이는 주인공이 악당과 대면할 수밖에 없는 상황을 만들기 위한 영화적 장치에 불과하다. 우리가 이미 보았다시피 마을에는 수도 없이 많은 살룬이 있었다. 그래서 사실 주인공과 악당은 서로 부딪치지 않고 각자의 살룬에서 조용히 술을 마실 수 있었다. 살룬이 있는 건물은 보통 대단히 좁았고, 간판이 눈에 잘 띄는 건물 모서리가 특히 목 좋은 자리로 선호되었다.

살룬에서 가장 먼저 눈에 띄는 것은 가짜 정면이다. 사실은 1층 건물 정면에 2층 건물 외관이 못질되어 있다. 살룬이 왜 이렇게 지어졌는지 그 누구도 모른다. 건물을 보며 2층 건물이라고 속는 사람도 없었다. 물리학적으로 2층에 올라가기란 불가능했다. 그러려면 정면 출입구에서 수직으로 올라가야 하는데, 거리 양쪽으로 다른 건물들이 있었기 때문에, 이 출입구로는 들어갈 수조차 없었다. 하지만 그 외관은 정교하게 만들어졌다. 2층에는 가짜 창이 몇 개 있었고, 때로 존재하지 않는 지붕을 위한 홈조차 있었다. 이 가짜 외관은 어떤 이유인지 모르겠지만 미국인들이 모두 동의한, 누구도 속지 않는 보편적이고 투명한 거짓말이었다.♠

밖으로 나가면, 말을 묶어놓을 수 있는 말뚝이 있고, 부근에는 아무리 노력하더라도 피하기 힘든 엄청난 양의 말 배설물이 있다. 개척시대의 변경 지대에 위생이라고는 없었다. 여성들은 불행하게도 긴 옷을 입었다. 남성들은 (언제나 그렇듯이) 여성보다는 사정이 나았다. 하지만 이들이 신고 다니는 박차拍車가 영화에서처럼 반짝거렸을 리는 없다.

이제 판자를 깔아 만든 길 위로 올라가보자. 하지만 그 유명한 박쥐 날개 모양의 문이 당신을 맞아주지는 않는다. 박쥐 날개 문은 거의 완전히 신화라고 할 수 있다. 아마 미국의 아주아주 멀고

♠ 여기엔 무언가 가르침이 있는데, 그게 무엇인지는 모른다.

도 먼 남서부 일부 지역에 존재했을지도 모르지만, 매우 이례적인 문이다. 조금만 생각해보면 당연하다. 박쥐 날개 문은 아무런 쓸데가 없다. 사생활도 추위로부터도 보호해주지 못한다. 영화에서는 이 문이 환상적으로 보일 수도 있지만, 실제 살룬의 문은 거의 천장까지 닿는 긴 문들이었다. 다만, 양쪽 경첩에 무게 추를 달아두었기 때문에, 영화처럼 드라마틱하게 열어젖히며 입장할 수는 있었다. 물론 그때도 문이 다시 닫히며 얼굴에 부딪혀서 스타일을 구기는 일은 일어나지 않도록 유의해야 한다.

영화에서는 이제 바를 마주 볼 수 있다. 하지만 이 역시 틀렸다. 술집은 좁고 긴 방이고, 바는 한쪽에만, 보통은 왼쪽에 있다. 사실 바는 정말 아름답다. 흔히 마호가니나 호두나무 같은 단단한 무늬목에 조각을 새기고, 광이 나도록 꼼꼼하게 다듬었다. 앞서 말했던 것처럼 이렇게 정성을 들여 만든 바는 건물 자체보다 훨씬 비쌌을 것이다. 바 위에는 거울이 있다. 이 거울도 막대한 가치를 갖고 있었기에 티끌 하나 없이 깨끗하게 닦여 있다. 거울의 길이는 바의 길이와 같았으며, 거울은 살룬 주인의 지위를 나타내는 또 하나의 상징이다. 사실 술집 안의 다른 가구들은 대체로 싸구려다. 이 두 가지 물건에 너무 많은 돈을 쏟았기 때문이다.

거울은 사실 두 가지 정도의 목적이 있었다. 바에 앉은 사람은 거울을 통해 뒤에서 다가오는 사람을 눈여겨볼 수 있다. 또 거울을 통해 헐벗은 여성의 그림을 곁눈질할 수도 있다. 그녀는 고전주의풍의 터져 나갈 듯한 누드 차림을 하고, 보통은 반대편 벽에 걸려 있다. 포르노라고는 할 수 없지만, 그렇다고 단정한 것도 아니다. 절묘한 자세를 취하고 레이스로 중요한 부분을 가리고 있다. 하지만 그 정도도 몇 주간 여성 비슷한 것이라곤 하나도 보지 못한 외로운 카우보이의 가슴을 설레게 하기엔 충분하다.

바의 톱밥으로 뒤덮인 바닥을 따라 놋쇠로 만든 레일이 있다. 이 레일의 목적은 알 수 없다. 하지만 사람들은 발 한쪽을 레일에 걸치고 나서야 비로소 자기들이 살룬에 왔구나 하는 생각이 들었다고 한다. 기묘한 얘기이지만, 1920년대 금주법이 발효되었을 때, 사람들이 가장 그리워하고 가장 애틋하게 떠올렸던 것이 바로 이 놋쇠 레일이었다고 한다. 기묘하다는 이유는 이 레일이 온통 침으로 덮여 있었기 때문이다. 레일 아래에는 일정한 간격으로 침통이 놓여 있었는데, 이상적으로는 고객 네 명당 한 개의 비율이었다. 살룬에 출입하는 모든 사람이 치통에 걸렸나 의아하겠지만, 사실은 모두가 담배를 씹고 있었기 때문이다.

자, 이제 여러분은 (말똥 범벅이 된) 신발을 (침으로 범벅이 된) 레일 위에 올려놓는다. 바 주인이 다가와 묻는다. "뭘 드시겠어요?"

여기에 대해선 이미 멋진 생각을 해둔 바 있다. 거울 아래를 보니 몇 병의 와인과 샴페인, 그리고 크렘 드 망트Crème de menthe(민트 향이 나는 고급 주류로, 주로 칵테일 및 디저트에 사용된다 옮긴이) 같은 재미있는 물건들이 있다. 하지만 이내 이 술병들이 먼지로 뒤덮여 있다는 사실을 깨닫는다. 그저 관상용이다. 누구도 이들을 주문하지 않는다. 혹시 누구라도 이 술들을 주문하면, 그리고 특히 그 사람이 낯선 사람인 경우, 다른 손님들에게서 많은 고초를 겪게 된다. 사람들이 인정해 주는 유일한 술은 위스키와 맥주뿐이다. 그리고 솔직히, 맥주는 정말 믿음이 가지 않는다. 그러니 자, 이제 여러분은 위스키를 주문하고, 옆에 서 있는 사람을 위해서도 한 잔을 시킨다. 이게 규칙이다. 그 사람이 안면이 있는 사람인지는 중요하지 않다. 언제나 첫 잔을 주문할 때는 별도의 한 잔을 같이 사야 한다. 나중에 손님이 새로 와서 한 잔을 사주면 어차피 마찬가지가 될 테니까. 술을 한 잔 사지 않는 것보다 더 나쁜 것이 있다면, 옆 사람이 주문해준 술을 마시지 않겠다고 거절하는 것이다. 그랬다가는 두들겨 맞거나 더 나쁜 결과를 각오해야 한다.

이제 가장 복잡하면서도 이해하기 힘든 살룬 예절을 이야기할 차례다. 이에 대해서는 놀랍게도 할리우드가 제대로 반영하고 있다. 우리의 과묵한 주인공은 살룬으로 걸어 들어가서는 **절대로 가격을 묻지 않는다**. 그는 그저 동전 몇 개를 바에 던지고는, **절대로 잔돈을 챙기지 않는다**. 이는 역사적으로도 정말 정확한 행동이다.

살룬에는 두 가지 종류가 있다. 1비트 살룬과 2비트 살룬이다. 2비트 살룬은 대단하고 엄청난 술집이다. 이런 술집에서는 플로어쇼 floor show(고급 술집이나 카지노에서나 열리는 공연 옮긴이)도 열리고, 천장에 샹들리에도 있고, 심지어 진짜 2층이 있을 수도 있다. 2비트 살룬은 모든 술 가격이 2비트이기에 2비트 살룬이다. 1비트에서는 당연히 모든 (그래 봐야 위스키와 맥주이지만) 술이 1비트다. 시가 역시 1비트다.

가격을 물을 필요가 없으니 대단히 유용하다. 1비트 살룬인지 2

비트 살룬인지는 보통 바깥 간판을 보면 알 수 있지만, 그냥 대충 둘러만 보아도 알 수 있다.

1비트는 1달러의 8분의 1이다. 12와 2분의 1센트인 셈이다. 세상에 2분의 1센트라고는 없으니 계산하기 곤란하다. 사실은 아주 오랫동안 남부 몇몇 주에서는 스페인달러가 화폐로 통용되었다. 이 스페인달러는 8등분이 가능했다. 실제 물리적으로 8조각(조각이 영어로 비트다)으로 나누는 경우도 흔했다. 해적이 기르는 앵무새들이 항상 '피스 오브 에이트pieces of eight!'라고 시끄럽게 울어대는 것도 바로 이런 이유다. 어떤 이유인지는 모르겠지만, 이 시스템이 미국 달러로 이어졌고, 한 잔의 술에 대한 잔돈을 정확히 거슬러 받을 방법이 없다는 흥미로운 결과를 낳았다. 이럴 경우, 술집이 1비트 술집이라면, 한 잔만 마실 때는 25센트(2비트)를 내고 10센트를 거슬러 받을 수 있었다. 이는 첫 잔은 15센트(롱비트long bit)가 되고, 두 번째 잔은 10센트(쇼트비트short bit)로 살 수 있다는 의미다. 정말 가짜 외벽보다 더 엄청나게 어처구니없는 상황이었지만, 당시 운영 방식이 이랬으니 할 수 없었다.

자, 이제 가래 제거제 병을 들어 술을 따른다. 너무 적게 따르지 않아야 한다. 사람들에게서 계집아이 같다는 이야기를 듣고, 더 많이 마시라고 강요당할 수도 있고, 심지어 총구가 겨누어질 수도 있으니 말이다. 넘칠 정도까지 채우지도 않아야 한다. 그러면 사람들이 탐욕스럽다 생각하고, 술집 주인은 그 안에 들어가 목욕할 계획이냐고 물을 수도 있다. 법이 느슨하면 예절은 엄격하니 참으로 희한한 일이다.

이제 마시면 비틀거리게 하는 주스 한 잔을 입에 대고, 단숨에 마셔야 한다. 그래야 다른 사람들의 인정과 존경을 받을 수 있다. 물론 탈이 날 수도 있다. 하지만 그 정도는 당연히 내야 할 수업료에 지나지 않는다. 수업료 이야기가 나와서 말인데, 2비트 살룬에 들어가 1비트만 낸 사람이 있었다. 자기가 돈을 덜 냈다는 이야기를 들은 그는 말했다. "2비트 술집이었다고? 어? 처음에 들어와선 나도 그렇게 생각했었지. 한데, 위스키를 마시고 나니, 1비트 술집이구나 하는 생각이 들어서 그랬어." 대담한 발언이다. 하지만 신시내티 위스키 쿼트(미국에서는 0.94리터) 병을 단번에 다 마시겠다고 호언장담한 남자만큼 대담하지는 않다. 결과부터 말하면 그는 도전에 성공했다. 그의 관에 올린 은장식 비용은 13.75달러였다.

자, 여기에는 누가 있을까? 남성들이다. 보통은 백인들이다. 흑인도 들어갈 수는 있었지만 환영받지는 못했다. 미국 원주민, 소위 인디언들은 법으로 출입이 금지되어 있었다. 하지만 정말 정말 환영받지 못하는 집단이 있었으니, 바로 중국인들이었다. 희한하면서도 설명하기 불가능한 일이다. 와일드 웨스트는 철도를 놓으러 온 중국인 이민자로 가득했는데, 모든 사람이 이들을 혐오했다. 여기엔 어떤 이유도 없어 보인다. 하지만 이 이유 없는 이유로 사람들은 더더욱 이들을 혐오했다. 자, 이제 그리 내키진 않지만, 앞으로 돌아가보자. 텍사스 살룬의 주인이자 치안 판사 로이 빈에게로. 한 번은 그가 중국인 한 명을 살해한 사람을 심판해야 했다. 빈은 법률책을 뒤적이고 나서, 법에 따르면 사람이 다른 사람을 죽이는 건 명확히 불법이라고 말하며, "중국인을 죽이는 데 반대하는 법을 찾을 수 있다면 지옥에 가겠다"라고 선언했다.

살룬에 있는 남성들은 누구일까? 약간 수수께끼 같은 존재들이다. 당시에는 어떤 사람에게 성이 뭐냐, 무슨 일을 하느냐 묻는 것이 끔찍하게 예절에 어긋났다. 이런저런 주제로 수다를 떨 수는 있다. 하지만 반드시 중립적인 주제여야만 한다. 카드 게임이 벌어지고 있는 방 뒤로 가는 것이 차라리 간단한 일이었다. 카드 게임은 포커보다는 훨씬 더 단순하고 순전히 운에 따라 좌지우지되는 파로faro라는 게임일 가능성이 크다. 때로는 포커를 하기도 했지만, 파로는 규칙도 간단하고 빨리 끝나고, 많은 사람이 참여할 수 있었기 때문에 보통 더욱 선호되었다. 파로에서는 속임수를 쓰기도 매우 쉬웠다. 그게 문제였다. 모든 사람이 총을 들고 있는 상황에서 말이다.

이 모든 것이 내가 미루어왔던 미묘한 문제를 낳는다. 실제로 총에 맞을 가능성은 얼마나 될까? 해답은 쉽고 간단하다. 아무도 모른다. 일반적인 할리우드 영화에서처럼 피아니스트가 연주를 계속하는 가운데 하루에 두어 건 살인이 벌어질 정도로 일상적이지는 않았다(피아노는 크고 무겁고 운반하기 힘들다 보니 2비트 살룬에서만 찾아볼 수 있었다. 자동 피아노는 1880년대나 되어야 등장한다). 그러니 할리우드 영화의 그런 식의 관찰은 부당하다. 셰익스피어 극에 등장하는 귀족들은 서로를 못 죽여 안달이지만, 실제 왕족들이 그만큼 포악하지는 않은 것이나 마찬가지다. 실제 세상이 드라마만큼 폭력이 난무하는 곳이라면, 이 세상에 살아남는 사람이란 단 한 명도 없게 될 것이다.

와일드 웨스트라는 이름에서부터 알아볼 수 있듯이 효율적인 관청이 없다는 것도 문제였다. 와일드 웨스트는 두 가지 사건 사이에서 일어나는 모든 것을 가리키는 이름이었다. 하나는 노다지의 발견이다. 다른 하나는 법, 질서, 검시관 보고서의 도착이다.

물론 사람들이 살룬에서 죽었다는 일화도 여러 개 있다. 와일드 빌 히콕Wild Bill Hickok, 잭 매콜Jack McCall, 밥 포드Bob Ford, 존 웨슬리 하딘John Wesley Hardin같이 유명한 인물들을 비롯해 수도 셀 수 없이 많은 사람이 살룬에서 벌어진 총격전으로 목숨을 잃었다. 하지만 당시 서부에는 수많은 살룬들과 사람들이 있었던 만큼, 이런 극적인 사건은 일부분에 불과했다. 사실 아무 일 없이 보낸 즐거운 술자리 이야기는 기록되지 않는다. 사람들은 살인에 관해 쓰기를 원했다. 사람들이 살인에 관한 이야기를 읽고 싶어 하기 때문이다. 바로 이 점이 문제다. 와일드 웨스트는 그것이 존재하던 당시에도 이미 실제와 달리 그럴듯하게 부풀려 포장되고 있었다. 로이 빈 판사는 그가 살아 있을 때부터 이미, 관광객들을 끌어당기는 상품이 되었다. 이 아내를 패고, 살인을 저지르고, 중국인 혐오에 앞장서던 불한당은 자신의 살룬에 찾아오는 관광객들의 행렬이 그치지 않으면서 부유해졌다. 호기심에 찬 관광객들은 싸구려 술을 끔찍하게 비싼 값으로 마시며, 그 '페코스강 서쪽의 법'으로 유명한 사람을 만났다고 자랑했다. 총잡이들이 유명 인사가 되었다. 버펄로 빌Buffalo Bill, 애니 오클리Annie Oakley와 시팅 불Sitting Bull은 모두 잉글랜드를 방문해서 빅토리아 여왕과도 만났다.

살룬의 고객들은 정말 총을 들고 다녔다. 대단히 정상적인 행동이었지만, 익숙하지 않은 사람이라면 조금 겁을 집어먹을 수도 있었을 것이다. 때로는 총을 꺼내 쏘기도 했다. 하지만 그때도 대체로 누구를 특정해 해를 끼치려는 행동은 아니었다. 서부 살룬을 가장 침착하게 묘사한 역사가 중 하나인 호러스 그릴리Horace Greeley에 따르면 살룬 고객들은 "술에 취하면 아무렇게나 총을 쏘았다. 때로는 서로를 향해, 때로는 그냥 여기저기."

과장된 이야기라고 가볍게 넘기기보다는 실제로 더 진실에 가까운 이야기일 수 있다. 예를 들어, 사람들이 재미 삼아 등불을 겨냥해 쏘곤 했던 카우보이 마을 살룬에 대한 묘사를 살펴보자.

> '클론다이크Klondyke'는 마을에서 가장 끝내주는 장소였으며, 카우보이 고객들이 술에 취해 총을 가지고 장난칠 때 쓰라고 아주 커다란 거울과 커다란 등불이 갖추어져 있었다. 클론다이크 주인은 이 등불과 램프 유리를 대량으로 구매했다.

와일드 웨스트에는 지금 우리로서는 이해할 수 없을 정도로 어디에나 총이 있었다. 하지만 역으로 1860년대의 카우보이가 우리 시대 런던 펍에 등장한다면, 우리가 스마트폰을 너무도 쉽게 이용하는 것을 보고 마찬가지로 어리둥절해할 것이다. 총은 당연히 살인이 필요하다 싶을 때 살인에 사용되었다. 하지만 등불 혹은 아무것이나 목표물로 선택한 것을 쏘는 데도 그만큼 쉽사리 사용되었다. 관광객들은 이를 보며 겁을 집어먹으면서도 열광했다. 아마도 그런 이유로 서부인들은 관광객들 앞에서 총을 더 빈번하게 뽑아 들었고, 이 무기를 통해 사람들을 술 마시게 하거나 춤추게 하거나, 혹은 내키는 대로 아무거나 시키곤 했다. 하지만 총은 일단 싸움이 일어나면 끝장을 봐야 한다는 것을 의미했다. 따라서 그만큼 싸움은 줄어들 수도 있었다. 한 카우보이는 이렇게 아름답게 표현했다.

> 저는 술을 마시면 절대 싸우지 않아요. 정신이 멀쩡해서 내가 무슨 일을 벌이고 있는지 알고 있을 때만 싸우죠. 저는 술을 마실 땐 언제나 즐거워요. 모든 사람을 사랑하고요. 다른 사람도 다 저를 사랑하는 것 같아요.

자, 그럼 이제 죽음 이야긴 끝내고 섹스로 넘어가보자.

정숙한 여성이라면 살룬엔 절대 가지 않았다. 거친 케이트 로 Rowdy Kate Lowe 같은 여성 바 주인 이야기도 가끔은 들을 수 있다. 이 여성은 다섯 명의 남자(그중 두 명은 그녀의 남편이었다)를 쏴 죽인 것으로 유명하다. 하지만 이러한 여성들은 매우 드물었다. 물론 살룬에 여성들이 없지는 않았다. 이들은 조신한 여성과 돈 내고 살 수 있는 여성 사이 어딘가에 있었는데, 정확한 위치는 불확실하다. 이들은 당신과 대화를 나눈다. 당신의 손을 잡고 당신의 문제를 귀담아들어주고, 외로운 사냥꾼인 당신이 바라 마지않는 그 여성적인 위로의 말을 제공해준다. 다만 술은 당신이 사야 한다. 게다가 그 술은 진짜 술도 아니다. 겉으로 보기엔 위스키처럼 보이지만 사실은 차가운 차에 불과하다. 그들이 제공한 위로도 아마도 진심이 아닐 것이다. 하지만 이들이 창녀는 아니라는 점을, 혹은 대체로 창녀는 아니라는 점을 명심해야 한다. (당시에는 물론, 그보다 150년이 지난 다음에도 이들의 비율을 수치화하기란 상당히 힘들었다.)

여성들은 서부에서 매우 희귀한 상품이었다. 따라서 이들은 매우, 매우 가치가 높았고, 자신들도 그 사실을 잘 알고 있었다. 가벼운 이야기만으로도 주당 10달러를 벌 수 있는데, 창녀가 될 필요가 뭐 있겠는가? 냉소적인 사람은, 외로운 남성은 섹스를 원하니 여성이 필요하다고 한다. 로맨틱한 사람이라면, 남자들은 냉정한 현실을 마주하느니, 아무리 믿기 힘들더라도 여성의 동정이 주는 잠시의 위안이라도 선호한다고 말한다. 과학적 측면에서 보자면, 로맨틱한 사람이 올바른 판단을 하는 얼마 되지 않는 경우다. 그러고 보니 서부에는 유사한 점들이 많다. 가짜 2층 건물이 있고, 가짜 위스키가 있고, 가짜 애정이 있다. 어쨌건 살룬 뒤편에는 매춘을 할 수 있는 방도 있었다.

서부의 개척자들은 아주 감상적인 사람들이었다. 악기 같은 다른 아무것도 없는 상태에서, 이들은 노래를 함께 부르며 저녁을 보내곤 했는데, 가장 즐겨 부른 노래의 주제는 어머니였다. 폭발 혹은 점묘화가 그렇듯이, 어머니도 멀리서는 환상적으로 보이기 마련이다. 그리고 이들은 멀리 떨어져 있는 남성들이었다. 이렇게 여럿이 함께 불렀던 노래 중에서도 빼놓을 수 없는 노래가 바로 카우보이들이 좋아하던 「소년의 가장 좋은 친구는 어머니A Boy's Best Friend is his Mother」였다.

그녀를 소중하게 여겨줘.
그녀의 은빛 머리를 쓰다듬어주고,
그녀가 떠나면 그런 사람은 어디에도 없으리니.
그러니 어디를 가든
이 교훈을 기억해
소년의 가장 좋은 친구는 어머니야.

조금 덜 감상적인 노래로는 "바다가 위스키고, 내가 오리라면"으로 시작하는 노래도 있다.

노래가 얼마나 오래 계속될지는 얼마나 취할지 짐작할 수 없는 것처럼 알 도리가 없었다. 말은 취하지 않았으니 말을 타면 집에는 멀쩡히 돌아갈 수 있었다. 다만, 말을 어디에 묶어놓았는지 잊거나, 주인이 취해서 말에 오를 수 없을 때, 누군가가 말을 풀어놓으면, 말은 알아서 집으로 돌아갔다. 계속 술을 마실 수도 있었다. 술 마시는 사람을 제지할 건 아무것도 없었다. 때론 그런 게 있다 해도 막지 않았다. 자, 이제 살룬 술꾼을 설명하는 어느 희귀한 여성의 기록으로 이야기를 마치기로 하자. 구체적으로 말하자면 때는 1851년 크리스마스, 장소는 캘리포니아 광부들의 살룬이다.

> 크리스마스 저녁, 훔볼트 살룬에서 사투르날리아saturnalia(고대 로마 축제로, 12월 17일부터 23일까지 열렸다. 노예와 주인이 역할을 바꾸는 방종과 즐거움으로 유명했다 옮긴이)가 시작되었다… 온종일 참을성 있는 노새들이 언덕을 내려오면서 브랜디 통과 샴페인 바구니 아래 몸을 굽히는 모습을 볼 수 있었다… 저녁 9시에는 굴과 샴페인을 메뉴로 한 저녁 식사가 있었는데… 건배, 노래, 이야기 등으로 매우 즐거웠다. 사람들 모두가 밤새도록 춤추고 놀았던 것 같다. 어쨌든 간에, 내가 잠자리에 들었을 때도 춤추고 있었고, 다음 날 아침에 일어나 보니 여전히 춤추고 있었다. 사흘 동안 광적인 흥겨움이 계속되었고, 시간이 지날수록 더더욱 거칠어졌다. 사흘 내내 전혀 잠을 자지 않는 사람들도 있었다. 넷째 날이 되자 그들은 춤을 추다 쓰러지고 바 바닥에 무더기로 쌓여서 정말 우스꽝스러운 소리를 내기 시작했다. 개처럼 짖는 사람, 황소처럼 울부짖는 사람, 뱀과 거위처럼 쉿 소리를 내는 사람도 있었다. 많은 사람이 너무 취하다 보니, 자기와 가장 비슷한 동물 소리를 내고 있었다.

열일곱째 잔

독재자와 보드카

1914년 차르 니콜라스 2세는 러시아 전역에서 보드카 판매를 금지했다. 1918년 차르 니콜라스 2세와 황족 모두가 예카테린부르크시 한 지하실에서 처형되었다. 두 사실이 전혀 관계가 없다고는 할 수 없다.

니콜라스가 어떤 생각을 했는지는 충분히 짐작할 수 있다. 논쟁은 명백히 두 편으로 나뉘어 진행되었다. 한편에서 보자면, 1차 세계대전이 발발했고, 러시아 병사들은 최근 전투에서 계속 패배하고 있었다. 그 원인은 병사들이 고래처럼 술을 마셔댔기 때문이었다. 다른 편에서 보자면, 국가 수입의 4분의 1이 알코올 세금에서 나왔다. 따라서 전쟁을 시작하면서 주 수입원을 갑자기 감축하는 것은 좋은 생각이 아니었다.

역사가들은 보드카가 러시아 혁명에 어느 정도까지 영향을 미쳤는지를 놓고 흥미 있는 논쟁을 많이도 벌여왔다. 주세가 줄어들어서 나라가 망가졌는가? 금주법은 사회적 긴장을 악화시켰는가? 지금과 마찬가지로 당시에도 러시아 법은 오두막에서 얼어 죽어가는 평민들에게만 적용되었다. 이 사람들은 자기들이 사랑하던 '작은 물little water'을 저택에서 살아가는 부자들은 여전히 마음껏 마시고 있다는 사실을 알게 되어 기분이 좋지 않았다. 값비싼 레스토랑에서도 여전히 보드카를 살 수 있었다. 다만 가난한 사람들만 돈이 없어 사지 못할 뿐이었다.

1914년부터 1917년까지는 사람들이 술에 취하지 않다 보니 정부가 무슨 짓을 하고 있는지 정확하게 인지할 수 있었던 유일한 기간이라는 이론도 있다. 정부가 국민에게 나쁜 짓을 할 때는, 기름칠이 필요한 법이다. 이건 레닌의 생각이다. 그는 종교는 대중의 아편이요, 알코올은 대중의 알코올이라고 믿었다. 바로 그런 이유에서 그는 술을 많이 마시지 않았고, 보드카 금지를 계속 유지했다. 1925년 스탈린 치하에서야 비로소 보드카 금지법이 폐지되었다.

만일 여러분이 오늘날 러시아에 살고 있다면 음주로 죽을 확률이 23.4퍼센트 정도 된다. 차르들에게 그 위험은 훨씬 컸다.

러시아 역사를 멀리까지 거슬러 올라가다 보면, 서기 987년, 키예프 루스의 초기 지배자였던 블라디미르 대왕Vladimir the Great은 백성들을 위한 최고의 종교를 선택하려는 목적으로 당시 거대 종교의 사절들을 초청했다. 유대교는 고향이 없다는 이유로 탈락했다. 이슬람교 사절은 낙원의 육체적인 쾌락(블라디미르는 '여성과 관능'을 좋아했다)을 묘사해서 그의 관심을 끌었다. 하지만 종교가 근본적으로 술을 금지한다는 이야기를 듣자, 그는 이내 현명한 차르다운 태도로 돌아섰다.

> "음주는 러시아 사람들의 즐거움이야. 우리는 그 즐거움 없이는 살 수 없어."

그래서 러시아는 기독교 국가가 되었다.

생각보다는 훨씬 더 믿을 만한 이야기다. 종교 사절을 초청해서 국민을 위한 종교를 선택한다는 것은 당시로서는 정말 합리적인 생각이었다. 이 이야기는 대략 한 세기가 지난 후에 초기 러시아 역사 자료 중 가장 권위 있는 원천으로 받아들여지고 있는 『초기 러시아 연대기Primary Chronicle』에 수록되었다.◆ 그리고 러시아 역사의 종말에 가까웠던 1985년, 미하일 고르바초프Mikhail Gorbachev는 금주 운동을 시작했다. 러시아 개혁이 진행되던 중 그는 텔레비전 대담을 통해 진짜 러시아 일반 국민들과 직접 대화를 나누었다. 그중 한 사람은 맥주 같은 필수품이 너무 비싸다고 불평했다. 그러자 고르바초프는 알코올은 삶의 **필수품**이 아니라고 답했다. 6년 후 러시아 공산주의는 종말을 맞이했다.

◆ 다른 원천이라곤 하나도 없기에 가장 권위 있는 원천이 되었다.

러시아인들은 술을 좋아한다. 이들은 다른 사람을 술 마시게 만드는 것도 좋아한다. 어찌 보면 아주 오래전부터 시작되었던 전통이다. 이미 1550년대에 신성로마제국 러시아 대사는 이렇게 썼다.

> 모스크바 사람들은 남들에게 술을 먹이는 일에는 정말 뛰어나다. 만약 모든 방법이 실패하면, 누군가 일어나서 대공의 건강을 기원하는 건배를 제안한다. 그러면 참석자 모두는 반드시 술잔을 비워야 한다… 건배를 제안하는 사람은, 머리에는 아무것도 쓰지 않은 채 방 한가운데 서서 대공이나 다른 영주에게 행복, 승리, 건강을 기원하며, 적들의 몸에는 자신의 잔에 남은 술만큼만 피가 남게 되기를 염원한다. 그는 자신의 잔을 비운 후 거꾸로 머리 위에 올리고 영주의 건강을 기원한다.

이러한 관습 덕분에 러시아인들은 타인에게 음주를 강요하는 특이한 능력을 확보할 수 있었다. 이 책에 이미 등장했던 다른 지역 대부분에서 과음은 선택적이거나 금지되거나, 혹은 비난받거나, 특정 시간과 장소에만 국한되어 있어, 피하는 것이 가능했다. 많은 문화에 모두가 의무적으로 참여해야 하는 건배가 있는 것은 사실이지만, 이러한 건배는 저녁을 시작할 때 (혹은 미사의 끝에) 한두 잔 마시는 정도가 일반적이다. 심포지엄이나 살룬에 가야 한다면 그곳에 있는 한은 술을 마셔야 하지만, 굳이 거기에 가야 할 필요는 없다. 물론 술을 마셔야 한다는 사회적 압력은 언제나 존재했었고,

누구라도 술 대신 오렌지 주스를 달라고 하는 바이킹이 되고 싶지는 않겠지만, 러시아에서는 과음 강요가 사업, 외교, 정치의 한 부분으로 아예 자리 잡고 있다.

러시아를 이야기하다 보면 언제나 스탈린이라는 이름도 함께 거론하게 된다. 사실은 웃기는 일이다. 그는 러시아 사람도 아닐뿐더러 그의 이름이 스탈린도 아니었기 때문이다.♦ 스탈린이 공포정치를 폈다는 사실은 비교적 잘 알려져 있는데, 이 공포는 사실 정부 최상위층까지 예외가 없었다. 하지만 아주아주 꼭대기, 이를테면 비밀경찰의 수장이었던 베리아Beria나 흐루셰프Khrushchev 수준이 되면 스탈린은 공포와 더불어 과음으로 통치했다.

방법은 간단했다. 스탈린은 중앙 위원회를 소집한 다음, 이들을 저녁에 초대하곤 했다. 고위 간부들은 거절할 수 없었다. 저녁 식사에서 스탈린은 이들에게 술을 먹이고, 먹이고, 먹였다. 그리고 이들은 거절할 수 없었다. 흐루셰프는 이렇게 회상한다.

> 거의 매일 저녁 전화가 울렸다. "이리 오게, 저녁 먹자고." 무시무시한 저녁이었다. 우리는 새벽녘이 되어서야 집에 도착했다. 그러곤 바로 일하러 가야 했다… 스탈린의 식탁에서 졸았던 사람들은 좋지 않은 상황에 부닥쳐야 했다.

♦ 스탈린은 조지아Georgia 공화국 출신이고, 그의 이름은 이오시프 비사리오노비치 주가슈빌리Iosif Vissarionovich Dzhugashvili였다. '스탈린'은 혁명 중 사용하던 가명으로, '강철의 사나이'라는 의미다.

스탈린은 소비에트 공화국 사람들이 다른 이에게 강요하면서 즐기던 일을 자신의 내각을 대상으로 저질렀을 뿐이었다. 1939년 몰로토프-리벤트로프 조약 체결 축하 만찬에서는 음식이 나오기도 전에 이미 22건의 건배가 있었다. 하지만 스탈린의 개인 저녁 식사는 더욱 악몽이었다. 스탈린은 자기가 죽이라고 명령했던 지노비예프의 죽음을 본 베리아가 지노비예프가 죽을 당시 외쳤던 비명을 흉내 내는 모습을 보면서 눈물을 흘릴 때까지 웃어대곤 했다. 이 독재자는 흐루셰프의 대머리에 담배 파이프를 두드리면서 카자크 춤을 추라고 명령하곤 했다. 국방 부차관은 늘 그에게 떠밀려 연못에 빠져야 했다.

정작 스탈린 자신은 술을 많이 마시지 않았다. 최소한 그는 초대한 손님들보다는 훨씬 적게 마셨다. 그가 자신 몫으로 따로 떼어놓은 보드카가 사실 물이라는 소문도 있었다. 베리아는 실제로 한번 이런 방법을 썼다가 들킨 적이 있다. 그는 결국 철학자처럼 돌변해 이렇게 말했다고 한다. "우리는 취할 수밖에 없다. 그러니 빠를수록 더 좋다. 우리가 술에 취하는 순간, 파티는 바로 끝날 테니까. 어쨌든 간에 그(스탈린)는 우리가 멀쩡하게 돌아가도록 허락하지 않을 것이다."

이야기의 요점은 스탈린이 술을 통해 중앙 위원회 위원들에게 의도적으로 수치심을 안기고, 서로 반목하게 만들고, 혀가 풀려 실수로 본심을 드러내도록 만들었다는 것이다. 따라서 당시 스탈린 축출 음모를 꾸미기는 어려웠다. 하물며, 매일 밤 그의 앞에서 죽을 때까지 술에 취해야 하는 상태에서는 더더욱 어려웠다.

그다지 새로운 일도 아니다. 보드카를 상대방의 목에 콸콸 부어대는 무시무시한 러시아 독재자의 원형으로 이미 아주 오래전에 재미있는 인물이 있었다. 바로 표트르대제Peter the Great(1672~1725)다. 스탈린과 표트르대제 사이에 가장 커다란 차이가 있다면, 표트르대제는 상대방에게 강요한 만큼 자신도 마셨다는 것이다.

표트르대제의 술과 관련된 이야기는 아주 다양한데, 그중에는 믿기 힘든 이야기들이 많다. 한 이야기에 따르면 그는 아침을 먹으며 보드카를 맥주잔으로 한 잔 마시고, 셰리 한 병을 마신 다음, 다시 여덟 병을 더 마시고 나서야 하루 일을 시작했다고 한다. 또 다른 이야기에서는 숫자는 같은데, 다만 보드카가 브랜디로 대체된다. 정말 가능했을 수도 있다. 표트르는 2미터가 넘는 매우 건장한 남성으로, 보통 사람보다는 술이 훨씬 셌을 것이다(그가 난쟁이에 강박을 가졌던 것도 그의 커다란 몸집 때문으로 설명할 수 있다(표트르대제는 난쟁이를 게으르고 무책임하며 사회에 해로운 존재로 여겨 이들을 억압하는 정책을 폈다 옮긴이)).

스탈린이 러시아 정부를 사실상 술 마시는 모임으로 만들어버렸다면, 표트르는 대놓고 러시아 정부를 술 마시는 모임으로 만들었다. 그는 우선 '즐거운 모임Jolly Company'를 만들었는데, 이는 술 취한 궁정을 패러디한 명칭이었다. 즐거운 모임의 회원이 되려면 표트르대제와 함께 계속해서 술을 마시며 뒤처지지 않아야 했다. 앞의 말을 통해 짐작할 수 있듯이 쉬운 일이 아니었다. 표트르에게는 1,500명의 사람과 그가 키우는 애완 원숭이를 수용할 수 있는 일종의 클럽하우스가 있었다. 모든 연회는 보드카 건배로 시작되었는데, 그 목적은 음식이 나오기 전에 모든 사람을 완전히 취하게 만들려는 것이었다. 이 건배는 쉬지 않고 계속 이어졌다.

즐거운 모임은 이후 '바보와 광대들의 농담과 술에 취한 회의All-Joking, All-Drunken Synod of Fools and Jesters'로 바뀌었다(시노드는 동방 정교회에서 중요한 역할을 담당하는, 교회의 최고 권위 기관이다 옮긴이). 이번에는 러시아 교회의 패러디였다. 이 흥에 겨운 사람들의 모임은 술 취한 정부의 패러디이기도 하지만, 실제로 정부 자체이기도 했다. 표트르의 비밀경찰 책임자인 로모다노프스키Romodanovsky 역시 이 모임의 회원이었다. 그는 베리아와 마찬가지로 자신도 술꾼이자, 남에게도 술을 강요하는 사람이었다. 로모다노프스키는 훈련된 곰을 한 마리 키우고 있었는데, 이 곰은 손님들에게 후추가 든 보드카 한 잔을 권하고, 만약 거절하면 그들을 공격하도록 훈련받았다.

표트르에게도 술을 사양하는 사람들을 처벌하는 나름의 방법이 있었다. 그레이트 이글Great Eagle이라는 방법이었다. 그레이트 이글은 와인 1.5리터가 들어가는 커다란 잔을 가리키는 이름이었다. 술을 사양하다 걸린 사람들은 단번에 이 잔을 들이켜야 했다. 이는 '바보와 광대들의 농담과 술에 취한 회의' 회원뿐 아니라 모든 사람에게 적용되는 규칙이었다. 표트르는 술의 가치를 알고 있었다. 술을 강제로 마시게 만드는 권력과 더불어 상대방을 형편없이 토하는 놈으로 만들어버리는 권력의 맛을 알고 있었다. 한번은 덴마크 대사가 표트르대제와 함께 배에 탑승해서 술을 마신 지 얼마

되지도 않아, 더는 마시지 못할 지경이 되었다. 그래서 그는 실제로 돛대를 오르고, 돛 사이에 숨으며 도망치려고 했다. 그러나 이를 알아챈 표트르는 와인 몇 병을 주머니에 쑤셔 넣고, 입에는 그레이트 이글을 물고 그 뒤를 따랐다. 대사는 마시지 않을 재간이 없었다.

표트르는 진정 대단한 사람이었다. 그는 많은 중요한 개혁을 통과시켰다. 이 중에는 특히 수염에 대한 중요한 개혁이 포함되었다. 그렇다고 해서 그가 훌륭한 인간이었다는 건 아니다. 한 프러시아 대사는 표트르가 스무 명의 죄수와 스무 잔의 술을 가져다 놓으라고 명령하는 것을 직접 눈으로 본 적이 있다고 증언했다. 표트르는 이 스무 잔의 술을 모두 마시고, 칼을 뽑아 빈 잔에 표시한 다음, 콧노래를 부르며 죄수의 머리를 하나씩 잘라나갔다. 그런 다음, 프러시아 대사에게 한잔하겠느냐고 물었다.

스탈린은 이반뇌제Ivan the Terrible(1530~1584)를 상당히 좋아했다. 이반뇌제는 처음으로 술을 근거리 정치 통제의 수단으로 이용했던 인물이다. 그는 자신의 종복들에게 술을 먹였다.

> 멍해지거나 제정신을 잃을 때까지 술을 마시지 않으면, (이반의 친구들이) 또 한 잔, 그리고 또 한 잔을 부었다. 술을 마시지 않으려 하거나, 혹은 거절하는 기미만 보여도 따끔한 질책을 받았고, 차르 앞에서 이런 소리를 들어야 했다. "여길 보소서. 여기 이 사람, 이 사람(술을 거절하는 사람의 이름이다)은 폐하의 연회에서 즐기려 들지 않습니다. 마치 폐하와 저희를 올바른 척하는 위선적인 술꾼으로 비난하고 조롱하는 듯합니다."

이반은 자기 의도를 숨기려 들지도 않았다. 심지어 그는 연회에 서기를 참석시켜 모든 사람이 술에 취해 하는 말을 일일이 기록하게 했다. 다음 날 아침이 되면 그 적어둔 내용을 사람들 앞에서 읽으며, 그에 따른 적절한 처벌을 집행했다. 처벌은 창의적이었다. 이반은 강간과 살인을 장난삼아 저지르는 사람이었다(이따금 아무것도 모르는 수도사 앞에 배고픈 곰을 풀어놓고는 했다. 말로만 들으면 재미있게 들릴 수도 있다). 막 연회를 떠난 사람의 집에 더 많은 술을 보낸 것이 아마도 가장 잔인한 행동이었을 것이다. 병사들은 술을 들고 가서, 집에 도착한 사람이 이 술을 한 번에 모두 비우는지 지켜보았다.

이 모든 이야기는 보드카에 흠뻑 젖은 독재자들의 기벽에 관련된 재미있는 이야기로 여겨질 수도 있다. 그리고 이런 이야기들이 이제는 낯설지 않을 수도 있다. 보도에 따르면 북한의 김정일은 헤네시Hennessy(대표적인 코냑 옮긴이)를 사는 데 연간 100만 달러를 지출하고, 빅토리아 여왕은 위스키에 클라레claret(보르도산 레드와인 옮긴이)를 타서 마셨다고 한다.♦ 하지만 러시아에서 술은 중요한 역할을 담당했다. 500년도 넘는 전통 때문이 아니라, 러시아 통치자들이 술을 통해 내각은 물론 국민 전체에 미친 영향 때문이다. 모두가 이반의 잘못이다.

♦ 생각보다는 나쁘지 않았다(빅토리아 여왕이 위스키에 클라레를 타서 이 술을 Queen's Tipple이라고 불렀다고 하는 말도 있으나, 사실 이 술들은 하나하나 따로 마셨을 가능성이 크다. 와인과 증류주는 원래 따로 즐기는 술이기 때문이다 옮긴이).

1552년 이반뇌제는 타타르Tatar의 도시 카잔을 포위하고 정복했다. 언제나처럼 즐겁게 거주민들을 도살해나가다가 갑자기 중단하고는 당시 카바크kabak라고 불리던, 국가가 운영하는 선술집을, 깊은 인상을 받은 듯 한참 쳐다보았다. 타타르에서는 알코올에 별도의 세금을 부과하지 않아서, 술집은 이익을 싹 다 챙길 수 있었다. 이반은 서둘러 모스크바로 돌아가 바실리 대성당을 짓고 승리를 자축했다. 그러곤 러시아 모든 술집을 국영화했다.

이렇게 해서 러시아에는 국가가 운영하는 술집이라는 신기한 시스템이 만들어졌다. 이러한 술집, 카바크는 사실상 공무원들이 운영했다. 거기엔 '마을의 핵심이라고 할 만한 유쾌하고 사람 좋은 선술집 주인' 같은 사람은 물론 없었다. 선술집 주인은 정부 직원으로서 자신이 속한 마을이나 도시에서 가능한 한 많은 돈을 벌어야 했다. 보드카를 시민에게 더 많이 먹이는 데 도움이 될 만한 법안은 제시만 하면 바로 입법화되었다. 절주나 조용한 밤을 권장하는 사람이라면 누구나 바로 체포되었다. 한 영국인 여행자는 이반이 만든 새로운 시스템의 작동 방식을 이렇게 설명했다.

> 그의 왕국 모든 대도시마다 카바크, 즉 술집이 있고, (러시아 와인이라고 부르는) 생명수, 미드, 맥주 등을 판다. 이를 통해 그는 막대한 돈을 벌어들인다. 1년에 800루블, 900루블, 1,000루블, 2,000루블, 3,000루블까지 수입을 올리는 곳이 있다. 그런 곳에서는 재물을 확보하려는 천박하고 부도덕한 수단에 더하여 수많은 악행이

> 저질러진다. 가난한 노동자와 장인들은 가족을 위해 마련한 돈을 다 써버린다. 몇몇 사람은 20, 30, 40루블 혹은 그 이상을 카바크에 내고, 그 돈 모두가 없어질 때까지만 마시겠다고 다짐한다. 그러곤 이를 '황제의 명예를 위해'라고 이야기한다. 그곳에는 옷을 몽땅 저당 잡히고 마신 사람들도 많다. 이들은 발가벗고 술집을 나가야 한다(이러한 사람들을 나가naga라고 부른다). 이들이 카바크에 있는 동안은 어떤 이유로도 이들을 술집에서 빼낼 수 없다. 그런 행동은 황제의 수입에 방해가 되기 때문이다.

국가는 이제 알코올에서 나오는 수입에 의존하게 되었다. 다시 말해 국가는 국민의 알코올 의존증에 의존하게 되었다. 소위 국가라면 대부분 어느 정도는 자기 국민의 술을 제한하려 노력하기 마련이다. 국가는 범죄와 폭동과 엉망이 되어버린 가정과 망가진 간을 걱정한다. 하지만 러시아에서는 이들보다는 수입이 훨씬 더 중요했다. 결국 1914년 니콜라스 2세는 수입이냐 금주냐 둘 중 하나를 택해야 하는 상황을 맞을 수밖에 없었고, 400년 된 전통을 깨면서 결국 보드카에 의존했던 왕국은 무너져 내렸다.

보드카가 어디에서나 찾아볼 수 있는 술이 된 것은 우연한 일이 아니다.♦ 보드카는 언제나 도수가 약한 경쟁자들을 밀어냈다. 러시

♦ 보드카는 15세기에 러시아에 등장했다. 예쁜 이야기도 많지만, 어쨌든 이 증류주는 아마도 볼가강을 따라 러시아까지 왔던 제노바 상인들이 전파했을 것 같다. 그러고는 다른 증류주 대부분과 마찬가지로 처음에는 약으로 사용되다가, 사람들이 너무도 열렬하게 좋아한 나머지 결국 쾌락의 대상이 되었다.

아 음주의 역사는 런던 진 열풍을 뒤집어 생각하면 된다. 지배계급은 국민이 술을 마시지 않을까 끔찍하게 걱정했다. 러시아 역사에서 진정한 금주 운동은 미하일 고르바초프와 니콜라이 로마노프 두 사람 치하에서만 벌어졌다고 봐야 한다.

물론 오늘날의 상황은 이전과는 완전히 다르다. 러시아는 신사적이면서도 국민을 자기 몸같이 아끼는 정부 아래, 술에 취하지 않은 맨정신이라는 새롭고도 즐거운 상태를 누리고 있다. 일반적인 러시아 남성은 하루에 보드카 반병 정도밖에 마시지 않는다. 2010년 재무부 장관 알렉세이 쿠드린Aleksei Kudrin은 공공 재정 문제를 타파할 수 있는 가장 좋은 방법은 담배를 더 자주 피우고, 보드카를 더 많이 마시는 것이라고 선언했다. 그는 말했다. "술을 마시는 사람은 인구 증가, 사회복지 개발, 출산율 상승과 같은 사회 문제를 해결하도록 돕는 일에 더 많은 세금을 내고 있습니다."

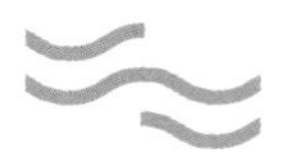

열여덟째 잔
금주법의 예상치 못한 결과

미국 금주법은 대단한 효과가 있었다. 다른 말은 들을 필요 없다. 1933년 헌법 제18차 수정안(금주법안 옮긴이)이 시행 13년이 지난 후 폐지될 때, 지지자 대부분은 이 법이 충분히 효과가 있었으며 맡은 역할을 훌륭하게 달성했다고 생각했다.

흔히 역사상 가장 멍청한 법이라고 불리던 법에 대한 상당히 독특한 진단으로 들릴 수 있다. 하지만 그건 금주법 시대 전체가 워낙에 신화와 신비로움으로 흠뻑 젖어 있다 보니, 심지어 학식이 있다는 사람들 사이에도 어떤 일이 왜 일어났는지를 놓고 많은 오해가 있었기 때문이다. 금주법에 대한 가장 흔한 신화를 정리하면 다음과 같다.

① 금주법은 알코올을 싫어하는 보수적인 극소수 구두쇠 집단에 의해 1920년 도입되었다. 이들을 제외한 그 누구도 이 법을 원치 않았다.

② 금주법이 발효된 즉시 미국 국민 전체는 뉴욕의 주류 밀매점 speakeasy으로 몰려가서, 이전보다 두 배는 더 많은 술을 퍼먹고 재즈를 발명했다.

③ 금주법으로 인해 미국은 기관단총을 난사하는 알 카포네라는 한 사내에게 장악되고 마는 예상치 못했던 결과를 맞이했다.

④ 마침내 1933년 모든 사람이 금주법은 멍청한 법안이었다고 판결하며, 이 법은 폐지되었다.

⑤ 이 모든 소동은 미국인이 멍청하다는 사실을 보여준 고전적인 사례다.

싹 다 거짓말이다. 재즈에 관한 이야기는 제외한다. 재즈는 금주법의 놀라운 부작용이었기 때문이다. 그 외 다른 부작용으로는 이탈리아 요리(금주법으로 술집이 문을 닫으면서, 술을 마시기 위해 사람들은 싸구려 이탈리아 식당을 대신 찾았다 옮긴이)와 영국 여객선(금주법으로 인해 미국으로 가는 밀주 운송이 증가하며 여객선이 늘었다 옮긴이)이 있다. 우리는 이 문제도 다룰 것이다. 그 전에 앞선 신화들을 차례로 검토해보기로 하자.

누가 금주법을 원했는가?

금주법 운동은 보수적인 운동이 아니었다. 금주법 운동은 페미니즘 운동의 일환이었다. 따라서 이 운동은 낱말의 온전한 의미처럼 오히려 진보적이었다. 한 나라를 개혁하고 이전까지는 들어보지도 못한, 맨정신이라는 새로운 상태로 나아가자는 운동이었다. 금주법 운동은 중서부의 운동이기도 했다. 마지막으로 이 운동은 또, 가장 놀라운 부분이겠지만, 알코올을 반대하는 운동이 아니었다.

이 운동은 살룬에 반대하는 운동이었다.

옛날 옛적에 저 멀리 떨어진 16장에서 나는 살룬에서 조신한 여성은 단 한 명도 찾아볼 수 없었다고 했다. 그렇다면 조신한 여성들은 대체 어디 있었느냐는 의문이 생긴다. 이들은 분노, 궁핍, 그리고 죽음에 대한 두려움에 시달리며 집에 있었다. 서부 전역에는 많은 사람이 공감하는 말이 있었는데, 남편이 월급을 받아 살룬에 가서 다 써버리고, 무일푼이 된 채 화가 난 상태로 집에 와선 아내를 팬다는 이야기다. 서부의 아내들은 상처받고 가난했다. 이들의 돈을 살룬이 모조리 가져가버렸기 때문이다.

이 말이 어느 정도까지 사실인지는 아무도 모른다. 가정 폭력은 실제로 일어나고 있더라도 그 수치를 계량화하기 힘든 것으로 악명 높은 범죄이기 때문이다. 어떤 오두막집에서 얼마나 자주 일어났는지 재구성하기란 불가능에 가깝다. 가정 폭력이 분명 있긴 있었을 것이다. 대단히 많았을 수도 있다. 어쨌거나 많은 사람이 이런 일이 일어나고 있는 것으로 생각하고 있었다는 점이 중요하다. 사람들은 이에 관한 연극을 쓰고 소설을 썼다. 그중에서 『술집에서 본 열 가지 진실Ten Nights in a Bar-Room and What I Saw There』은 『톰 아저씨의 오두막집』 다음으로 미국에서 가장 많이 팔린 소설이었다. 그리고 이 두 소설 모두는 간접적으로나마 헌법에 대한 수정이라는 결과에 영향을 미쳤다. 『술집에서 본 열 가지 진실』의 살룬 묘사를 보면, 살룬은 악랄한 인간들이 남성들을 꼬드겨 들어오게 만들어서는 알코올 의존증, 폭력, 가난, 죽음으로 이어지는, 빠져나올 수 없는 경로를 강요하는 장소다. 이 경로에는 금발 소녀가 나타나 아빠에게 집에 돌아오라고 간청하는 이야기가 군데군데 양념처럼 들어가 있다. 하지만 아빠는 돌아갈 수 **없다**. 중독되었기 때문이다. 이 소설에서는 술꾼들조차 금주법을 갈망한다.

미국 여성들은 이 소설을 읽고 정치적으로 각성하기 시작했다. 살룬은 물론 투표장에도 들어갈 수 없었던 당시 여성들은 그 대안으로 살룬 밖 거리 시위를 택했다. 여성들은 함께 모여 무릎 꿇고 기도했다. 이전에는 한 번도 볼 수 없었던 대단한 광경이었다.

1873년 여성들은 기독교 여자절제회Woman's Christian Temperance Union(사실은 1874년 프랜시스 윌러드Miss Francis Willard를 초대 회장으로 삼아 설립된 국제기구다. 3년마다 세계 대회를 개최한다. 한국 사무실은 서울시 용산구 후암로에 있다 옮긴이)를 설립했다. 1890년대 이 단체는 반살룬연맹Anti-Saloon League으로 이름을 바꾸고 금주법 운동에 전념했다. 이 두 단체의 이름만 보아도 각자의 목적을 짐작할 수 있다. 하지만 각각 좀 더 미묘한 목적이 있었다.

각각의 주장을 구분하기란 쉽지 않지만, 어쨌든 이 단체들은 사실 술 자체는 반대하지 않았다. 다만 살룬에서 술 마시는 남성들과 연관된 특정 행동 패턴에 반대했을 뿐이다. 예컨대 뉴욕의 한 소설가가 일요일 점심에 클라레 와인 한 잔을 곁들여 마신다고 해서 그걸 문제시하려는 사람은 아무도 없었다. 대부분은 그럴 생각조차 해본 적이 없었다. 다만 그들은 살룬에 반대했다. 가정 폭력과 빈곤의 원흉인 바로 그 살룬 말이다.

반살룬연맹이 회원에게 금주 맹세를 요구하지 않았다는 점은 의미심장하다. 물론 그중 많은 사람은 술을 입에도 대지 않았고, 이들의 연설과 팸플릿은 술의 폐해에 관한 이야기로 넘쳐흘렀다. 하지만 이들이 말하는 알코올이 정말 세상의 모든 알코올인지, 아니면 살룬에서 마시는 알코올에만 국한되는지는 분명치 않았다. 그리고 많은 사람은 후자로 받아들였다. 자, 이제 피치 못할 임박한 전쟁을 준비하는 커다란 세 집단이 있다. 일단 금주 지지자Drys는 금주법을 원하며, 술을 입에도 대지 않는 사람들이다. 금주 반대자Wets는 금주법에 반대하는 음주자들이다. 술 마시는 금주 지지자Drinking Drys는 자신을 제외한 다른 사람들은 마시면 안 된다고 생각하는 음주자들이다. 이들은 생각보다 많은 투표권을 갖고 있었고, 앞으로 보겠지만, 이들 입장이 우리가 생각하는 것만큼 위선적이지는 않았다.

반살룬연맹에 물론 이들만 있었던 것은 아니다. 당연하지만 복음주의자 신도, 왜 여기 있는지 알 수 없는 이상한 사람들, 이해

당사자들도 있었다. 하지만 하나의 운동으로서 금주법 운동은 대체로 페미니즘적이고, 진보적 성향을 띤, 중서부의 운동이었다.

이제 언제라는 문제가 있다. 금주법 날짜를 지정하는 일은 멋지고, 깔끔하고, 쉽다. 특히 우리와 같은 인터넷의 시대에는 더더욱 쉽다. 금주법은 1920년 1월 16일에 시작되어 1933년 12월 5일에 끝났다. 사실이 아니라는 점만 빼면, 멋지고, 깔끔하고, 쉽다.

알코올을 금지하는 법은 주 정부 차원에서는 50년 먼저 도입하고 있었다. 메인주는 1851년 앞장서서 금주법을 도입했지만, 이 법을 집행하기란 불가능하다는 것을 깨닫고 몇 년도 되지 않아 철회했다. 하지만 19세기가 저물어가고 새로운 세기가 밝아오면서, 주마다 연이어 이 좋은 물건을 금지하기 시작했다. 지금 읽다 보면 왠지 전사자 명단처럼 보인다. 캔자스는 1880년, 아이오와는 1882년에 금주법을 도입했다. 그다지 효과는 없었다. 술은 주 경계선을 건너 쉽사리 옮길 수 있었지만, 금주법은 그 경계선을 제대로 건너지 못했다. 1913년 미국인 과반은 이런저런 형태의 금주법이 시행되고 있는 주에 살고 있었다. 여성들은 승리를 거두고 있었다. 반면, 독일인들은 패배하고 있었다.

금주법 운동을 주도하는 집단이 중서부 지역 부인들이었다면, 이에 반대하는 운동을 주도하는 대표적인 집단은 독일인들이었다. 독일인들은 모든 맥주 공장을 운영하고 있었다. 이민 집단이 대부분 그랬듯이 독일인에게도 금주와 절주라는 전통 따윈 없었다. 대신 그들은 정말 시원하고 맛난 맥주를 만드는 전통이 있었고, 맥주는 그들에게 막대한 돈을 벌어다 주었으므로, 라거를 찬성하고 금주론자에 반대하는 캠페인 광고에 많은 돈을 지출할 여유가 있었다. 이 광고들은 맥주를 행복한 독일 농민들이 전통적인 독일 제조법으로 만든 건강 음료(위스키와는 반대)로 묘사했다. 당시 모든 사람은 독일을 좋아했다.

하지만 바로 그때 1차 세계대전이 발발했다. 세계대전에서 늘 그랬듯이 미국의 참전은 조금 늦었다. 하지만, 1917년 미국은 마침내 '세계'가 자신을 포함한 세계를 의미한다는 사실을 뒤늦게나마 파악하고, 전쟁에 참여했고, 곡물 공급 유지를 위해 증류주 생산을 금지했다.

금주 반대 운동은 이제 끔찍한 처지에 놓였다. 나라 전역에서 다양한 종류의 금주 조치가 취해졌다. 그러한 조치에 반대하는 운동은 적국에 동조하는 행위로 여겨질 소지가 있었다. 그리고 공포 중 공포이자, 재난 중의 재난으로 여겨지던 여성 참정권 시대가 눈앞에 다가왔다.

금주 지지자들은 단일 이슈 아래 하나로 뭉친, 매우 효과적인 유권자 집단이었다. 이는 아슬아슬한 선거에서 어떤 후보가 금주 지지 선언만 하면 결정적인 표심을 확보할 수 있었다는 것을 의미한다. 그 결과 끔찍하게 많은 술꾼 정치가가 공개적으로 금주를 지지했다. 여성 참정권 시대가 코앞에 다가오면서, 이제 상황은 완전히 바뀌었다. 대부분의 미국 여성, 많은 미국 남성, 반살룬연맹, 그리고 자신의 일자리를 빼앗기고 싶지 않았던 상원의원 전부는 헌법 제18차 수정안을 지지했다. 하지만 이 수정안이 정확히 무엇을 의미하는지 당시에는 그 누구도 몰랐다.

금주법과 동일시되는 이 제18차 수정안, 자유를 제한하는 유일한 수정안이자, 그리고 유일하게 폐지된 이 수정안은 실제로 무엇을 금지하는지 명확히 말하지 않는다. '취하게 하는' 음료를 불법화한다고 언급할 뿐, 어떤 음료를 말하는지도 구체적으로 언급하지 않았다.

맥주 제조업자들은 이 법안 통과에 느긋한 태도를 보였다. 그럴만도 했다. 와인 제조업자들도 마찬가지였다. 술 마시는 금주 지지자들 역시 그랬다. 누구나 금주법은 술에 대한 금지가 아니라, 취하는 것, 살룬, 폭력을 금지하는 법이라고 생각했다. 이 법의 목표는 위스키였다. 몸에 좋은 맛있는 맥주는 취하지 않는다. 지나치게 독한 와인이나 증류주가 문제였다. 하지만 금주법은 두 부분으로 구성되어 있었다. 하나는 헌법 수정안이고, 두 번째는 소위 볼스테드법Volstead Act으로, 이 수정안의 의미를 풀어 설명한 것이었다. 그런데, 볼스테드법은 '취하게 하는'이라는 말을 알코올 0.5퍼센트 이상이라고 정의했다.

정말 놀랄 만한 일이었다. 누구보다 술 마시는 금주 지지자들은 깜짝 놀랐다. 사실 반살룬연맹은 이미, 대부분의 압력단체가 다 그렇듯이, 극단주의자들에게 장악되어버렸는데, 이를 소홀히 여겼던 것이 문제였다. 이 극단주의자들이 법안 초안을 만든 다음, 앤드루 볼스테드Andrew Volstead에게 건네주었고, 그는 초안을 거의 고치지 않고 의회에 제출해버렸던 것이다.

금지

법은 절반가량 효과가 있었다. 금주법에 관한 가장 커다란 신화는 술 소비가 사실상 증가했다는 것이다. 말도 안 되는 이야기다. 합법적인 음주는 1920년에 끝났고, 1933년에야 재개되었다. 그동안 술 소비는 반이 조금 넘게 줄어들었다.

물론 일부 장소에서는 술 소비가 증가하기도 했다. 뉴욕이 분명한 사례다. 하지만 이는 금주법의 신화와 실제 역사가 갈라지는 지점이기도 하다. 우리는 늘 금주법이 대도시에서 어떻게 집행되었는지를 듣는다. 그 이야기야말로 가장 흥미롭고, 화려하고, 재미있는 부분이기 때문이다. 모든 사람은 밀주 판매업소에서 술을 마시며 소설을 쓰고, 밸런타인데이에는 사람들을 학살한다(1929년 2월 14일 알 카포네 조직원들이 경쟁 조직이자 영화 「벅시」의 모델이 된 조지 '벅스' 모런의 갱단을 살해한 사건이 벌어졌다. 이를 '밸런타인데이 학살 사건'이라고 부른다 옮긴이). F. 스콧 피츠제럴드(금주법 시대를 대표하는 작가. 『위대한 개츠비』의 저자다 옮긴이)는 한편에서 글을 끄적이고, 조지 거슈윈George Gershwin(미국을 대표하는 음악가. 재즈의 탄생에도 기여했다 옮긴이)은 다른 한쪽에서 피아노를 연주하고 있다.

하지만 와이오밍에서는 이런 일이 일어나고 있을 리가 없다. 당시 마피아 조직에게 인구가 적은 지역은 술 운송과 조직 운영 측면에서 악몽과도 같았다. 그중에서도 금주법 운동이 시작된 곳이자 금주 지지자들의 고향이었던 미국 중서부 소도시들은 실제로도 살룬 문을 닫아야 했다.

소도시에는 경찰을 피하거나 밀주 판매업소를 세우기에 충분한 뒷골목이 없다. 하지만 술을 마실 수는 있었고, 실제로도 마셨다. 사람들은 외딴 시골 지역에 소형 증류기를 설치했고, 밀주업자bootleggers는 가끔 술을 배달해주었다. (밀주다 보니 술의 품질이 항상 좋지만은 않았다. 캔자스주 위치토Wichita에서 한번은 불량 술 때문에 하루 500명이 영구적인 장애를 입는 일이 일어나기도 했다.) 그러나, 기본적으로 살룬은 폐쇄되었고, 이에 따라 사람들의 행동 패턴은 변화할 수밖에 없었다. 직설적으로 말하자면, 금주법을 겪으며 예전에 흥미진진한 것으로 악명 높았던 서부는 흥미진진하지 않은 것으로 악명 높은 중서부로 바뀌었다.

예상치 못한 결과

금주법은 도시마다 조금씩 다른 영향을 미쳤다. 하지만 어쨌든 그럭저럭 효과는 있었다고 주장할 수 있다. 나도 그렇게 생각한다.

금주법의 명백한 부작용은 조직범죄였다. 물론 조직범죄가 제18

차 수정안으로부터 자극받기는 했지만, 이 사실은 지나칠 정도로 강조되고 있다. 알 카포네의 잔혹한 지배 아래 시카고에서는 10만 명당 10.4명이 총알 세례를 맞고 쓰러졌다. 2016년 살인율은 10만 명당 27.9건이었다. 기관단총은 대중의 상상력 속에서 지나치게 과장되었다. 살인이나 기관단총보다 훨씬 더 심각한 문제는 부패였다. 비참할 정도로 예산 부족에 시달리던 경찰은 뇌물을 받기 시작했다. 그리고 금주법이 끝난 지 한참 세월이 지난 지금도 이 버릇을 쉽게 끊지 못하고 있다. 보스턴에는 경찰 본부와 같은 블록에 밀주 판매점이 네 곳이나 있었다. 법률 준수라는 개념 자체는 커다란 타격을 받았고, 규범 따위 비웃으며 밀주 판매점에서 시간을 보내는 사람들을 가리키는 '스코플로scofflaw'(상습범. 법을 비웃는다는 의미 옮긴이)라는 신조어가 생겨났다.

이제 밀주 판매점이 어떻게 생겼는지 설명할 차례다. 하지만 도무지 설명할 재간이 없다. 놀라울 정도로 다양하기 때문이다. 우리는 모두 영화를 통해 밀주 판매점이라고 하면 작은 스테인드글라스 창과 재즈 밴드가 있는 술집이라는 고정 관념을 가지고 있다. 하지만 밀주 판매점은 그냥 누구의 아파트일 수도 있고, 실제로도 흔히 그랬다. 예를 들어 이탈리아인들은 방이 많은 집을 소유하는 경우가 많았다. 이들이 그저 방을 하나 개방해서 키안티chianti(투스카니 지방의 레드와인 옮긴이)와 파스타를 팔면 그게 바로 밀주 판매점이 되었다. 음식 역사가들은 이를 이탈리아 레스토랑이 미국에서 유행하게 된 계기라고 꼭 집어 말한다. 이들에 따르면 사람들은 와인을 마시러 갔다가 스파게티에 반해 나왔다.

사람들은 술만 마실 수 있다면 흑인 거주 지역도 마다하지 않았다. 뉴욕 주요 흑인 신문의 한 칼럼니스트는 "나이트클럽은 100년 동안 백인 교회와 흑인 교회가 인종 관계 개선에 기여한 것보다 더 많은 일을 10년 만에 해냈다"라고 말했다. 밀주 판매점은 완전히 새로운 형태의 음주문화였고 따라서 아무런 규칙도 없었다. 살룬은 이미 1세기 동안의 전통이 쌓인 장소였다. 살룬에는 놋쇠 레일이 있어야 했고, 여성 손님은 받을 수 없었다. 하지만 밀주 판매점은 원하는 대로 무엇이든 하고 무엇이든 될 수 있었다.

금주법의 가장 놀라운 결과는 아마도 여성의 밀주 판매점 출입이다. 이를 제지하는 어떤 규칙도 관습도 없었다. 술 판매 차단이 금주법의 목적이었다면, 여성의 술집 출입은 누가 보더라도 명백한 재난이었다. 하지만 살룬이라는 폭력적인 남성 세계의 파괴를 금주법의 목적으로 본다면, 여성의 술집 출입은 인간 모두의 커다란 승리로 볼 수도 있다. 살룬은 '방울뱀도 자기 어머니를 데리고 가지 않으려는' 곳이었다. 뉴욕의 한 밀주 판매점에는 이런 간판이 걸려 있었다. "이 문으로 세상에서 가장 아름다운 여인들이 지나갑니다 Through These Portals the Most Beautiful Girls in the World Pass OUT."(pass out은 '정신을 잃는다'라는 의미도 있어서, 세상 아름다운 여인들이 술을 마시고 정신을 잃는다는 의미도 된다. 중의법을 노린 표현이다 옮긴이) 고급 밀주 판매점은 심지어 파우더 룸까지 갖추어놓기도 했다. 완벽한 승리였다. 여성은 투표권을 얻었고, 칵테일도 함께 얻었다.

칵테일은 당시를 대표하는 술이었다. 칵테일은 이전과는 크게 달랐다. 18세기 런던과 마찬가지로 당시 구하기 쉬운 밀주 중에는 '밀조한 진bathtub gin'(이름 그대로 욕조에서 만든 싸구려 진 옮긴이)이라는 품질이 형편없는 물건이 있었다. 산업용 알코올을 빼돌려 만든 것이다 보니 이를 마시고 많은 사람이 병에 걸렸다. 하지만 이러한 건강 문제보다 더 심각한 것은 맛이었다. (우리가 이미 보았다시피) 미국에도 이전부터 칵테일이 있었지만, 금주법 시대 이후 칵테일은 성격이 변했다. 이제 칵테일의 주요 목적은 나쁜 맛을 가리는 것이었다. 소다는 이런 용도로 칵테일에 사용하기엔 적합하지 않았지만, 토닉워터는 싸구려 진이 풍기는 혀를 에는 맛을 없애주었다. 위스키, 혹은 위스키로 통하는 술에 진저비어를 넣어 맛이 완전히 사라질 때까지 섞고 또 섞었다. 코카콜라 판매 역시 대폭 증가했는데, 술의 대체재가 아니라, 술과 함께 마시는 음료, 혹은 술에 타 마시는 음료로 받아들여졌기 때문이었다.

금주법이 미친 가장 장기적이면서도 커다란 영향은 미국 주류산업의 파괴였다. 좋은 와인, 위스키, 맥주 등의 제조는 전문적인 장비와 전문가가 필요한 정교한 사업이다. 하지만 13년간 미국에서는 합법적인 양조장이나 증류소가 존재할 수 없었다. 그저 껄렁껄렁한 깡패들이 욕조에서 싸구려 술이나 만들었다. 마실 만한 술을 만드는 진짜 전문적이고, 기술이 필요하고, 복잡한 세계에서 일했던 사람들은 일자리를 잃었다. 이들은 해외로 이주하거나 다른 일을 배워야 했다. 이제 이들이 할 일이란 없었다. 조폭들과 함께 일하려 해도, 조폭들은 적절한 장비나 원료를 갖추고 있지 않았다. 빼돌린 산업용 알코올과 지하 저장고를 주류 전문가에게 맡기고 균형 잡힌 맛과 다양한 풍미를 지닌 몰트위스키를 기대할 수는 없다. 이렇게 해서 정교함이 중요했던 하나의 산업이 완전히 사라져 버렸다. 150년 동안 똑같은 제조 방식으로 만들어왔다는 미국 주류 회사 광고는 모두 새빨간 거짓말이다.◆ 13년간이라는 공백 동안, 모든 낡은 장비는 파괴되었고, 전통적인 제조 방법을 아는 사람들은 다른 곳으로 떠나버리거나, 다른 직업을 구했다.

괜찮은 술이 사라지면서 사람들의 입맛도 같이 형편없어졌다. 국경선이나 항구 근처에 살던 사람들 몇몇은 정식으로 수입된 물건을 맛볼 수 있었다. 하지만 대부분 미국인은 1933년 법안이 폐지되었을 때, 13년간 제대로 된 술을 맛보지 못한 상태였다. 이들은 좋은 맥주가 어떤 맛이었는지 기억하지 못했다. 맥주 제조업자들 역시 마찬가지였다. 이들에겐 오히려 잘된 일이었다. 이후 50년 동안 미국은 끔찍한 맥주, 썩은 와인, 속이 뒤집히는 호밀주를 만드는 나라라는, 받아 마땅한 평판을 얻었다. 제18차 수정안의 가장 크고 끔찍한 결과였다.

금주법으로 인한 마지막 끔찍한 결과로는 영국의 대서양 여객선

◆ 희한하게도, 잭 다니엘스 린치버그 증류소가 있는 무어 카운티는 여전히 금주 지역이다.

사업 독점을 들 수 있다. 영국 여객선은 술을 판매했기 때문에 여객선 사업을 독점할 수 있었다.♠

금주법 시대는 왜 끝났을까?

금주법은 사람들이 술을 원해서라기보다는 일자리를 원했기 때문에 끝이 났다. 1929년 주식 시장 대폭락으로 인해 미국 경제는 만신창이가 되었고, 이에 따라 미국은 더는 (예를 들어 여객 수송선에서 일하는) 가난한 많은 사람을 고용할 수 있는 산업을 금하는 사치와 여유를 부릴 수 없었다. 어쨌든, 금주법은 이미 나름의 목적을 충실히 성취했다. 살룬은 사라졌으니까.

시카고 주민으로 헌신적인 금주 반대 활동을 하고, 자신도 열심히 술을 마시던 조지 에이드George Ade는 1931년 『옛날 옛적 살룬: 금주 반대도 아니고, 금주 찬성도 아닌, 단지 역사The Old Time Saloon: Not Wet–Not Dry, Just History』라는 책을 썼다. 그에 따르면 당시에는

♠ 이에 맞서 얼마간 미국은 술을 선적한 영국 선박의 미국 입항을 막으려 했다. 영국 의회는 이에 대한 대응으로, 술을 선적하지 않은 미국 선박의 영국 입항을 거부하는 법안을 고려하기도 했다.

25년 전 법이 집행되면서 주의 절반가량에서 술을 마실 수 없었다. 전쟁 기간 중 모든 공공 술집이 제약을 받았고, 지도상에서 모든 살룬을 지워버리려는 정부 조치는 이미 발효된 지 11년이 지난 상태였다. 잠시 멈추고 계산해보라. 지금 금주법 반대 세력이 장악한 도시에서도 32세 이하 사람은 살룬이 뭔지 본 적도 없다.

명백히 술을 찬성하는 입장이었던 에이드도 살룬이 끔찍한 장소였다는 데는 기본적으로 동의했다. 그는 금주법 폐지를 원하고 있었지만, 본질적으로 남성 우월주의적이고, 악의가 넘치고, 위스키에 흠뻑 젖은 이 공공 술집은 다시는 돌아오지 않아야 한다고 생각했다.

실제로도 살룬은 다시 돌아오지 않았다. 금주법이 폐지되며 밀주 판매점이 합법화되었다. 와인 한잔과 더불어 음식을 먹을 수 있는 레스토랑도 합법화되었다. 미국의 대형 여객선 사업도 다시 풀리기 시작했다. 하지만 살룬은 다시는 돌아오지 않았다. 금주법은 **효과가 있었다**.

물론 1919년 당시 알코올 그 자체에 반대하는 사람도 있었다. 이 사람들은 금주법 폐지를 보며 실망했다. 하지만 이들은 소수에 지나지 않았다. 금주법 찬성론자들만으로는 헌법에 변화를 가할 수 없었다. 금주법은 특정한 종류의 술 마시는 문화와 관련된 행동 패턴을 겨냥한 것이었다. (그래서 술 마시는 금주 지지자도 있었다.) 그리고 법은 그 행동 패턴을 파괴했다. 금주법을 (사실은 아니지만) 술에 반대한 캠페인으로 보더라도, 이 법은 미국의 알코올 섭취량을 절반까지 떨어뜨리는 역할을 했다. 한 사람당 술 소비량은 1970년대가 되어서야 비로소 금주법 이전 시대 수준으로 되돌아갔다. 1939년에는 미국인 중 무려 42퍼센트가 전혀 술을 마시지 않았다.

마지막으로, 금주법은 1933년에 끝나지 않았다. 많은 주는 여전히 술이 금지된 상태였다. 금주법은 미시시피주가 금주법을 폐지한 1966년이 되어서야 마침내 끝났다. 하지만 지금도 여전히 금주 지역이 있으니 금주법이 폐지되지 않았다고 주장할 수도 있다.

미국?

미국인이 아닌 사람들은 모두 미국이 멍청하다는 데 동의한다. 상당히 많은 미국인도 미국인들이 마치 가족 결혼식에서 어색해 어쩔 줄 몰라 하는 사촌처럼 정말 멍청하다는 데 동의한다. 미국의 멍청함은 유명하다. 그리고 그 멍청함은 좀 특이한 종류의 멍청함이다. 달에 사람을 보내고 (나중에 다시 데려오고) 좋아하는 그런 종류의 멍청함이다. 역사상 노벨상 수상자의 3분의 1을 낳은 멍청함이다. 한 나라를 전 세계에서 경제적으로, 군사적으로, 문화적으로, 정치적으로 가장 부유하고 강력한 국가로 만든 멍청함이다. 미국의 멍청함은 미국의 지성처럼 불안하고 낯설어 보일 때도 많다. 하지만 그렇지 않다. 왜냐하면 만약 미국인들이 만성적으로, 비상한 정도로, 지옥처럼 멍청하지 않다면, 미국인을 제외한 우리 나머지 사람들은 우쭐해할 만한 것이 하나도 없을 것이기 때문이다.

하지만 우리는 지금 금주법을 이야기하고 있고, 이 법이 그 자체로, 그리고 본질적으로 미국의 특이한 멍청함을 보여주는 예인지에 관해 이야기하고 있다. 이 책을 세심하게 읽은 독자들이라면 이미 앞 장에서 해답을 도출하고 있을 것이다. 러시아의 보드카 금지 기간과 미국의 금주법은 대략 5년 정도가 겹친다. 아이슬란드에서는 1915년 전면적인 금주법이 도입되었다. 그러다가 와인과 증류주는 1935년 합법화되었고, 맥주는 1989년이 되어서야 합법적으로 마실 수 있게 되었다. 핀란드에서는 1919년부터 1932년까지 금주법이 시행되었다. 노르웨이는 1917년에서 1927년까지 증류주를 금했다. 뉴질랜드는 1919년 금주법에 대한 국민투표를 시행해서 금주 찬성론자들이 승리를 거두었다. 당시 외국에 있던 군대의 표가 최종 집계되기 전까지만이었다. 정말 아슬아슬한 표결이었다.

이 외에 미국 금주법에서 기인했다고 하는 여러 잡동사니는 금주법과 아무런 관계가 없다. 재즈는 미국에서 발명되기는 했지만, 밀주 판매점이 아예 존재하지도 않았던 영국 같은 나라들에서 인기를 얻었다. 칵테일을 즐기는 플래퍼flapper(1920년대의 자유로운 분위기를 누리던 신여성 옮긴이)는 뉴욕에서만큼이나 런던에서도 쉽사리 볼 수 있었다. 에벌린 워Evelyn Waugh(1920년대 영국 사회 부유층을 그린 것으로 유명한 영국 작가 옮긴이)의 소설에는 피츠제럴드의 소설만큼이나 술이 많이 언급된다.

사실은 에벌린의 형이었던 앨릭 워Alec Waugh가 칵테일 파티를 처음 만들었다고 주장했다. 그에 따르면 1920년대 초반 잉글랜드에서는 "겨울 저녁이면 5시 반에서 7시 반까지 할 일이 아무것도 없었다." 그래서 그는 대충 서른 명 정도를 5시 반에 초대해서 차를 즐기다가, 5시 45분이 되면 다이키리daiquiris(럼에 과일 주스를 섞은 칵테일 옮긴이)를 내오곤 했다. 이렇게 칵테일 파티는 런던에서 어떤 한 친구가 어느 날 갑자기 발명했다.

물론 사실은 그렇지 않다. 어떤 관습의 정확한 기원을 파헤치는 것은, 칵테일 파티의 기원을 포함하여, 사실 무모한 도전에 가깝다. 역사는 아무리 날씨가 좋아 보이더라도 안개가 자욱한 법이다. 따라서 술의 역사는 절대 정확히 기억될 수 없다.

에벌린 워는 형의 말에 올바른 반응을 보였다. "그의 눈은 놀라움에 커질 수 있는 만큼 커졌다. 그리고 이렇게 말했다. '그 자랑을 글로 옮길 땐 조심해야겠군.'"

나가며
한잔

우주에서도 우리 곁에 있을 믿음직한 한 모금

『동물농장』에서 동물들은 농부 존스 씨가 주정꾼이라는 이유로 봉기를 일으킨다. 이야기의 마지막 부분에서 이들은 창문을 통해 돼지들을 훔쳐본다. 돼지들은 맥주를 마시고 있다. 바로 그 순간 이들은 돼지가 인간이 되어버렸다는 사실을 깨닫는다.

4,000년 전 『길가메시 서사시』와 다를 바 없는 이야기다. 엔키두는 야생의 인간으로 동물들과 함께 살며 먹고 마셨다. 그런데 이슈타르Ishtar의 사제가 그에게 맥주를 준다. 동물들은 이제 그가 더는 동물 무리에 속하지 않는 존재라는 사실을 알게 된다. 서아프리카에는 창조주 신이 여성들에게 포리지와 맥주 제조 방법을 가르쳐 주는 이야기가 있다. 이 여성들이 포리지와 맥주를 만들자 털과 꼬리가 떨어지면서, 우리는 비로소 인간이 되었다.

인간이 사는 곳이면 언제나 어디에서나 인간들은 함께 모여 취했다. 혼자 제정신으로 경험한 세계는 단 한 번도 완전하거나 충분한 세상은 아니었다. 물론 취하는 수단은 다양하다. 어쨌든 인간에게는 항상 이런 수단이 있었다.

요즘은 '마약과의 전쟁'이라는 말을 자주 들을 수 있다. 멍청한 소리다. 마약은 인간에게 일종의 상수다. 마약들 **사이에** 전쟁은 있을 수 있다. 하지만 모든 마약 중에서도 항상 승리자는 술이었다. 쉬운 예를 들어보자. 정부가 진심으로 헤로인이나 코카인을 억제하려고 한다면 간단한 방법이 있다. 술에 부과되는 세금을 없애면 된다. 인간은 단순한 동물이다. 우리의 선택은 기본적으로 가격과 습득 용이성에 달려 있다.

취한다는 건 무엇인가? 이 취하고 싶다는, 죽어도 사라지지 않는 인간의 욕망은 대체 무엇일까? 이 지속적인 욕망을 대표하는 영원한 인간은 없다. 그보다는 이런저런 인물이 반복적으로 나타나 그런 인간을 상징한다. 일단 술을 아무리 마셔도 도무지 취하지 않는 강인한 사람들이 있다. 소크라테스, 공자, 그리고 어느 정도는 스탈린도 그런 부류다. 혹은 이와는 반대로 항상 취해 있는 강력한 독재자도 있다. 표트르대제, 오딘, 바부르, 그리고 알렉산더 대왕도 빼놓아선 안 된다. 그는 술에 취해 몽롱한 상태로도 그가 아는 모든 세계를 정복했다.

이행적 음주도 있다. 우리는 하나의 상태에서 다른 어떤 상태로 넘어가기 위해 술을 마신다. 우리는 하루 일을 마치면서, 한 주를 마치면서 술을 마신다. 혹은 여러분이 에티오피아의 수리 부족이라면 하루를 시작하면서 술을 마신다. 이들은 말한다. "맥주가 없다면, 일도 없다." 우리는 세례식에 술을 마신다. 결혼식에도 마시고, 생일에도 마시고, 장례식에도 마신다. 그때마다 술은 우리에게 어떤 의미를 지닌다. 낡은 것은 이미 지났고, 약간은 불안정하게 흔들거리긴 하지만 새로운 세상이 여기에 있다는 의미다. 케냐의 이테소 부족은 아이가 태어날 때마다 작고 즐거운 의식을 거행한다. 이름을 고르고, 할머니가 맥주에 손가락을 넣었다 빼서 아기의 입에 물린다. 아기가 그 손가락을 빨면, 그 이름은 영원히 그 아이의 이름이 된다.

술은 도피의 수단이기도 했다. 인류학자들이 말하는 '제3의 장소'인 에일하우스, 살룬, 카바크 등이 그러한 역할을 한다. 그러나 아라비아, 페르시아, 중세 잉글랜드와 같이 놀랍게도 이러한 문화가 존재하지 않는 문화권도 있다. 왜 우리는 모두 집에서 술을 마시지 않으려 할까? 왜 살룬의 놋쇠 레일이나 펍의 과일 슬롯머신이 그토록 강력한 해방의 상징이 되는 것일까? 대체 우리는 무엇으로부터 도피하려는 것일까?

내 생각에는 모른다가 해답이다. (에탄올 활성 클래스 IV 알코올 탈수소 효소의 유용한 돌연변이와 함께) 인간이 나무에서 내려온 이래, 우리는 두 가지 질문을 자문해왔다. "이게 다야?" 그리고 "정말 해야 해?" 모든 사회는 규칙으로 쌓아놓은 건물이다. 그 규칙이 아무리 훌륭하고, 아무리 합리적이고, 아무리 공정하고, 아무리 당신의 안전과 안녕을 위해 잘 작동하더라도, 우리는 이따금 벗어나고 싶을 때가 있다. 인간에게는 규칙을 만든 다음, 그 규칙을 부수어버리려는 강박이 있다. 이 때문에 인간은 다소 멍청해 보일 때도 있다. 하지만 이 때문에 인간은 조금은 더 눈부신 존재가 되는 것이다.

다른 질문에 대한 대답 역시 술과 관련된 것이다. "이게 다야?" 아마도. 그럴 것이다. 우리가 훨씬 더 많은 것을 가지고 있더라도, 우리는 아마 똑같은 질문을 던지고 있을 것이다. 인간은 만족을 모른다. 그것 역시 우리 인간을 눈부시게 만들어주는 요소다. 우리는 항상 새로운 바다를 찾아 건너려고 한다. 필요해서가 아니라, 그러지 않으면 지겨워서다. 우리는 궁극적인 진리를 말하고 싶다. 하지만 그것을 찾아낸다면, 우리는 실망할 것이다. 궁극적인 진리를 찾아낸다면 더 이상의 진리는 없을 테니까. 우리는 우리가 설명할 수 없는 신을 갈구한다. 왜냐하면 우리가 인간으로서 할 수 있는 유일한 설명이라고는 아주 뛰어난 마법사와 같다는 것인데, 우리는 신이 그보다 훨씬 이상의 존재라는 것은 모두 알고 있다. 신은 결코 **지겨울** 수 없다. 인간은 술을 마실 때 절대 지겨워하지 않는다.

윌리엄 제임스는 훌륭한 말을 남겼다. "취하지 않은 맨정신 상태는 줄이고, 차별하고, '아니오'라고 말한다. 술 취한 상태는 확장하고, 합치고, '그렇다'라고 말한다."

술은 모순덩어리다. 누구에게나 모두에게 예스라고 말한다. 때로는 폭력을 일으키고, 때로는 평화를 알선한다. 우리를 노래 부르게 하고, 잠들게 한다. 그리스인에게는 자기 통제의 기준이었고, 북구인에게는 좋은 시, 나쁜 시를 막론하고 모든 시의 기원이었다. 왕의 즐거움이자 왕의 몰락이기도 했다. 가난한 사람의 위안이면서, 가난의 원인이기도 하다. 정부에게는 폭동의 원인이자, 수입의 수단이다. 에너지의 상징이자, 에너지를 없애는 것이다. 유혹의 수단이자, 즐거운 아낙네다. 재앙과 살인자이자, 신들의 선물이다. 수도승의 필수품이자 메시아의 피다. 신을 경험하는 방법이자 신 그 자체다.

바로 그런 이유로 술은 언제나 항상 우리 곁에 있을 것이다. 최근 미국항공우주국NASA은 내부 보고서를 통해 최소 두 번의 우주왕복선 발사에서 우주비행사들이 딸꾹질하며 행복한 표정을 지을 정도로 제대로 취했었다고 인정했다. 놀라운 일도 아니다. 사람들은 수천 년 동안 술에 취한 채 일해왔다. 그리고 솔직히 말해서 음속의 몇 배 속도로 끝없는 허공을 향해 날아가는 순간이라면 나라도 믿음직한 술 한 모금 정도는 하고 싶다.

여기까지가 우리의 과거이고, 나는 우리의 미래도 이와 다르지 않으리라 확신한다. 앞으로 다가올 먼 미래에 침팬지가 우리 대신 맥주를 만들고, 코끼리가 증류 공장을 차지하고, 모든 펍이 사랑에 애달픈 초파리로 가득할 때, 하나의 종으로서 우리는 지상에서의 마지막 한 잔으로 목을 축이고 비틀거리며 우주선에 올라타고 이 조그마한 바위투성이 행성을 떠나게 될 것이다. 신이 거기 있어 우리를 응원해주길 바랄 따름이다. 닌카시, 하토르, 디오니소스, 바쿠스, 토르, 400마리의 술 취한 토끼, 마담 제네바, 모두 고마웠다. 로셀의 비너스는 새로운 시작을 알리는 뿔피리를 불 것이다. 이번에는 제대로 불 것이다. 그리고 우리는 술에 취해 무한한 세계로 빠르게 날아갈 것이다.

그리고 나는 우리가 어디로 향할지 알고 있다. 궁수자리 B2N이 목적지다. 2만 6,000광년 떨어져 있는 구름이다(사실은 갈색 왜성이다. 갈색 왜성이란 제일 무거운 가스행성과 가장 가벼운 항성 사이 질량 범위에 존재하는 준항성천체다. 구름은 저자의 시적 표현으로 이해해야 한다 옮긴이). 따라서 여행을 시작하는 사람들은 도착할 때쯤이면 살아 있을 수 없을 것이다. 그래도 이 구름은 폭이 150광년, 질량이 태양의 300만 배에 육박하는 자연적으로 생성된 우주 알코올이다. 그리고 거기에서, 마침내, 아무것도 없는 무의 한계에서, 인간인 우리는 우주적으로 대취할 수 있을 것이다.

옮긴이와
한잔

포사이스식 '빅히스토리'

한때 빅히스토리라는 게 유행한 적이 있다. 유발 하라리의 『사피엔스』 발간과 함께 사람들의 관심을 사로잡은 이 거시 담론은 우주의 탄생에서 시작하여 AI 발전을 통한 역사의 종말까지 폭넓은 관심을 보여주었다. 사실 빅히스토리는 일종의 인문학과 과학의 종합처럼 받아들여지면서, 심지어 우리 교육 과정에도 영향을 미칠 뻔했다. 지금은 그 유행이 한풀 꺾인 것처럼 보이고, 빅히스토리 자체에 대한 회의적인 시각도 제법 존재한다. 뜬금없이 웬 빅히스토리 이야기일까? 『주정뱅이 연대기』를 읽다 보니 빅히스토리가 떠올랐기 때문이다.

사실 빅히스토리는 칼 세이건으로부터 시작된다. 그 유명한 『코스모스』가 빅히스토리의 원조라고 할 수 있다. 1980년에 출간된 이 책이 아직도 과학 분야 베스트셀러로 굳건히 자리 잡고 있는 것을 보면, 빅히스토리 자체가 꽤 인기 있는 주제라는 생각도 든다. 칼 세이건은 천문학자이지만, 그의 『에덴의 용』을 보면 뇌과학뿐 아니라, 인류학에 대한 풍부한 지식이 엿보인다. 유발 하라리는 역사학자이지만, 그만큼 대단한 생물학자이기도 하다. 이런 사람들 덕분에 빅히스토리는 인문학과 자연과학의 결합이라는 과다한 칭찬을 받으며, 기존 학문을 대체할 새로운 학문으로 등장했다. 하지만, 아직 그 결합은 굳건하지 않고, 이름처럼 큰 역사를 말하지는 못하고 있다. 예를 들어 하라리의 경우, 역사학과 생물학의 결합으로 세상 모든 과학의 역사를 설명할 수 있는가? 천문학과 인류학이 모든 학문의 대표인가? 그걸로 모든 역사가 설명되는가? 그렇지 않다. 칼 세이건이 아닌 어떤 천문학자가 그만큼 인류학에 대한 지식을 축적할 수 있을까? 그런 과학자의 말을 우리는 어디까지 믿어야 할까?

조금은 다른 맥락이지만, 이제까지 역사화되지 않았던 것을 역사화하는 작업은 1980년대 이후 계속 존재해왔다. 특히 역사에서 억압된 것들의 목소리, 역사가 보기 싫고 듣기 싫어 방치했던 것의 역사가 계속 발굴되어왔다. 미셸 푸코의 『광기의 역사』나 『성의 역사』 같은 작업은 특기할 만하다. 『주정뱅이 연대기』는 이러한 맥락에서도 읽을 수 있다.

인간은 언제부터 술을 마셨을까? 이 책에는 정답이 있다. 인간은 태어나기 이전부터 술을 마셨다. 최초의 생명체는 원시 수프에서 만들어졌다. 이 원시 수프라는 게 사실은 맥주였다. 그러니 인간은 만들어지기 전부터 이미 술을 마시도록 프로그램되어 있었다. 그리고 왠지는 모르지만, 다른 포유류, 특히 우리와 같은 영장류에 비해 술을 더 잘 마시도록 변이가 일어났다. 그러면서 인간이 탄생했다. 사실은 '왠지'가 아니다. 술을 잘 마시는 건 그때나 지금이나 우성의 유전 형질이기 때문이다. 술을 잘 마시는 포유류가 살아남을 가능성이 훨씬 컸다. 나머지 이야기는 책을 참조하시라. 이를 우리는 '술 취한 원숭이 이론'이라고 부른다. 로버트 더들리Robert Dudley가 제시한 이론이다.

이와 비슷한 이론으로 '약 먹은 원숭이 이론'이 있다. 테런스 매케나Terence McKenna라는 사람의 이론이다. 이 이론에 따르면 인간의 조상은 이리저리 돌아다니다가 주변에서 가장 흔한 음식이었던 버섯을 주워 먹곤 했는데, 지금도 그렇듯이 이 버섯 중에는 환각을 일으키는 버섯이 적지 않았다. 그런데 이 환각 작용의 결과, 인간의 상상력은 극도로 자극을 받았고, 이에 따라 예술과 창조성이 발달했다. 그러면서 언어와 인지 능력도 비약적으로 발달했다. 그렇게 인간은 다른 원숭이를 능가하는 하나의 종이 되었다. 한 장소를 초토화하며 계속 이동을 거듭하던 인간은 어떻게 하면 이 좋은 버섯을 계속 먹을 수 있을까 하는 문제에 골몰하다가 마침내 더는 이동을 멈추고 한자리에서 이 버섯, 그리고 이와 같은 비슷한 효과를 낳는 대마, 아편 등을 재배하게 되었다. 그러곤 먹고사는 문제도 해결하기 위해 농경을 개발했다. 결국 마약이 인류의 문명을 낳았다는 이론이다. 물론 이 이론은 가설에 불과하다. 과학적 근거가 부족하다는 이유로 많은 과학자의 비판을 받고 있다.

이에 비해 더들리의 '술 취한 원숭이 이론'은 과학자들에게서 제법 인정받고 있는 엄연한 이론이다. 작가는 아마 두 이론을 착각해서 '술 취한 원숭이 이론'을 신화라고 깎아내리는 듯하다. 어쨌든 인간이 인간으로 진화하는 데, 인간이 문명을 만드는 데 술은 커다란 도움을 주었다. 아니 애당초 술 없이 인간은 인간으로 진화할 수도 없었다. 하지만 술은 그에 마땅한 대접을 받지 못하고 있다. 그래서 이 책은 어떻게 보자면 '술의 고난의 역사', 술이 고생고생하는 역사다. 포사이스는 재미있는 작가이지만, 친절한 작가는 아니다. 그래서 그의 말은 군데군데 해석이 필요하다. 예를 들어 문명이 만들어진 곳은 지금의 메소포타미아, 즉, 수메르다. 그는 수메르를 설명하다가 갑자기, "이들이 문명을 발명했고 그 후로 문명은 계속 내리막길을 걷고 있다"라고 한다. 문명은 왜 계속 내리막길을 걷고 있을까? 문화와 문명은 다른데, 문화에 비해 문명은 물질적인 측면을 강조하고 있으니, 문화는 몰라도 문명은 계속 발전하고 있는 게 아닐까? 이 말은 술이라는 관점에서 보아야 한다. 수메르 문화의 술은 그 이전의 술과 비슷하게, 제의적이고 종교적인 측면을 갖고 있었고, 이러한 문화에서 술에 대한 금기, 금제, 억압이라곤 찾아보기 힘들었다. 하지만 그 이후의 장들을 보라. 우리는 계속해서 술의 역사라기보다는 술에 대한 정부의 억압 정책, 술을 이용해 다른 사람들을 착취하는 사람들, 그리고 마침내 술에 대한 전면적인 억압의 역사를 본다. 이게 내리막길이 아니라면 무엇인가?

인간이 술을 왜 마시는지는 굳이 언급하고 싶지 않지만, 본문에는 여러 가지 답이 제시되어 있다. 유전자에 새겨져 있어서, 종교적인 희열을 느끼기 위해서, 지루해서 등등의 답이다. 유전자는 언급했으니, 종교적인 측면을 이야기하자면, 술이 갖는 초월적 특성을 이야기해야 하고, 그러려면 마약에 대한 이야기도 필요하다. 이 책도 술을 마약과 여러 번 비교하는데, 저자의 주장대로 술은 마약과 비교도 되지 않는다. '마약과의 전쟁'이라고? 웃기는 소리다. 당장 주세를 철폐하라. 사람들은 이미 효과가 검증된 술을 싸게 마실 수 있다면 마약에는 손도 대지 않을 것이다. 물론 그럴 수는 없다. 그럴 수 없는 이유는 정말 사람들이 아무것도 않고 술만 마실 수도 있기 때문이다. 술에 대한 억압이 발생할 수밖에 없는 이유다. 결국 술과 노동과 자본과 억압과 법은 함께 따져봐야 할 문제다. 그러면서 술은 전면적으로 금지할 수도 없다. 그 결과는 책에서도 보았듯이 혁명이고, 조직폭력배의 창궐이다. 어쨌든 술은 현실에서 도피하게 만들고, 현실을 넘어선 어떤 비전을 보게 만들어준다. 실제로 플라톤이 보았다는 이상도 술의 결과물이 아닐까?

이는 자연스럽게 '지루하다'라는 이야기로 이어진다. 그렇다, 현실은 지루하다. 하지만 이에 대해서는 고쿠분 고이치로가 『인간은 언제부터 지루해했을까?』에서 잘 정리해놓았다. 이보다 더 정리를 잘할 자신이 없으니, 그저 이 책의 일독을 권한다. 『주정뱅이 연대기』에서 인간은 술 덕분에 진화하고 문명을 만들지만, 『인간은 언제부터 지루해했을까?』에서는 지루함이 인간을 만들고 문명을 만든다. 둘 다 옳은 소리처럼 들린다. 주정뱅이를 보며, 혀를 차고 "나도 예전엔 술 좀 마셨는데 말이야." 자랑하는 사람들이 있다. 그런 사람들은 나름 좋은 현실에서 살고 있으리라. 현실이 즐겁고 지루하지 않을 수 있다. 하지만 그런 사람보다는 술 마시고 현실을 아파하며 계속 움직이는 사람들이 많고, 좋다.

덧붙이고 싶은 말도 많다. 예를 들어 "술은 맛있어서 마신다." 같은 주장도 하고 싶은데, 뭐 이건 유전적인 것으로 설명 가능하니, 그냥 넘어가기로 한다. 포사이스가 이 글에서 유일하게 어려운 개념이라고 언급한 '내화internalization'를 설명하며 마치려 한다.

'내화'는 앞서 언급한 푸코에서 비롯된 개념이다. 푸코는 제러미 벤담이 설계한 판옵티콘Panopticon이라는 감옥을 이야기한다. 그 공리주의 철학자 벤담 말이다. 벤담은 최소의 노력으로 최대의 효과를 내는 감옥이 필요했고, 그 결과가 판옵티콘이었다. 감옥은 원형으로 설계한다. 작은 감방(그래서 영어로는 cell이다)들이 빙 둘러싸고 있고, 가운데 감시탑에는 간수를 배치한다. 한 명으로도 충분하다. 간수의 감시탑은 역광을 이용해, 죄수들은 간수가 자기를 지켜보는지 알 도리가 없다. 그 결과 죄수들은 간수가 보든, 보지 않든 간에, 누군가에게 늘 감시당한다고 생각하며 감옥의 논리를 언제나 항상 따르게 된다. 즉, 감옥의 논리를 '내화'하게 된다. 사람들은 cctv가 있어서 범죄를 저지르지 않는 것이 아니다. cctv로 표상되는 감시가 언제나 곁에 있다고 생각하기 때문에 범죄를 저지르지 않는 태도를 스스로 갖추게 되는 것이다. 예를 들어 마약은 좋지 않다고 하는 사람들이 있다. 이런 사람들이 윤리와 도덕을 만든다. 그 윤리와 도덕에 익숙해지면 나도 모르게 그 윤리와 도덕을 따르게 된다. 그 윤리와 도덕은 나에게 불리한 것, 나를 억압하기 위해 만든 것임에도 불구하고.

그런 의미에서 사실 진정한 술의 역사가 필요하다. 푸코가 『광기의 역사』에서 밝혔던 것처럼, 광기는 예전에는 좋은 것이었다. 우리말의 '미쳤다'라는 말도 사실은 생각이 하늘에 '미쳤다'라는 의미였다는 이야기가 있지 않은가? 『햄릿』 속 오필리아의 미침은 슬픈 일이지, 혐오스러운 일이 아니었지 않은가? 우리는 미침을 언제부터 혐오하게 되었는가? 마찬가지로 우리를 인간으로 만들고, 문명화까지 시킨 술은 언제부터 우리에게 골칫거리가 되었을까? 왜 술 하면 얼굴 찌푸리는 사람들이 떠오를까? 이런 이야기, 좀 더 역사화된 이야기가 필요하다. 포사이스가 운을 떼었으니, 좀 더 나은 역사서도 나오지 않을까 기대된다.

책의 마지막은 어떻게 보면 좀 감상적이다. 인류는 술을 마시며 역사의 종말을 맞는다는 이야기다. 포사이스다운 결말이다. 빅히스토리를 염두에 두고 썼다는 생각이 들게 만든다. 재미있지만 사실과는 다른 이야기들은 주석으로 지적해놓았다. 아무튼 재미있게 즐길 수 있다. 그래도 재미없다면 술을 한잔 곁들여 읽어보시길!

임상훈

주정뱅이 연대기

마크 포사이스 지음
임상훈 옮김

초판 1쇄 발행일 2024년 5월 31일

발행인 | 한상준
편집 | 김민정·강탁준·손지원·최정휴·김영범
디자인 | 문지현·김경희
마케팅 | 이상민·주영상
관리 | 양은진

발행처 | 비아북(ViaBook Publisher)
출판등록 | 제313-2007-218호(2007년 11월 2일)
주소 | 서울시 마포구 월드컵북로 6길 97(연남동 567-40)
전화 | 02-334-6123 전자우편 | crm@viabook.kr
홈페이지 | viabook.kr

ISBN 979-11-92904-70-2 03900